A ESTRUTURA DA TRANSFORMAÇÃO

Dados Internacionais de Catalogação na Publicação (CIP)
(Câmara Brasileira do Livro, SP, Brasil)

Lucca, Fernando J. De
   A estrutura da transformação : teoria, vivência e atitude em
Gestalt-terapia à luz da sabedoria organísmica / Fernando J. De Lucca.
– São Paulo : Summus Editorial, 2012.

Bibliografia
ISBN 978-85-323-0804-7

1. Gestalt (Psicologia) 2. Gestalt-terapia 3. Psicoterapia I. Título.

12-04094
CDD-616.89143
NLM-WM 420

Índice para catálogo sistemático:
1. Gestalt : Psicoterapia : Medicina   616.89143

www.summus.com.br

Compre em lugar de fotocopiar.
Cada real que você dá por um livro recompensa seus autores
e os convida a produzir mais sobre o tema;
incentiva seus editores a encomendar, traduzir e publicar
outras obras sobre o assunto;
e paga aos livreiros por estocar e levar até você livros
para a sua informação e o seu entretenimento.
Cada real que você dá pela fotocópia não autorizada de um livro
financia o crime
e ajuda a matar a produção intelectual de seu país.

FERNANDO J. DE LUCCA

A ESTRUTURA DA TRANSFORMAÇÃO

*Teoria, vivência e atitude em
Gestalt-terapia à luz da sabedoria organísmica*

summus
editorial

A ESTRUTURA DA TRANSFORMAÇÃO
Copyright © 2012 by Fernando J. De Lucca
Direitos desta edição reservados por Summus Editorial

Editora executiva: **Soraia Bini Cury**
Editora assistente: **Salete Del Guerra**
Revisão técnica: **Gladys D'Acri**
Capa: **Gabrielly Silva**
Projeto gráfico: **Alberto Mateus**
Diagramação: **Crayon Editorial**
Impressão: **Sumago Gráfica Editorial**

Summus Editorial
Departamento editorial
Rua Itapicuru, 613 – 7º andar
05006-000 – São Paulo – SP
Fone: (11) 3872-3322
Fax: (11) 3872-7476
http://www.summus.com.br
e-mail: summus@summus.com.br

Atendimento ao consumidor
Summus Editorial
Fone: (11) 3865-9890

Vendas por atacado
Fone: (11) 3873-8638
Fax: (11) 3873-7085
e-mail: vendas@summus.com.br

Impresso no Brasil

A Danielle, minha companheira de todas as horas.

A Franco, Paolo e Stefano, meus filhos, e tudo, tudo que isso significa...

A Santino, por tornar-me avô.

Aos meus pais, por gerarem o amor e sempre estar disponíveis, mais do que se poderia esperar.

Ao meu irmão, pela naturalidade de nossa proximidade na vida.

Aos meus avós, os que conheci e os que conheci pelos meus pais, uma fonte inesgotável de inspiração e imensidão.

Aos meus amigos, por nos escolhermos durante a vida.

Aos meus colegas do Instituto Encuentro, tanto do Uruguai como do Brasil e da Argentina, companheiros de busca, loucura e sensatez, pesquisa, imaginação e coragem; por serem, enfrentarem e oferecerem seu melhor.

A Fritz Perls.

A Abel Guedes, por ser meu professor de Gestalt em todas as suas manifestações.

A Claudio Naranjo, por me mostrar o importante e me conduzir em minha busca pessoal.

A Arnaud Maitland, por sua metodologia, sua profundidade e sua graça ao ensinar budismo tibetano.

A Enio Staub e a Beth Moreira, por sua irmandade e aliança entre caminhos de conhecimento e transformação.

A María de los Hoyos, companheira de buscas na vizinha Argentina.

Aos meus professores do antigo Centro de Estudos de Gestalt em São Paulo e meus amigos do novo Instituto Gestalt de São Paulo.

Aos meus alunos e professores do curso de Psicologia da Universidad Católica, Ucudal e Facultad de Psicología da Udelar.

Ao fato de habitar este mundo lindo.
Aos meus erros.
Aos meus acertos.
A este dia, que tudo me seja benéfico para serenar minha paisagem.

SUMÁRIO

PREFÁCIO À EDIÇÃO BRASILEIRA. 11
APRESENTAÇÃO. 13
INTRODUÇÃO - Ninguém melhor para ensinar do que
   aquele que necessita aprender. 17
NO SENTIDO DE UMA COMPREENSÃO CIRCULAR DO HUMANO 39

1 O que é Gestalt-terapia?. 45
   O que é Gestalt-terapia? 45

2 A Gestalt de portas abertas 149
   A Gestalt de portas abertas. 149
   Como se ensina e como se aprende gestalt? 169

3 A clínica 195
   O corpo na Gestalt-terapia 195
   Os sonhos como mensageiros de sabedoria 208
   O humor na Gestalt-terapia 215
   O enquadre. 223
   Técnicas. 226

4 Propósito 235
  Para onde, como e para quê 235
  O caminho do meio é claramente um método.................... 243

EPÍLOGO... 247
  Como apêndice... e final..................................... 247

BIBLIOGRAFIA.. 251

*A vida é um raro equilíbrio
entre fazer coisas que sejam
e deixar que as coisas sejam.*
F. De Lucca

PREFÁCIO À EDIÇÃO BRASILEIRA

Figura conhecida e querida na comunidade gestáltica brasileira, que há muitos anos contribui em nossos eventos coordenando workshops e ministrando aulas e palestras, Fernando De Lucca nos brinda com esta obra para a qual tive o prazer de escrever o prefácio e fazer a revisão técnica. Fernando tem uma maneira de escrever que nos permite penetrar em seu interior – como penetra no nosso também – e, sendo assim, foi necessário todo o cuidado para traduzir as suas ideias da forma o mais fidedigna possível.

O título do livro instiga a leitura e, com o avançar dos capítulos, compreende-se a proposta do autor: (r)estabelecer a unidade biopsicossocioespiritual por meio da sabedoria organísmica. Para isso, convida-nos a conhecer sua trajetória profissional deixando claro como integrou os ensinamentos do eneagrama, do xamanismo e do budismo à Gestalt-terapia para atingir o seu objetivo. Fernando foi suficientemente corajoso para mostrar como é o seu fazer gestáltico nas funções de terapeuta e de professor, refletindo sua preocupação com a formação dos alunos.

Em linguagem acessível e com muita didática, o autor aborda o arcabouço teórico da Gestalt-terapia com maestria, facilitando a compreensão do seu propósito. Um livro imperdível, sem dúvida!

GLADYS D'ACRI

APRESENTAÇÃO

Conheci o autor deste livro no final dos anos 1980, nos alvores da implantação de novos currículos na Faculdade de Psicologia da Universidade da República, em uma época de entusiasmo e abertura para outros olhares. Apesar de sua juventude, Fernando De Lucca já era referência importante de um enfoque humanista que procurava devolver à psicologia seu potencial transformador. A Gestalt, na época, era uma corrente pouco conhecida no Uruguai e enfrentar pela primeira vez sua proposta resultava sempre em uma experiência impactante. Hoje, essa corrente alcançou sua maturidade, assim como o desafio de continuar evoluindo.

A Gestalt que se expressa em Fernando é uma Gestalt de abertura e movimento, que não se confina em dogmatismos. Essa abertura se manifesta no interesse constante de incorporar ao próprio trabalho as pérolas de outras tradições, como o eneagrama, a meditação, o xamanismo, que ressoam na mesma frequência da Gestalt de Fritz Perls, conseguindo enriquecê-la sem que perca sua potência.

Os que estiveram próximos a Fernando se beneficiaram de sua curiosidade, o que o levou a ser um pioneiro no Uruguai no âmbito da psicologia e do desenvolvimento humano. Centenas de pessoas conheceram o eneagrama por seu intermédio, outras tantas fizeram com ele suas primeiras práticas de meditação em um contexto de trabalho gestáltico. Também foi ele quem convidou os mais reconhecidos expoentes das constelações familiares. E como eixo dessas "novidades" teve sempre um olhar que reivindicou em todo momento a atitude gestáltica, uma atitude de integração, amplitude e responsabilidade com a experiência presente.

O livro que o leitor tem em mãos é um convite a percorrer caminhos práticos nos quais os conceitos gestálticos primordiais se integram com enfoques espirituais e ancestrais em um todo dinâmico e coerente.

O autor nos convida a olhar a vida a partir da aventura do descobrimento de nossa potencialidade, a partir da recuperação de nossa capacidade de contato, interrompida inexoravelmente no processo de socialização ao qual todos estamos expostos. Quando esses momentos de contato pleno são alcançados, sempre há um aprendizado, mas costumamos nos esquecer dele em benefício dos hábitos de toda uma vida. Nesse sentido, a conquista da atitude gestáltica se torna imprescindível como "antídoto" para nossa inclinação irremediável a cair repetidas vezes na fragmentação de nossa existência.

Superar essa fragmentação implica um trabalho pessoal disciplinado e comprometido, e supõe, ao mesmo tempo, uma renúncia maiúscula: soltar nossa intenção de controlar a realidade, entregando-nos à autorregulação fornecida por nossa sabedoria organísmica. O presente trabalho nos permite abandonar a aparente segurança que a nossa visão ordinária do mundo nos oferece, cheia de armadilhas e concessões, para alcançar uma verdade que pode ser tanto vivida quanto atrevida.

Então uma máscara cai e surge um instante de autenticidade, no qual algo que estava oculto, afastado ou esquecido se revela com nitidez e fica disponível para ser tomado novamente sob um olhar mais amplo. Nesse exato momento, estamos tocando a saúde, e aproximarmo-nos dela é renunciar às pretensões que emanam do ego a fim de recuperar nossa conexão com a unidade. Esse tipo de vivência nos permite compreender que – assim como o autor assinala – essa conexão "emana de uma sabedoria organísmica sempre presente, que contém e revela toda verdade".

Toda a experiência de busca, clínica e pessoal do autor, está refletida no presente livro. Ele aporta uma fonte imprescindível de conhecimentos, valiosos tanto para o profissional da saúde como para o público interessado em autoconhecimento. Todos poderão se beneficiar desta obra. Além de enriquecer seu conhecimento com seu conteúdo, poderão encontrar a inspiração necessária para estimular sua própria busca ou a de outros.

Em síntese, este livro é um expoente fiel do enorme trabalho de Fernando De Lucca. Trabalho esse que fez sem ostentação, sustentado como sempre em sua inclinação para abrir espaços de criação e compromisso coletivos, onde se animam o fogo da ousadia e a honestidade, a qual nos permite confirmar a contundência de nossa experiência básica.

Quando o observamos diante de outra pessoa, intrometendo-se em temas dolorosos com uma mistura de sábio e comediante, de velho e criança, transformando esse momento em único, vemos o toque magistral de alguém que confia que o que acontece é o que precisa acontecer e entrega-se sem duvidar a um processo que parece mágico. Com essa delicadeza, mostra-nos o que foi aprendendo e com toda generosidade compartilha esse aprendizado neste livro.

Miguel Guerra
Buenos Aires, Argentina
19 de dezembro de 2010

INTRODUÇÃO
NINGUÉM MELHOR PARA ENSINAR DO QUE AQUELE QUE NECESSITA APRENDER

Como introdução, apresentarei os momentos mais especiais do caminho que fui percorrendo em minha busca pessoal, os quais dão estrutura e sentido ao conteúdo deste livro.

Certo dia, há muitos anos, surgiu em mim a necessidade de saber o que realmente me interessava. Assim, dediquei minha energia à busca de quem sou, em geral o primeiro passo do caminho. Com o tempo, quis saber de onde venho, o que me levou naturalmente a me perguntar sobre minhas origens, particularidades e um pouco mais. Percorri vários caminhos para tentar descobrir o que acredito, o que me propõe a relação natural com a incerteza e, finalmente, como último passo, entregar-me ao que é e, dessa forma, conectar-me com a vontade divina.

Tinha a convicção, em virtude de minha educação, de que as conquistas estavam diretamente ligadas a muita dedicação e por um longo período. O problema não estava na duração do processo de *aprendizagem* (nesses momentos acredita-se que havia muito tempo pela frente e em seres que promulgavam e prognosticavam verdades inquestionáveis), mas na ideia inquietante de que a escolha deveria ser algo que contribuísse com meu autoconhecimento, autorrealização e o bem social.

Naqueles anos, já no final de minha adolescência e com o Uruguai sob o regime militar, seguido do golpe de Estado de 1973, pretendia-se uma uniformidade no pensar e sentir em concomitância com as verdades de fiéis seguidores do modelo psíquico mais adotado. De fato, tratava-se de uma época em que não havia tempo, a tomada de decisões era caracterizada pela urgência. Essas condutas delatavam a importância excessiva que se dava à segurança, estrategicamente promovida como modo de controle externo coexistindo com a suspeita e a incerteza, por falta total de coerência.

Com meus pares, amigos e companheiros, conversava sobre esses pontos, até que uma noite tive um sonho do qual me lembro até hoje que impulsionou minha vocação e muitos de meus interesses atuais. Ainda que minha memória sofra a interferência de muitas vivências posteriores, mesmo assim tem seu valor. O sonho continha uma incomum sensação de gozo e certeza. O tema central era que me via diante de uma *forma de curar* que se desenvolvia com base em uma ideia de unidade e alegria. É óbvio que logo fui acrescentando aspectos, como o de que a unidade do ser é uma conquista interna e com o universo. Tempos depois, vi que o autoconhecimento é a maneira natural de começar a viver, de conquistar saúde intra e interpessoal, fruto de uma espiritualidade que busca conexão consigo e com todas as coisas. Outro aspecto que tornava esse sonho peculiar era que apresentava algumas pistas para chegar a essa conquista.

Quatro anos mais tarde, depois de ter me distraído em necessidades que clamavam por urgência, encontrava-me tentando ingressar na Faculdade de Psicologia – que naquela época tinha um exame prévio para a admissão de seus postulantes. Ingressei no curso e me dediquei fortemente; meu estado anímico geral era de alegria e entrega, até que em meados do ano, depois de termos formado um grupo de estudo com crescente interesse em psicologia clínica, ocorreu-nos consultar um dos professores que considerávamos mais próximo. Tinha a rara mescla de atitude paternalista com um ar liberal. Queríamos saber como nos encaminhar para a clínica psicológica.

Sua resposta foi contundente: a área clínica já estava mais do que abarrotada de profissionais e teríamos irremediavelmente de pensar em outra maneira de exercer nossa profissão. A amargura durou o tempo necessário para recuperar a força e a esperança que alimentavam meu desejo de chegar até onde havia me proposto. Foi uma boa descoberta; nunca se sabe o que vai resultar dos acontecimentos que a vida coloca à nossa frente.

Foi assim que, algum tempo depois, contava com o entusiasmo com o qual tinha começado, e um pouco mais. No segundo ano, nos demos conta de que predominavam duas grandes abordagens psicológicas na formação do psicólogo – a psicanálise e a comportamental – e de que a estrutura pedagógica se sustentava exclusivamente na exposição de conhecimentos teóricos por parte dos docentes e na avaliação posterior para determinar a assimilação desse conteúdo. Não foi fácil aceitar proibições a autores e linhas de pensamento alternativas.

No terceiro ano, a vivência universitária se tornou crítica, a ponto de me questionar sobre o caminho que percorria. Sentia uma necessidade crescente de trabalhar comigo mesmo; foi assim que, como buscador que começava a ser, apresentou-se a oportunidade de participar de um laboratório de Gestalt-terapia coordenado pelo dr. Francisco Huneeus, que vinha do Chile a convite de um grupo de pessoas com afinidades com a psicologia humanística e as ciências sociais. Estávamos em 1979; o Uruguai ainda mantinha o ranço da proibição de qualquer manifestação discrepante aos preceitos de controle e segurança. Nesse caos, interessei-me pelo expressivo a partir do corporal. O corpo, como modo de exemplificar o que nos era ensinado, associava-se mais a algo "útil" do que à manifestação de um interior que se esforçava ardentemente por expressar-se. Não sabia identificar como minha intenção me levaria à fenomenologia. Assisti ao laboratório.

Foram três dias de trabalho gestáltico em grupo. Éramos cerca de 15 pessoas. Cada uma expunha sua temática perante o grupo. O coordenador utilizava o que para mim era um dispêndio atípico de recursos que, em certos momentos, incluía alguns dos integrantes do grupo no trabalho terapêutico. O enfoque contemplava o que cada um de nós manifestava verbal e corporalmente, levava em conta emoção e intelecto para chegar a um final inesperado. Descobria-se o sentido do sintoma que, ao ser "intercalado" no habitual, conduzia para um "dar-se conta" integrador de todas as partes do indivíduo, criando uma perspectiva diferente.

O dr. Huneeus, também diretor da editora Cuatro Vientos, havia trazido livros de Gestalt de seu país. Assim chegou às minhas mãos *Sueños y existencia* (Perls, 1974), a primeira obra de Gestalt-terapia que li. Vieram-me à mente mil e uma ideias de como seria o fundador da terapia Gestalt, Fritz Perls, como homem e como terapeuta, enquanto repassava várias vezes a transcrição de suas quatro conferências, presentes na primeira metade do livro. Fiquei ainda mais impactado ao ler sua autobiografia em outro de seus livros: *Escarafunchando Fritz: dentro e fora da lata de lixo*. Tomei consciência de que algo animava meu antigo sonho.

Mesmo sabendo que as ideias que tinha sobre Perls eram notoriamente subjetivas, podia considerar que a Gestalt não diferenciava *terapia* de *terapeuta*; algo óbvio, estimulante e perigoso. Esse laboratório foi um começo. Permitiu-me seguir adiante com meus estudos acadêmicos e verificar que existia algo diferente.

Com alguns dos participantes, criamos um espaço de encontro para poder avançar na *abordagem fenomenológica e existencial na psicoterapia*; de fato, até lhe colocamos um nome que tinha as iniciais dessa proposta: A. F. E. P. Discutíamos e líamos, sentia-me um rebelde – termo muito utilizado na época. É claro que a psicologia tinha bastante semelhança com o *establishment* sociopolítico. O grupo decidiu então ver outros terapeutas gestálticos em ação. Uma vez que no Uruguai essa corrente era desconhecida, apresentou-se a oportunidade de trazer o psicólogo Abel Marcos Guedes, um gestalt-terapeuta de São Paulo, Brasil. Abel coordenou dois *workshops* em Montevidéu, com duração de três dias, que aconteceram em dois anos consecutivos, 1981 e 1982.

A Gestalt-terapia entrou em minha corrente sanguínea. O trabalho terapêutico que pude observar em meus companheiros e em mim mesmo proporcionou um grande aprendizado. Em Abel, senti a confiança e a capacidade para trabalhar aspectos pessoais no momento de transição para minha desconhecida idade adulta.

Hoje, diria que ele me mostrou três aspectos do trabalho terapêutico: a espontaneidade, como atitude natural por e para a aparição do fenômeno; a disponibilidade necessária do terapeuta; e a maneira de "estar no presente", criando uma vacuidade intuitiva que orienta saudavelmente o campo no qual se produz o ato clínico. Foi no primeiro *workshop* que o caminho me foi revelado.

Naquele tempo, também pesquisei e me aprofundei na psicologia analítica de Carl Gustav Jung (1913). Esse autor me inspirou – e ainda hoje o faz – com sua concepção aberta do psíquico, a importância dos mitos que se revelam como manifestações do arquetípico e uma tipologia compreensiva e não determinista.

Graduei-me em psicologia um tempo depois. No final de 1984, já tinha me organizado para estudar Gestalt-terapia no Instituto Sedes Sapientiae, em São Paulo, no qual Abel Guedes e vários outros terapeutas gestálticos ministravam a pós-graduação, com duração de três anos.

Como eu morava em Montevidéu, meu curso em São Paulo foi um tanto diferente: participei de várias oficinas de formação às sextas-feiras e aos sábados, que aconteciam no Instituto durante esses anos. Enquanto isso, aproveitava para ter aulas às quintas e sextas-feiras, estudar meus livros, participar de encontros terapêuticos, de maratonas de fim de semana – convivência na qual fui pioneiro no Uruguai e desenvolvi em seguida – e receber supervisão do trabalho profissional que desenvolvia naquele país.

Ia e vinha o tempo todo, até que em uma de minhas estadias no Uruguai fui chamado pela Universidad Católica del Uruguay Dámaso Antonio Larrañaga. A direção do departamento de Psicologia me propunha a criação de um curso anual de Gestalt-terapia para o último ano do curso de Psicologia. Eu tinha então 28 anos. Esse curso fazia história: era a primeira vez que a Gestalt, como abordagem antropológica, filosófica e psicoterapêutica, entrava no mundo acadêmico uruguaio dentro do currículo do curso de Psicologia. Começava minha carreira docente.

Em 1986, a inesperada abertura da Gestalt-terapia se complementou com o reconhecimento universitário. Foi assim que a docência e o trabalho clínico começaram praticamente juntos em minha vida profissional, enriquecendo-a e retroalimentando-se de formas e conteúdos.

Pouco a pouco fui compreendendo a Gestalt e integrando os conhecimentos e as vivências de forma tal que, de onde quer que partisse, podia entrar em contato com qualquer dos conceitos centrais. Nesse momento me dei conta de que a teoria gestáltica é circular e não linear, e de que a experimentação por parte do estudante dessa teoria poderia ser feita por meio do "dar-se conta" continuado, uma espécie de "atenção dupla" – conceito e atitude que merecem uma dedicação especial – sobre si mesmo; um estado de conscientização reflexiva da própria consciência.

Na aprendizagem, tema que merecerá minha análise mais adiante, é preciso existir uma revisão consciente dos processos afetivos e racionais que envolvem a maneira como me posiciono diante da tarefa, do grupo referencial em que estou inserido e de mim mesmo. Adotar essa atitude levava tempo e dependia muito de uma intencionalidade e de dedicação sistemática à espera da aparição de um "dar-se conta".

O "dar-se conta" é alcançado por um estado de amplificação consciente no agora; é sempre um ato presente e por isso não perdurável, mas está dentro de um fluir de tempo e espaço. O dar-se-conta--sustentado-de-si-mesmo-no-mundo é a forma de aprendizado. A atitude gestáltica é a conquista mais valorizada no ensino e na clínica. O óbvio é seu foco. Essa atitude pode não ser conquistada nunca, pode chegar em algum momento para voltar a desaparecer, pode aparecer timidamente ou crescer de maneira paulatina sem que se possa prever quando nem como chegará... O famoso *ahá* que propunha Fritz era possível[1]! Possível ainda que isso implicasse muito trabalho pessoal e a compreensão da temporalidade presente. Aprender, como ele mesmo assinala, é descobrir. Aprender é, foi e sempre será descobrir. Aprender, por tudo isso, é não ficar cris-

---

1. Fritz expunha, com a expressão *ahá*, o momento súbito em que o indivíduo tem um "dar-se conta" global e não exclusivamente racional.

talizado em formas que nos foram muito importantes em momentos transcendentes, e sim entender que tudo está em processo e tudo é presente, que nada se repetirá como antes jamais. Será isso o que pode nos fazer considerar a terapia um ato processual-criativo baseado em um encontro existencial dentro de um campo de consciência?

Esse impulso dentro de mim começava a criar um movimento na ávida população estudantil, seguramente acompanhado de uma atitude pessoal mais passional do que qualificada para o ensino de algo tão difícil de conseguir em si mesmo. Viver gestalticamente não é fácil. Faço um paralelo com a frase: "Sofrer a própria morte, e renascer, não é fácil", com a qual Fritz (1974, p. 2) inicia seu livro *Sueños y existencia*. Os poucos, além de mim, que estavam nesse caminho e começaram a assumi-lo como estilo de vida e não como modismo foram se encontrando e se diferenciando.

Acabamos criando dois centros de difusão e ensino da Gestalt-terapia que, entre os anos de 1987 e 1989, começaram a gerar um movimento que nos assombrou: os cursos se enchiam de estudantes necessitados de "algo" que pudessem entender e combinar com as vivências do cotidiano, sem que para isso tivessem de ser eruditos nem adaptados.

Como docentes, também estávamos aprendendo a ensinar. Mesmo assim, várias coisas eram claras: esta era a psicologia do que nos acontecia. Quer dizer, os acontecimentos de nossa vida podiam ser compreendidos à luz da teoria e da prática que sempre a acompanhavam, contrastando com as "psicologias da suspeita", para as quais o que é quase nunca é – ou, mais amistosamente – não pode ser. O contraste era entre uma *Psicologia do óbvio* e uma *Psicologia da conjectura*.

Em 1989, comecei a dar cursos de Gestalt-terapia na Facultad de Psicología de la Universidad de la República (Uruguai), em um novo currículo que enriquecia a formação do psicólogo, abrindo as portas para novas – outras – abordagens terapêuticas. A Gestalt começava assim a fazer parte do universo acadêmico nas duas universidades e a atender, em institutos particulares, à demanda por atenção e formação mais aprofundada.

Eu continuava viajando para São Paulo para dar seguimento à supervisão do meu trabalho clínico e docente. Tinham sido criados cursos intensivos de nove dias para estudantes que moravam no Brasil, mas em cidades distantes de São Paulo, assim como para estrangeiros. Decidi frequentá-los como forma de complementar e aprofundar minha formação.

Ali conheci mais profundamente Therese A. Tellegen, uma gestalt-terapeuta que tinha sido pioneira no Brasil e, com Abel Guedes, Lilian Meyer Frazão e Jean Clark Juliano, fundou e constituiu a direção do Centro de Estudos de Gestalt de São Paulo, que dava formação no Instituto Sedes Sapientiae. Continuava aproveitando para assistir às aulas para as quais eu era gentilmente convidado e a palestras e jornadas com terapeutas gestálticos que se formaram em gerações anteriores. Assim, conheci nessa época Paulo Barros, Selma Ciornai, Myrian Bove e Ana Maria Loffredo. Cada um deles me ensinou algo do que sou hoje. Abel foi meu terapeuta e supervisor em muitos dos passos que dei em meu país e em minha vida.

Dessa forma, fui difundindo a Gestalt-terapia a partir da direção do Instituto Encuentro – Centro de Estudios Gestálticos del Uruguay, da docência universitária e dos trabalhos de terapia em grupo – maratonas – aos quais dei início no Uruguai em 1987.

Exercia essas atividades havia quase dez anos quando comecei a sentir algo que já conhecia: uma vibração que anuncia necessidades internas irrenunciáveis, que clamam para ser atendidas. Considerava que tinha conquistado a atitude terapêutica em concordância com a teoria, mesmo que existisse ainda certa carência.

Um dos aspectos que aquele sonho adolescente me fez conhecer foi que a saúde seria uma manifestação de unidade, e a doença mental uma fragmentação do indivíduo. Isso continuava inacabado. A fragmentação surgia no indivíduo quando ele se via como um ser comprometido no contato com seu universo, ou melhor, confundindo-se e acreditando ser ele mesmo o universo.

A prática me aproximava cada vez mais da necessidade de diferenciar o que o indivíduo supõe, demonstra e considera como seu verdadeiro ser de algo que, ao ser tocado ao acaso, produz uma sensação de unidade, harmonia e alegria incomuns. Poderia falar de algo ilusório dentro do ser e de algo essencial que cimenta a existência, sem que isso necessariamente fosse uma revelação.

Por outro lado, e complementando, o encontro existencial nada comum em um processo terapêutico gerava em mim, diante de sua aparição, a ideia de um instante de eternidade, conexão e renúncia. Esta não seria exatamente um ato deliberado, mas uma intencionalidade desapegada, indiferente a todo pensamento e emoção, que oferece a certeza de estar vivendo o presente estrito.

Por esses caminhos fui me reencontrando com antigas buscas de minha adolescência, conhecimentos tais como o budismo e o xamanismo. E a vida sempre nos atende se a nossa necessidade é suficientemente intensa.

Aos meus 33 anos, fui convidado para participar do primeiro encontro sobre os ensinamentos da tradição cherokee que aconteceria na América do Sul. Aceitei o convite. Donna e Mats, os detentores desse legado, nos ensinaram durante 15 dias a ver o mundo de outro traçado, de uma realidade paralela. Toda e qualquer coisa para eles tinha uma manifestação peculiar de vida; algo tão óbvio quanto esquecido. Homens e mulheres, todos nós nos incumbíamos de atividades específicas para em seguida compartilhá-las com alegria e respeito. O contato com os elementos da natureza permitia uma expansão da consciência na qual amor e conexão desarticulavam drasticamente o conhecido. Toda ideia da teoria do psiquismo parecia pobre. Compreendi e experimentei que o psicoterapeuta não cura, é um instrumento por meio do qual o paciente se une com seu verdadeiro ser. E isso é algo radical para o ensinamento curador cherokee. O curador, por sua atitude e por ser um canal, conecta o paciente de maneira concreta com a sabedoria universal. Isso denota que a doença é desconexão de si e, acima de tudo, do universo. Compreendi a *circularidade* em toda manifestação: humana e universal.

Abandonei a linearidade das explicações sobre a vida. Percebi como a simplicidade e o jogo eram condições indispensáveis em cada momento no qual esses dois xamãs se comunicavam com o grupo e entre si.

Ia realizando meu sonho, começava a integrar o que Fritz Perls considerava sobre os transtornos do contato com o que ia vivendo nessa experiência comunitária. A neurose se atualizava pelas controvérsias no contato consigo mesmo e com o mundo; o contato com as fantasias produzia algo ainda mais dramático: afastava-nos irremediavelmente da realidade. Esta nunca é produto de aparências nem de elaborações racionais; é indiscutível, soberana, perfeita, objetiva e, sobretudo, óbvia por natureza. Pude apreciar as relações entre as duas tradições.

Também era possível correr o risco de confundir os mundos aos quais pertence e responde cada um desses caminhos. O caminho da vida me levou novamente a compreender e a integrar tudo que foi aprendido até aquele momento.

Foi assim que menos de um ano depois conheci o dr. Claudio Naranjo. Seu livro *La vieja y la novísima Gestalt* tinha me impressionado, assim como sua relação com Perls na Califórnia e sua dedicação explícita para integrar a psicoterapia à espiritualidade. Ao saber que daria uma conferência em Buenos Aires e coordenaria oficinas e vivências, decidi inscrever-me no conjunto das atividades. Mais uma vez, procurando, chegava até mim algo maior do que eu esperava.

Ali tomei contato com o Processo Fischer-Hoffman, também chamado de Processo da Quadrinidade, e com duas joias muito antigas: o eneagrama e a meditação, que acompanhariam minha vida profissional e pessoal a partir de então. A meditação, como o leitor verá, é uma prática que será mencionada várias vezes, já que perpassa diferentes dimensões e aspectos do que será tratado.

Fischer-Hoffman é um programa de trabalho com as figuras paternas, no qual se tenta chegar ao perdão e à compreensão por meio do enfrentamento do que frustra e dos condicionamentos defensivos criados historicamente diante de tais figuras. Em seguida falarei mais da influência dos pais e do familiar no trabalho psicoterapêutico, integrando um olhar sistêmico-gestáltico.

Agora, o que é esse tal de eneagrama? Por enquanto direi que é um "conhecimento organizado", um conhecimento que guia e organiza nosso processo no sentido da saúde, que descreve nove tipos de caráter possíveis e diferentes. Tais traços de caráter ou egotipos se constituem no nascimento e se congelam nos primeiros momentos da adolescência, resultando numa atitude neurótica diante da vida. A atitude neurótica é sustentada por um complexo entrelaçado de duas cordas: uma distorção cognitiva que me fixa a uma ideia unilateral sobre os fatos e uma emoção predominante que me impulsiona afetivamente, manipulando a realidade e gerando uma interrupção na confiança intrínseca do meu ser.

Chamava minha atenção em especial o fato de alguns aspectos que perturbam radicalmente nossa vida serem considerados por nós a *verdade* mais característica, fundamental e exata. Pareceria impensável mudar algo desse todo aparente, já que ele nem sequer é tomado como parte do conflito existencial. É impossível tratar o doente se temos a convicção de que se trata de nosso verdadeiro ser.

O *ilusório* se comporta como o que há de mais próprio e decididamente autêntico. O eneagrama nos ensina que o que nos parece ser simplesmente não é. Esse mapa-instrumento-caminho oferece um nexo entre a teorização do psiquismo e a experiência do transpessoal para a compreensão das motivações humanas universais. Para compreender melhor o eneagrama vou introduzir a Teoria do Ego à luz da abordagem gestáltica e transitarei também por uma revisão da Teoria do Instinto.

O processo de autorregulação organísmica – tema central na Gestalt-terapia que tive a oportunidade de desenvolver no *Dicionário de Gestalt-terapia – "Gestaltês"*, 2007, e merecerá então amplo tratamento –, responsável nada menos do que por ser o depositário da confiança nos recursos energético-criativo-evolutivos do indivíduo, se vê perturbado pela ação sistemática, metódica e enganosa de uma macroestrutura defensiva que confundimos com nossa verdade. Assim, o contato consigo e com o mundo faz da vida uma expressão de pobreza estereotipada e inautêntica.

A vida continua e não há trégua para quem busca. Cinco anos depois, e já tendo me aprofundado sobre o caráter à luz do eneagrama e dos conceitos aportados por autores como Bennet (1983) e Riso (2000), começamos a ensinar, com a supervisão do dr. Claudio Naranjo, os princípios básicos e em seguida os níveis superiores desse instrumento.

É nesse momento que dou outro salto. O mesmo que acontecera comigo ao começar a me preparar para ensinar Gestalt-terapia ocorreu com a psicologia dos eneatipos. Dou-me conta do que compreendo e do que não compreendo, do que é parte de mim e do que não integrei, do que aceito e do que critico.

Começamos o ensino do eneagrama em 1997 em Montevidéu e também cidades do interior do Uruguai. Recebemos convites da Argentina para trabalhar em Bariloche e Buenos Aires, e do Brasil para proferir seminários e *workshops* em São Paulo, Rio de Janeiro, Florianópolis, Brasília e Goiânia.

Há mais de 20 anos que tudo isso se pôs a caminho, no transcurso dos quais foi criado no Uruguai, na cidade de Maldonado, um movimento importante na filial leste de nosso Centro Encuentro; enquanto a cidade de Salto se torna nossa filial norte.

O ensino do eneagrama pressupõe para o aluno a elaboração, pensada antes de cada encontro e de cada nível, de uma biografia pessoal na qual se pede que se revelem fatos que marcaram sua vida; algo como uma recapitulação sob a perspectiva xamânica.

A leitura das biografias proporciona ao coordenador do curso um conhecimento não só da história da pessoa como também da forma peculiar como essa história é relatada. De uma ou de outra maneira, cada indivíduo expressa e hierarquiza a influência que o familiar teve sobre a formação de seu caráter.

A maneira como se concebe e se vive a vida com modelos e *destinos* mostra nossa origem não só atual como ancestral. É claro que, com o passar dos anos de trabalho em psicologia clínica, há problemas que "parecem não ter solução". As biografias, tanto as que meus pacientes ou alunos escrevem como forma de ingressar no eneagrama ou nos cursos de formação e especialização quanto as que vão sendo construídas ao longo do processo terapêutico, contêm circunstâncias que se repetem de geração em geração e, pior ainda, são tomadas como naturais e indiscutíveis: apresentam-se como algo de que se padece de forma irremediável.

Ao comentar isso com uma amiga e psiquiatra argentina, dra. María de los Hoyos, surge dela o convite para umas jornadas que o sr. Bert Hellinger realizaria em Buenos Aires, em abril de 2001. Aceitei, participei e senti a necessidade de me submeter a um trabalho pessoal com ele. O trabalho que ele realizava me assombrou. Ele o chamava pelo nome de *Constelações familiares* (Hellinger, 1980) e o realizava em um palco de teatro. Ali ia explicando os aspectos mais relevantes da teoria enquanto trabalhava com seus pacientes. Para trabalhar com Bert era preciso inscrever-se com antecedência e tive a sorte de ter essa oportunidade graças a meus amigos argentinos. Ainda que seus fundamentos teórico-técnicos sejam fenomenológicos, o modo de trabalhar e o olhar sobre o que acontece são diferentes da Gestalt-terapia.

Hellinger propõe que muitos de nossos conflitos insolúveis podem vir de situações não resolvidas no sistema familiar presente ou ancestral. Sua ideia consiste em que cada um de nós nos afiliamos a uma "consciência familiar", uma maneira de ver o mundo em concordância funcional – ontológica, a meu ver – a respeito de nosso sistema familiar atual e passado. Poderíamos considerar esse conceito equivalente ao de introjeção, que é considerado tanto na psicanálise como na Gestalt-terapia, exceto pelo fato de que essa consciência provém de um sistema familiar determinado por situações não resolvidas transgeracionalmente.

Nesse sentido, o que me parece interessante é a transcendência de uma ordem sã do sistema familiar, assim como o amor que provém dele, e a influência que isso exerce no crescimento de um indivíduo para se transformar em estímulo para seguir no caminho do autoconhecimento.

Fritz Perls, por sua vez, também trabalhava pedagógica e terapeuticamente em um teatro, e assim mostrava ao mundo seu enfoque inovador no final dos anos 1950. A ideia exibida por Fritz era a de ir fluindo com o que o paciente ia trazendo como imagem em seu presente. Sua própria forma de conceber a saúde, que na Gestalt poderia ser traduzida como autenticidade, espontaneidade e criatividade, era a de não permitir ao paciente entrar em jogos manipulativos e repetitivos que expressassem e reforçassem a neurose.

Para isso, usou pela primeira vez, na psicoterapia e em sua pedagogia, técnicas como a da cadeira vazia, recurso emprestado do teatro, criando uma situação na qual o paciente dialoga com seus conflitos centrais colocando-os diante de si em uma cadeira ou almofadão. O trabalho permite descobrir, por meio desse diálogo, algo organismicamente necessário para o paciente no atual momento de sua vida.

No trabalho, tanto com a cadeira vazia como com qualquer outro recurso teórico-técnico, o terapeuta gestáltico é guiado pelo que acontece ali. Treina uma atitude de indiferenciação criativa baseada na ideia de Solomon Friedlander (1947), velho conhecido de Fritz e, segundo ele, seu mestre mais elevado.

Friedlander vai além do conceito de integração, abrindo assim uma brecha para uma atitude de neutralidade de toda oposição, uma amplitude perceptiva e uma consideração especial do presente no sistema.

De acordo com Fritz, tudo está *aqui e agora*, o passado se atualiza em toda manifestação do indivíduo e o futuro é concebido e transformado em cada presente. Mesmo assim, há aspectos que nos escapam de modo sistemático e se repetem várias vezes. Nosso ego se encarrega de dissimular, camuflar e transformar tudo o que não se autossustente. É por isso que Fritz insistia no *dar-se conta contínuo*, ou seja, a pessoa teria de treinar a consciência de si mesma como forma de perceber e trabalhar sobre seu caráter. Convencionalmente, ao longo do livro, chamaremos o caráter de *ego*, exatamente como é considerado pela Psicologia Transpessoal. Já vimos que o ego se forma basicamente como resposta defensiva diante das "frustrações" de parentalização que poderíamos supor como a manifestação iniciática do processo de socialização na vida.

Como em outros momentos, questionei-me se a saúde psíquica e somática seria um fim em si mesmo. É indubitável que esse objetivo é uma conquista irrenunciável no processo, no sentido de uma vida mais integrada e coerente; entretanto, pode-se considerar como parcial se o desejo é o de que a saúde emane do autoconhecimento que conduz a sentir-se e saber-se parte de um todo.

É claro que para isso precisamos de um caminho que nos guie ou pelo menos nos aponte direções, desencontros, passagens e chegadas a estágios intermediários mais elevados em relação à consciência de si mesmo. O caminho do autodescobrimento utiliza a mesma senda que o da saúde psicossomática, ainda que também seja verdade que a saúde nunca é uma conquista estável, mas uma intenção dedicada em uma temporalidade e espacialidade aberta ao fluir.

Tomando o neoxamanismo e as constelações familiares como aspectos que permitem visões complementares à Gestalt-terapia, vamos ao tema do amor. Basicamente o conceito das ordens do amor, já sugerido pela psicopatologia geral e nessa concepção denominado "amor cego ou doente", contrasta com o amor sadio, produto da maturidade, do desapego e da entrega.

Fritz quase não falava do amor e faz pouca referência à psicologia em geral quanto a esse tema. Foi por meio de minha própria história de buscas terapêuticas que fui tomando contato com o amor sadio e o caminho tão difícil para conseguir vivê-lo e sustentá-lo nos vínculos, basicamente dentro do sistema familiar, do casal e das relações sociais. O aporte não é menor.

Como estou falando de meu caminho como buscador e ao mesmo tempo apresentando o que foi acontecendo comigo, chega a hora de introduzir a meditação. No trabalho com o dr. Naranjo – estou de volta aos anos 1990 –, a meditação começou a ocupar um lugar de destaque cada vez maior. Em minha adolescência já tinha incursionado por esses lugares, ainda que a concepção da meditação como caminho – e hoje diria como *antídoto* da vitalidade da estrutura egoica em nós mesmos – tenha recobrado e amplificado sua importância nesse tempo.

Tomei contato com Arnaud Maitland, um discípulo proeminente de Tarthang Tulku Rinpoche que se dedica há mais de 30 anos a incorporar, aprofundar e então difundir o budismo tibetano em diversas partes do mundo. Consagrado ao propósito de Rinpoche, dirige a editora Dharma Publishing, que não só divulga textos do budismo pelo Ocidental como também distribui gratuitamente milhares de textos sobre suas tradições nas vilas onde vivem refugiados tibetanos, para que não percam suas raízes. Um homem com maestria em seu ser e saber, que provocou em mim uma transformação profunda.

A clareza de que a meditação é um processo ativo que começa com o relaxamento e nos conduz à concentração, um caminho de vida e uma forma de vivenciar a sabedoria que emana dos grandes mestres presentes do espaço e no tempo, não é menor no caminho do buscador. Visualizações e mantras, na meditação, fazem desse momento uma experiência cumulada de sucessos.

A amizade com Arnaud me leva diretamente a algo que ainda não contei: minha vocação precoce à renúncia e ao desapego do mundo do cotidiano, assim como a entrega à prática que leva ao absoluto. Esses chamados em idade precoce não são nenhuma exclusividade, têm o nome de *sambhogakaya* no budismo tibetano e são intrinsecamente transformadores. Relembrá-los em idade adulta favorece e guia nosso caminho para a unidade.

O mais parecido a *sambhogakaya* que experimentei em minha idade adulta são momentos de expansão da consciência por meio da meditação na qual, visualizando a mente como espelho e com o desapego das emoções de eventos passados, chego à conexão com a inesgotável fonte de sabedoria que todos possuímos. A meditação é um canal que torna isso possível. Um canal que se esvaziou de "coisas" e pelo qual agora fluem os aspectos necessários para o caminho do encontro com a totalidade.

A Gestalt-terapia nos dá uma ideia do que é o conceito de vacuidade pelas palavras de Fritz extraídas do livro *Sueños y existencia*:

> O nada não existe para nós, no sentido estrito, porque o nada se baseia em dar-se conta de algo e em seguida há algo aí. Descobrimos que ao aceitar e penetrar esse nada, esse vazio, o deserto começa a florescer. O vazio se faz vivo, se preenche. [...] *Nada* equivale a real, verdadeiro. (Perls, 1974, p. 69)

A razão de citar Fritz aqui é que ele faz uma diferenciação entre um vazio cheio de coisas e um vazio fértil, no qual é possível tomar contato com aspectos novos que solucionam problemas que se atualizam no tempo presente. Ainda que pareça um contrassenso, a grande maioria de nós e muitos terapeutas tentam dar resposta a circunstâncias presentes com antigas fórmulas, e não necessariamente por não estarem atualizados, mas por uma falta de percepção do presente como o tempo de vida no qual existimos.

E esse presente, por meio de sua conscientização global, pode ser o que nos custa tanto a conceber como realidade. Somos capazes, os terapeutas, de considerar essa realidade que se revela fenomenologicamente diante de nós sem interferências teórico-técnicas ou egoicas?

Essa consideração não se opõe em absoluto à ideia de que nossa percepção, e de fato todo o nosso agir, é irremediavelmente subjetiva. É a subjetividade que estimula a busca do contato humano (intersubjetividade) e uma das razões essenciais do encontro psicoterapêutico (*rapport*). Também acredito que essa subjetividade é um chamado transcendente à responsabilidade no processo de descoberta do ego, presente em todo ser humano e fundamentalmente naqueles de quem nos encarregamos da saúde biopsicossocioespiritual. Essa realidade, por sua vez, sinônimo de presença consciente, justa, fluida e em acordo indiferente entre opostos, deve ser adquirida mediante disciplina e clareza. A realidade, descrita dessa forma, é a atitude saudável na Gestalt-terapia e, segundo creio, em qualquer consideração universal de saúde biopsicológica.

Então, o que impede de chegar a uma atitude tão preciosa? Há pelo menos duas observações que necessito fazer aqui. A primeira é que o que impede tal manifestação de saúde, realidade ou unidade é um sistema ilusório-defensivo que age no automático e é simplesmente o que a Gestalt-terapia chama de *neurose* e a psicologia transpessoal e oriental chama de *ego*. A segunda observação é que não se pode viver nessa estrutura ilusório-defensiva. Assim como o ilusório só pode ser revelado por meio de sua identificação – ou seja, saber quando e como aparece interpondo-se e fragmentando a relação comigo mesmo e com o ambiente –, é necessário um corpo de conhecimentos que me guie, que possa sustentar resultados tangíveis no tempo.

O eneagrama como conhecimento organizado é uma forma possível e palpável de me autodescobrir nessa atitude ilusória. A ilusão provém de uma situação inacabada, ou seja, aquela que gera tendências dentro de mim para alcançar o fechamento ou a satisfação. Se há situações que ao mesmo tempo vou acumulando ao longo de minha vida, que vão criando um sistema de funcionamento indiretamente defensivo – no sentido de não poder responder a necessidades por não ter conquistado recursos que se transformem em expressões de medo ou apego ou simplesmente ociosidade –, a resultante natural é a criação de uma vida em que o interno se afasta do externo. Assim, começo a criar o equívoco mais sofisticado que chamamos *personalidade*.

A psicoterapia, inspirada por esse sentir, demanda que o paciente considere que o que acredita de si mesmo está defensivamente distorcido em relação à realidade, não por suspeita mas por constatação experiencial. Talvez não haja outro instrumento além de sua ilusão para se dar conta disso.

É aqui que aparece a meditação como remédio para esse ego que dita o que devemos criar, sentir e agir. A meditação dentro do processo terapêutico tem várias vantagens: em primeiro lugar, gera a disciplina necessária para sustentar um processo de cura – algo quase em desuso dadas as condições de instantaneidade na satisfação de necessidades do mundo ocidental atual; em segundo, produz um silêncio interno que leva a identificar a afluência indiscriminada de pensamentos que bombardeiam nossa mente e assim, em terceiro lugar, nos conduz a uma quietude interna-externa que pode ser assimilada ao conceito de vazio fértil da Gestalt-terapia.

Arnaud Maitland e o aprendizado que obtive com ele desde 1998 na arte da meditação me fizeram viver contemplando mais o presente e experimentando-o sem temores. Desejo colocar aqui um novo aporte à identificação não só do ego, nessa caminhada por minha história pessoal, mas também de algo profundamente necessário: a experiência de budidade, o estado iluminado ou o encontro com nossa essência.

Fomos percorrendo desenhos para o contato com nossa unidade interior-exterior e o que definimos como sistema ilusório defensivo que concordamos em chamar de *ego* ou *caráter* é nosso desafio para trabalhar e desenvolver neste livro.

Vamos refrescar um pouco nossas ideias. Imaginemos uma parede circular que ultrapasse nossa altura, que não tenha nenhuma janela e cujo diâmetro seja mais ou menos pequeno. Imaginemos também que estamos dentro do círculo sem poder ver o lado de fora. Consideremos que a parede é suficientemente forte para que não possamos abrir nela um buraco com as mãos. Assim, transforma-se em costume viver dentro do espaço que ela determina. Com o tempo, alguns vão acreditar que esse espaço que fica dentro é tudo o que existe na vida, o que podemos e devemos conhecer.

Ao mesmo tempo, à medida que vamos crescendo, vamos considerando que o espaço interno é vivido de forma subjetivamente menor por um contraste natural entre as dimensões que nosso corpo-mente vai alcançando. Em algum momento tenho uma ideia: sinto que talvez haja algo além da circularidade do espaço em que vivo. Terei o atrevimento de desafiar o círculo? Como vou conseguir?

A história da humanidade mostrou duas grandes formas de fazê-lo: 1. criar um tipo de ferramenta que finalmente perfure a parede, onde em seguida em geral se encontra outra parede que circunda a anterior e assim uma atrás da outra, constituindo-se em uma viagem longa e honorável; 2. encontrar um veículo que permita que nos elevemos e, assim, vejamos o espaço infinito que está além dos limites do primeiro espaço. A consciência expandida é o veículo que nos eleva acima dos limites de nossa parede e nos deixa *ver* o que há do outro lado do círculo.

A meditação tibetana de Tarthang Tulku (1991, 2000), assim como as vivências do trabalho profundo com o ego que tive a honra de conhecer com o dr. Naranjo, foi fundamental em meu caminho, que começou com a bela Gestalt-terapia, sábia e elegante, que me faz lembrar o Abel.

Os medicamentos naturais também são poderosos. Talvez no momento mais lúcido de minha vida, conheci duas pessoas, Enio Staub e Beth Moreira, que, como honestos buscadores e profundos conhecedores de um dos remédios mais eficazes, me ensinaram a descobrir e a descobrir-me por meio de experiências. Depois de anos me permitiram conduzir encontros em grupo. Também com eles descobri a grandiosidade que advém da recomposição do vínculo com o ancestral.

Isso me remete novamente ao encontro integrado com o xamanismo, a meditação, o eneagrama, a Gestalt-terapia, o teatro, a teoria e a vivência do campo por meio de um enfoque sistêmico integrador, do amor, da disciplina e de um toque de intuição de por *onde* e *como* se vai seguindo a busca constante e sustentável da saúde.

Quando me refiro à saúde, deveria dizer *unidade*. É necessário que um caminho leve à saúde psicocorporal, ou seja, à resolução de situações repetitivas, assim como a uma consciência de unidade do corpo com todas as demais manifestações do ser; para sermos precisos, porém, isso não é suficiente se pretendemos propiciar a conexão dessa unidade que somos com uma harmonia universal. Está mais do que claro que perdemos a conexão harmônica com nossos pares – que também poderíamos chamar de próximos ou irmãos –, o que significa dizer que nos afastamos da natureza. Estamos longe de dar espaço em nosso ser à abstração de ver o fogo, a água, a terra, o ar como entidades que merecem respeito, consideração e amor. O mesmo acontece com o universo vegetal e animal, pelo qual poderíamos sentir o mesmo apreço. A alegria de viver que a cooperação responsável e cabal entre os seres humanos pode nos oferecer se fragmenta na vivência agressiva da concorrência feroz por conseguir mais do que o outro: poder.

Nossa materialidade e a materialidade do que nos rodeia criam a necessidade de um vigor que nos obriga a viver acumulando força para desmantelar as interferências do sistema defensivo que condiciona a sabedoria organísmica ou o fluxo natural da vida.

Ao me dar conta disso precocemente, fui tentando seguir da maneira mais coerente possível uma visão da vida que me levasse a sentir e conseguir realizar concretamente a beleza do comunitário.

Bem, isso sim é começar o caminho do sonho de minha adolescência com a responsabilidade que o adulto sabe lhe dar. E é nesta meia-idade que hei de fazer o melhor que puder. Entretanto, é nosso ego que constrói em geral e é daí que surgem as necessidades psicossociais. É ao construtor que devemos questionar severamente, não lhe parece?

Hoje, vejo-me neste caminho, no começo do século XXI e entrando na década de meus 50 anos, o que torna evidente a consciência do impermanente que está presente em cada ato, sentimento e pensamento. A concepção gestáltica está mais madura dentro de mim e mais integrada ao meu viver diário, enquanto surge uma clara identidade com a maneira oriental de ver a vida. Começa a aparecer timidamente o que envolve tudo, uma sensação de unidade do vivido até aqui, fazendo crescer a apreciação de todos os caminhos e pessoas que me guiaram em seu trajeto.

Tendo percorrido e destacado o que me parece determinar minha maneira de ver, sentir e contemplar a vida e seus múltiplos entornos, considero que a busca da expansão da consciência leva ao conhecimento intuitivo do universo e, sobretudo, nos conecta com uma plena experiência da totalidade, da inter-relação de todas as coisas e de nosso lugar nelas. É a partir desse lugar que se desenvolvem hoje meu trabalho e minha vida como aspectos inseparáveis do todo.

Chegando até aqui, creio que o leitor poderá ter não só uma ideia de um caminho possível, mas também do que vai estimulá-lo a seguir. É ainda uma homenagem aos que inspiraram e inspiram em mim o que sou, aos que acompanharam e me acompanham, aos que me guiam e me fazem sentir um profundo respeito e agradecimento que quase nunca posso exteriorizar, já que pertence a um universo estranhamente não dialógico; é de outro mundo, um mundo no qual as pessoas e os sentimentos se revelam e não são escolhidos.

Por último, quero agradecer aos companheiros de jornada que me fizeram sentir que expressar o vivido em ensinamentos coletivos era necessário. Eles mesmos se transformaram em alunos amorosos e, acima de tudo, em amigos. Também desejo agradecer aos que acreditam que levar tudo isso adiante é uma tarefa fácil, já que mostram, por meio de suas tentativas frustradas, que só cabe neste mundo humano o que tem propósito amoroso, honesto e ético.

Entretanto, e seja como for, tudo é impermanente.

Fernando De Lucca
Bairro de Ratones, Florianópolis (Brasil),
20 de setembro de 2007

NO SENTIDO DE UMA COMPREENSÃO CIRCULAR DO HUMANO

No capítulo anterior expresso o caminho pessoal que inspira este livro de Gestalt-terapia. Nele se pode apreciar como os temas vão encontrando luz e unidade segundo os desenhos de diferentes tradições pelas quais transitei. Entretanto, o que justifica mais um livro de Gestalt-terapia?

Considero que o primeiro motivo emana do pedido constante de meus assistentes, colegas e alunos para que documentasse o que normalmente ensino por meio da palavra e da vivência. Sempre vi esse pedido como necessário e estimulante, e faço valer, neste livro, meu desejo de que o ensino transcenda outros âmbitos fora de onde dou meus cursos e, talvez, ainda mais além. Da mesma forma, pode servir como texto para o estudo, assim como para manter a chama viva entre minhas idas e vindas dos lugares que visito.

Isso me leva direto ao segundo motivo, que é o de colocar à disposição do mundo aquilo que foi a busca de minha própria saúde e talvez possa contagiar outras pessoas, o que coloca este livro como um ato de amizade a distância.

E, então, o terceiro motivo: no trabalho atual, pretendo tratar a unidade biopsicossocioespiritual, que tem sido um tema recorrente na maioria das aberturas de meus cursos, congressos e seminários. Para isso, me permitirei fazer um pouco de história.

Os gestaltistas veteranos são filhos da contracultura ocidental dos anos 1960, e isso quer dizer muitas coisas. Em princípio, o movimento *hippie* proclamava abertura e liberdade no amor e na sexualidade, em contraposição à falsidade das formas e motivos que sustentavam as relações de casal até aquele momento; e, ao mesmo tempo, aludia diretamente à paz no mundo – nunca tão necessária como nestes últimos anos –, devido às guerras nas quais o mundo rico e poderoso se envolvia, deixando devastados territórios distantes com o consequente erro sistemático que normalmente se cometia em nome de um patriotismo conveniente.

O movimento *hippie* também se inspirou na tentativa de entrelaçar o Leste com o Oeste ou, em outros termos, o Oriente e o Ocidente. No âmbito da psicologia, o contracultural que a Gestalt-terapia apresentava era a passagem de uma hegemonia absoluta do pensamento e da razão para uma complementaridade e equivalência destes com o sentir. A Gestalt-terapia faz uma passagem importante do *porquê* para o *como*.

O corpo começava a ser levado em conta. De uma assepsia absoluta, na qual o terapeuta apenas – e nem sempre – apertava a mão de seu paciente ao entrar e sair do tempo-espaço de sua consulta, e onde este se deitava ou permanecia sentado confiando em sua razão para comunicar o que acontecia em sua vida, agora se passava a um uso estimulante da gesticulação que provinha do talento e formação de Fritz Perls como ator. Não só se tocava o paciente como também ele trabalhava racional, sensível e corporalmente com o terapeuta naquilo que descrevia como sua problemática. Nessa forma nova de trabalhar a relação, terapeuta e paciente constituem um *campo*. Esse campo de responsabilidade mútua provoca um encontro transformador. Assim, paciente e terapeuta descobrem sua qualidade de contato.

É por meio dessas experiências que podemos falar de mudança de paradigma. O paradigma – que desejo chamar de *inclusivo* – promove uma maneira muito peculiar e integradora de tratamento psicológico com um enfoque mais amplo que, por essa mesma condição, implica uma profunda clareza de limites que o terapeuta institui e cultiva em sua busca por autenticidade.

O *campo* é uma forma de gerar inclusão.
Outro aspecto diferente é que já não se toma o inconsciente como uma verdade inquestionável e universal. De uma barreira intransponível de material intrapsíquico intolerável à consciência – que por isso é inconsciente –, chega-se à consideração de que responde a uma necessidade denominada *figura* que deverá ser satisfeita no campo da consciência; o que não for parte disso continuará existindo no que chamamos de *fundo*.

Podem ser agregados muitos aspectos mais a esse aspecto contracultural. Assim, podemos citar o paradigma fenomenológico que complementa a antiga hegemonia do paradigma analítico, um enfoque existencial que faz que a vida seja observada em relação a um mundo, e vice-versa; assim como o fato de todo o devir da existência se manifestar dentro de um campo de alta complexidade e conexão. Viver no aqui e agora, considerando-o como a expressão presente da história passada e futura de nossa vida, é talvez o maior desafio nessa abordagem e seu primeiro parentesco com a visão oriental da vida.

Esses temas, que serão tratados com outra amplitude em capítulos posteriores, permitem introduzir o quarto motivo que justifica este livro. Assim como o corpo é hoje um tema visível em muitos enfoques e considera-se que a gênese de toda enfermidade de alguma maneira é psicossomática, o fenomenológico é visto sobretudo pela descrição que a psiquiatria faz dos sintomas e já não se utiliza tanto o inconsciente para fundamentar o que posso e não posso ser, fazer ou alcançar na vida. A pergunta então é: o que seria contracultura hoje? O contracultural hoje é a imperiosa necessidade do homem de conquistar o ser como uma unidade em si mesmo e com todas as coisas que o rodeiam. Isso, sim, caro leitor, é uma necessidade que clama aos gritos, é transcendental como mudança no humano e, talvez, a última chance de manter nosso mundo vivo.

Nós, seres humanos, devemos alcançar uma série de aspectos que estão irremediavelmente ligados a essa necessidade. São fundamentalmente o ingresso a uma espiritualidade como caminho, que integre

– de maneira consciente – essa dimensão ao todo que somos e à vida que levamos. Para isso, temos de pensar que a filosofia oriental novamente nos dá algumas respostas essenciais, como a *disciplina*. A *perseverança* como atitude para sustentar um propósito e a *compaixão* no sentido de ofertar o melhor de nós a todo momento são aspectos que enfrentam grandes males: o esquecimento, a preguiça, a inconstância e a busca ilimitada de poder ou domínio. A perseverança necessita, para a construção de uma boa vida, de aspectos tais como constância, inteireza, empenho, tenacidade, o que leva, com o tempo, a sentir força, vitalidade e coragem, indispensáveis como antídoto diante do medo que todo desafio exige. Não há, nesta proposta contracultural, maior desafio do que a experiência de entrar em nossa mente para conhecer sua natureza e perceber todas as dimensões de nossa consciência. Normalmente, a consciência é fragmentada; o que percebemos pela dispersão de suas partes é escassez, sendo precisamente o medo o que acompanha tal vivência, que temos e sentimos no mais profundo de nosso ser como mensagem organísmica.

Destaco um aspecto básico: a *arrogância* de acreditar que temos algo interessante em nosso conhecimento quando este advém de nossos recursos intelectuais. Nós nos acostumamos a ser portadores dessa ideia errônea, de considerar que uma parte de nós responde pelo todo. Podemos inventar todo tipo de fantasias em nossa especulação de como são as coisas e assim acreditar que sabemos algo. Ficamos com a sensação de "saber", um "bônus" para nosso ego. Isso fez de Perls um mestre. Para Fritz Perls todo saber emanado de forma exclusivamente racional era pura *elephant shit*.

Em quinto lugar, quero destacar dois aspectos que também pretendo desenvolver em seguida.

O primeiro deles é que no caminho da saúde encontramos duas confusões radicais: a inteligência considerada equivalente à razão ou ao intelecto e os sentimentos tidos como equivalentes à emoção ou paixão. Outro aspecto a observar é a relevância que os seres humanos dão ao conhecimento emanado de nossas deliberações racional-
-emocionais, em vez de compreender que a conexão com a unidade

emanada de uma sabedoria organísmica – sempre presente – contém e revela toda a verdade. É uma batalha dura e louca por termos nos separado da natureza como manifestação da unidade, e assim confiarmos apenas em nós mesmos ou no guia de plantão, visto como um avatar que nem sempre nos conduz a valorizar nossa sabedoria intrínseco-organísmica.

Começaremos por uma visão profunda e circular da Gestalt-terapia para então delinear a atitude, que é a forma de vê-la e vivê-la desde o caminho que se faz em nosso instinto. Finalizaremos com a proposta de uma metodologia que, tanto na clínica como na vida, tente um rumo no sentido da saúde. Gestalt-terapia é uma forma de reaprender nossa relação com nós mesmos e o ambiente a partir da construção de uma transparência experiencial.

Em sexto lugar, simplesmente uma reflexão: desejaria que este livro, ao relê-lo em idade avançada e mesmo que a visão do mundo nesse meio-tempo tenha se modificado, conseguisse ainda me inquietar. Espero que assim seja para você, também, leitor.

1
O QUE É GESTALT-TERAPIA?

> As palavras verdadeiras não são belas.
> As palavras belas não são verdadeiras.
> O inteligente não discute.
> O que discute não é inteligente.
> O sábio não é erudito.
> O erudito não é sábio.
>
> Lao-Tsé

O QUE É GESTALT-TERAPIA?

UMA FORMA DE CONCEBER A VIDA?

Esta é a primeira pergunta que ouvimos quando um aluno ou um paciente nos procura. É também a pergunta de quem sentiu melhora em sua vida com a psicoterapia e deseja conhecê-la mais a fundo. Vamos fazer o caminho do mais simples ao mais complexo.

> *Gestalt* é uma palavra alemã para a qual não há tradução equivalente em outra língua. *Gestalt* é uma forma, uma configuração, o modo particular de organização das partes individuais que compõem o todo. A premissa básica da psicologia da Gestalt é que a natureza humana se organiza em formas ou totalidades e é vivenciada pelo indivíduo nesses termos, podendo ser compreendida unicamente em função das formas ou totalidades das quais se compõem. (Perls, 1977, p. 19)

Convém iniciar descrevendo a Gestalt-terapia como uma abordagem psicoterapêutica que estimula o *contato genuíno* com nossa *sabedoria organísmica* em relação fluida com o ambiente. O contato pode propiciar uma unidade genuína organismo-ambiente desde que não sofra interferência ou esteja condicionado por fantasias que nos afastem da realidade. A forma ou o estilo como fazemos o contato pode determinar o autêntico ou o ilusório da relação que temos conosco e com o mundo que nos rodeia.

Portanto, diante de qualquer forma de contato, a Gestalt-terapia encoraja que ele seja manifestado pelo uso explícito da primeira pessoa do singular, em vez da terceira do plural, com a intenção de que isso leve a uma interiorização do "encarregar-se". Quando a expressão é semelhante a "O que acontece *com a pessoa é...*" ou "O que acontece *conosco é...*", o gestalt-terapeuta indica ao aluno ou paciente que a responsabilidade daquilo que está sendo expresso é considerada uma manifestação pessoal, mesmo que pareça redundante, lhe é própria. Esse é o motivo pelo qual se recomenda dirigir-se ao mundo em primeira pessoa: "O que acontece *comigo é...*"

Nos grupos de formação essa prática é proposta como um "jogo" que leva os participantes a instaurar uma maneira mais comprometida de dialogar, tanto com os outros como consigo mesmo. A experiência indica que o indivíduo se sente mais dono de seus atos e em um contato maior com o que acontece consigo dentro e fora de si.

Outro exemplo é o trabalho gestáltico com os sonhos. Talvez seja nesse trabalho que se perceba melhor a concepção fenomenológica da Gestalt-terapia, que certamente a inspira em suas outras ações. Quando o indivíduo deseja trabalhar um sonho que por motivos organísmicos aparece no presente, o terapeuta, se achar oportuno, pode dar início ao trabalho pedindo-lhe que pontue três aspectos fundamentais.

Primeiro, fazer o relato do sonho exatamente como o paciente o descreveu. Destaque-se que o sonho pode ter ocorrido há certo tempo, e mesmo que tenha sido vivenciado na madrugada do próprio dia da sessão terapêutica, fato frequente, sempre será o relato relembrado de um acontecimento passado. Por isso, é natural que o indivíduo use o tempo verbal no passado para descrever as imagens e peripécias do sonho.

Segundo, pedir ao indivíduo que descreva o estado emocional que o sonho provocou e foi observado ao acordar. O paradigma fenomenológico com o qual trabalhamos não exige a análise do conteúdo do sonho, mas a descrição e a relação dialógica sonho-sonhador, tanto com o conteúdo geral como com os aspectos parciais. O contexto emocional do sonhador ao despertar é sem dúvida a maior contribuição que o fenômeno sonho pode oferecer: a descrição e a associação com fatos presentes me levam a conhecer o meu estado emocional atual. Se noto tristeza ao me levantar, e esse é um estado emocional associado ao sonho, relaciono esse sentimento com a minha vida atual.

O terapeuta propicia um estado de relaxamento e confiança que funcionará como facilitador da conexão com aquilo-que-aparece. O trabalho com sonhos começa e continua com a intenção consciente de reduzir fenomenologicamente aquilo que acontece e impacta o sonhador em relação ao que está acontecendo ali. A função racional se caracteriza por gerar comparações, contrastes entre o diferente e o semelhante. E então vai mudando com a entrada de novas informações e outros pontos de vista. Certamente o racional ajuda a unidade do meu ser, desde que não se transforme em meu único recurso.

Toda vez que considero um único recurso para enfrentar qualquer tema de minha vida, é muito provável que eu me torne fanático por esse recurso.

Depois dessa descrição, e em terceiro lugar, pede-se ao sonhador que relate o conteúdo inicial do sonho, só que agora em *tempo presente*. O fato de ele ouvir de si mesmo o relato no presente produz um impacto em seus sentimentos, o que favorece a *awareness* ("dar-se conta" ou "tomar consciência").

Contudo, nem todas as imagens do sonho têm a mesma força. O terapeuta pede ao sonhador que escolha a que considera mais importante. Esse é um trabalho de *figura e fundo*. A passagem de maior destaque do sonho revela a figura do paciente, assim como o estado atual de sua vida contido nela. O terapeuta deverá ser cauteloso para não oferecer muitas indicações de como escolher; tentará guiá-lo interferindo o mínimo possível.

O sonhador, que a essa altura já dispõe de uma poltrona ou almofadão diante de si, onde acomodará virtualmente algum personagem ou objeto da passagem escolhida do sonho, passa a dialogar com esse personagem ou objeto. Esse recurso chamado *cadeira vazia* – proveniente dos tempos de ator de Perls – cria uma situação vivida ao extremo. O sonhador vai mudando de cadeira e perguntando como ele mesmo e respondendo a si no papel do personagem ou objeto.

A função do terapeuta é a de fazer que esse diálogo seja significativo, além de analisar as interrupções causadas pelo sistema defensivo. Como já vimos, a interrupção no fluxo energético é o mecanismo de evitação em ação, então o trabalho com o defensivo não se realizará como um confronto, mas como um acompanhamento que favoreça sistematicamente o fluir até o lugar em que as situações inacabadas se destravem. O terapeuta será um facilitador, incansável nessa tarefa.

O diálogo geralmente leva a um ponto em que surge espontaneamente um "dar-se conta" ou *awareness*, que envolve todo o ser do sonhador, assim como uma mudança energética no campo paciente-terapeuta. O profissional também se vê impactado pelo que acontece ali, vai guiando e é guiado no sentido de uma mudança da energia. Algo flui de maneira diferente. A *awareness* que conduz a essa amplitude energética nem sempre é acompanhada de emoções transbordantes, euforia ou outras manifestações catárticas. Às vezes, é delicada e sublime, outras vezes, explosivo, outras ainda, fascinante ou imperturbável.

A catarse merece um momento de reflexão, assim como as técnicas gestálticas, com relação a seu uso e abuso. No que diz respeito ao catártico, consideremos que esse momento é sumamente propício para trabalhar acerca daquilo que aparece. A catarse nem sempre gera uma mudança no indivíduo, mas produz na verdade uma brecha, uma interrupção dos acontecimentos e um abalo emocional. Na maioria das vezes, a catarse é tomada como prova suficiente de que algo vai produzir um antes e um depois. Em minha experiência clínica, não funciona assim. Normalmente, é um momento imperdível, desde que seja aproveitado no trabalho com o paciente, se o caso for terapêutico; ou com o aluno, se o caso for pedagógico.

Vamos agora falar sobre o uso de técnicas. O que acabo de descrever é, para a Gestalt-terapia, uma das maneiras possíveis de trabalhar com sonhos, fundamentalmente pela descrição de uma das ferramentas que diferenciaram essa abordagem e Perls usou primeiro em seus seminários. As técnicas não definem a Gestalt-terapia.

Como já vimos, é a atitude que define a vida e o trabalho do gestalt-terapeuta. O uso abusivo de técnicas é revelador, em geral, de falta de contato por parte do terapeuta; algo como quando não sabemos o que fazer com o paciente que temos diante de nós e lançamos mão de um punhado de tecnicismos. Assim, levamos o paciente a algum lugar que pelo menos ele não conhece. Entretanto, paradoxalmente, em momentos em que o indivíduo está preso, paralisado ou com muito medo ou dor, é possível encontrar um instrumento que permita sair desse estado e passar a buscar outras maneiras de ver certo tema. O conjunto de ensinamentos para chegar à atitude gestáltica contém a descrição de técnicas, assim como de sugestões de quando e como utilizá-las. Não podemos nos esquecer de que a função primordial de um gestalt-terapeuta é a de estar em contato consigo mesmo e com o outro, ou os outros, que devem ser consultados para reconstituir o fluir energético e assim estar em concordância com a sabedoria organísmica. Se o uso ocasional de técnicas pode me levar mais para perto disso, podemos dar-lhes as boas-vindas.

Abordamos ligeiramente o tema dos sonhos, referindo-se ao presente, pelo uso da primeira pessoa do singular, e consideramos alguns pontos sobre as técnicas. Podemos dizer que a descrição do trabalho com sonhos contém aspectos fundamentais da Gestalt-terapia.

Recordo-me do trabalho com um paciente – depois de cerca de um ano de psicoterapia de um total de três – a quem aparecia em seus sonhos, de várias formas, uma criança pequena que ia crescendo conforme o que acontecia em seu processo. Os sonhos em geral expressavam como ele ia salvando um menino de perigos, até que foi se transformando em adolescente e então veio o sonho mais significativo. Esse homem, que tinha uma empresa, estava em conflito com o sócio, algo que não conseguia explicitar direta e abertamente. Segundo o que acreditava, seu sócio estava montando uma empresa paralela no mesmo ramo que tinham juntos, o que implicava criar uma concorrência desleal internamente e também aproveitar-se do segmento de mercado que criaram depois de muito tempo e esforço. Meu paciente achava que, para tomar qualquer tipo de atitude, deveria ter provas suficientes. Chegava a exigir de si mesmo que as provas fossem irrefutáveis, como, por exemplo, surpreendê-lo fazendo acordos para esse fim. Em momentos extremos tinha um sonho.

Relatarei em tempo presente para simplificar a passagem da temporalidade do sonho do paciente: o lugar onde o sonho começa se parece muito com a sede da empresa dele. Todos os funcionários estão trabalhando e está anoitecendo. Descobre-se que mais um empregado da empresa foi assassinado. Em geral, são mulheres. Não suportando mais, meu paciente segue as pistas deixadas pelo assassino e o encontra no local onde se controla o horário de chegada e saída do pessoal. Não vê seu rosto nem o vê assassinando ninguém, mas deseja matá-lo mesmo assim. Luta com o suposto assassino para tirar dele umas chaves que poderiam ser a prova de tudo. O assassino escapa. O paciente manifesta estar aterrorizado e quase sem fôlego. Chama a polícia e, ao mesmo tempo, o pai. Este chega primeiro de carro – mas naquele de quando meu paciente era adolescente – e os dois saem velozmente, como se fosse uma perseguição. Vão por um caminho conhecido que leva à antiga casa dos pais. Então, ele acorda.

Sente-se comovido, excitado e, como diz, muito leve. Escolhe como transcendente o encontro com o pai, já que o vê como aquele que o resgata. Coloca-o diante de si e começa a dialogar com ele. Vai percorrendo um caminho que envolve seu cuidado e amor por si mesmo quando criança. Agradece a força que o pai lhe transmitiu como homem, assim como os sentimentos baseados na honestidade e na bondade. Basicamente, reconhece o amor dele ao sentir amor por si mesmo. Os sentimentos mais sublimes o tomam e o transformam. Assim ficou por um tempo.

Não podemos perguntar a ele sobre o sócio que tenta passá-lo para trás. Ele fez isso quando se dispôs. Respondeu-me rapidamente: apenas ia sair da empresa e ficar com o que era estritamente seu. "O que o impedia antes?", perguntei-lhe. "Não tinha forças para isso. Toda vez que pensava em desmanchar a empresa, morria um pouco de mim mesmo", respondeu-me.

Esse trabalho foi transcendental para mim também. A transformação foi mútua, no sentido do encontro que o campo proporciona. Em relação ao campo que paciente e terapeuta formam, cito outro exemplo, também de um sonho, e uma consideração ao aqui e agora no qual este campo existe e se transforma constantemente.

O sonho é de um aluno que participou da maioria dos seminários de Gestalt que realizei no Brasil. Ele é formado em Psicologia e conta com uma importante trajetória acadêmica e clínica. Ficou muito interessado em Gestalt-terapia a partir da visão sistêmica e integradora, tendo o eneagrama e a meditação como fundo. No terceiro encontro de um seminário de um ano e meio, trouxe um sonho para o grupo. Não estávamos trabalhando especificamente esse tema, porém, como sempre acontece, prestamos atenção àquilo que emerge no momento presente.

O relato do sonho – logo depois de pedir a ele que o fizesse no presente – o retrata quando criança. Dormia na cama que a tia reservava para ele quando ficava em sua casa para passar o dia e a noite. Destaca que ficar para dormir na casa da tia o alegrava muito; podia brincar e assistir à televisão no quarto antes de dormir. Também narra que na casa de seus pais não havia televisão. Recorda-se que nessa ocasião pegou no sono assistindo a um filme de terror que passava às sextas--feiras à meia-noite. Menciona que o quarto tem duas camas e um guarda-roupas que ocupa uma das paredes e vai até o teto. Nessa noite, enquanto dorme, o guarda-roupas, que está mais perto das camas do que de costume, começa a balançar. Em determinado momento, precipita-se e cai sobre ele, o que lhe provoca um pânico que nunca experimentara. O que se constituía como figura para o sonhador é o guarda-roupas e seu terror de que este lhe caísse em cima. Ao colocar-se na outra cadeira, dispõe-se a responder sob outra perspectiva, a do guarda-roupas. Responde, então, que a vida se parece com o guarda-roupas que cai sobre ele. O sonhador retorna a seu lugar original e pergunta acerca da vida. Sua pergunta é sobre o medo de viver e sobre o fato de que algo muito grande poderia cair sobre ele. "Viver é aceitar que algo assim caia sobre você", responde o armário. O aluno começa a se emocionar. De seu lugar, lembra-se de que nesse guarda-roupas estava toda a vida de suas duas tias. Sente que o guarda-roupas é excessivamente grande; não conseguia abarcá-lo todo em seu campo de visão, nem fazendo um esforço. Fica parado. Peço que volte para a cadeira onde está o guarda-roupas e pergunte mais a ele sobre a vida, ao que o guarda-roupas responde que é assim que a vida se expressa, que necessitava mostrar a ele sua grandeza e que o medo era apenas para que pudesse lembrar-se do resto de sua vida. "A vida é ilimitada e sua magnificência e beleza são indescritíveis", diz a ele. "Mas para que o medo?", pergunta. "Só o medo, por ser um instinto que não pode ser ocultado e impossível de moderar, pode lembrá-lo sempre disso, eu já disse", responde. Eu estava acompanhando o processo e sentia que falaria da tia. E foi assim, o próprio campo me conduzia a esse lugar. No mesmo momento, sua emoção brota e ele agradece à tia por tê-lo amado tanto e por fazer que sua infância fosse bonita e cheia de luz. Agora, o emocionado era eu. Olho ao redor e para o grupo, que está em estado de profunda comoção.

Nesse momento, eu poderia estar em tal contato com o campo criado por ambos que suas palavras seriam posteriores ao que ia vendo dentro de seu sonho. Essa é a narração de um encontro existencial que propicia o campo por meio da disponibilidade de todos os participantes em um presente absoluto. O "dar-se conta" o transformou.

Falemos sobre um tema fundamental: o *aqui* e *agora*. A consideração seguinte a respeito da Gestalt-terapia é a de tentar viver no presente. Ele nos permite o verdadeiro contato com a vida que estamos vivendo; a abordagem de qualquer um dos aspectos do indivíduo pode ser feita sempre que se esteja nesse tempo. Os conceitos gestálticos como o de viver no presente e tornar-se responsável, conforme a ideia de que toda forma de contato com seres ou objetos remete ao ser que está sendo contatado, conduzem a um compromisso diante de suas necessidades.

A *necessidade* se manifesta por aquilo que se apresenta como figura. A concepção de figura e fundo seguramente é uma novidade para outros paradigmas psicológicos, assim como o conceito de contato como tema central. Cada necessidade que nos é apresentada na vida abre um ciclo de experiência que nos obriga a satisfazer, de alguma maneira, essa circunstância e promove em nós uma intenção consciente com vistas a esse fim. É fundamental que essa necessidade seja satisfeita para que a energia possa circular o mais livremente possível e, assim, formar o próximo ciclo de experiência sem que os resquícios de situações anteriores mal resolvidas interfiram.

Do ponto de vista intrapsíquico, a *fluidez*, tão difícil de definir, poderia equivaler a um livre trânsito energético por todo o nosso ser, sem qualquer contenção nem estreitamento. O fluir, entendido dessa maneira, é a expressão da resolução satisfatória das figuras que foram se sucedendo na vida. É muito importante considerar o contraste dessa abordagem em relação às outras, ou seja, àquilo que figura e fundo implicam. Definimos *figura* como algo que surge como necessidade presente, se destaca, contrasta, com um *fundo* de acesso irrestrito. A energia pode ter acesso a qualquer parte desse fundo para se transformar em figura; sempre que for uma necessidade verdadeira, algo que faça falta.

O fundo não é, portanto, uma instância inconsciente.

Não é consciente na medida em que a aparição da figura, com suas funções e conteúdos de ordem biopsicoespiritual, toma o tempo-espaço necessário para que a satisfação possa ser obtida. Esse ato, que tem uma imbricação natural devido à apresentação e intensidade de cada figura-por-vez, por um mecanismo complexo de seleção biológica, é verdadeiramente transcendente no funcionamento psíquico e a manifestação expressa da *autorregulação organísmica*.

Podemos dizer, por ora, que a autorregulação organísmica é uma estrutura intrínseca que rege todas as manifestações dimensionais de nosso ser e sua relação com o ambiente, equilibrando-as energeticamente.

Fundo é a sede da autorregulação organísmica.

Não há nada que nos impeça de encontrar nesse fundo o que precisa ser atualizado como figura. Tudo é passível de se tornar figura se esta emerge como expressão daquilo de que necessito. Simples assim? Sim e não. A resposta é positiva se há fluidez na presentificação da figura prevalente tomada como manifestação maior da saúde bio--psicossocioespiritual de um indivíduo. A resposta é negativa quando esse fundo está sujeito a circunstâncias que fazem que as figuras emergentes sejam vistas, como já dissemos, contaminadas pelas situações mal resolvidas das figuras surgidas antes.

Fritz acreditava que o indivíduo voltava várias vezes, de maneiras variadas e em diferentes etapas da vida, para resolver figuras que não foram satisfeitas no momento em que se apresentaram. A compulsão repetitiva que manifesta a necessidade organísmica da resolução das figuras é uma tendência que a figura assume diante do fundo. Não só há uma redução do livre acesso no sentido dos conteúdos do fundo, como a figura também se converte e se transforma em compulsiva.

A definição de fundo como tudo de minha história que não é figura-presente tem algumas ressalvas. Se considerarmos o fundo como um continente do que foi historicamente vivido por nós, vem a sensação de que ele seria uma expressão de identidade e até um organizador das experiências de vida, e mais ainda das novas. É possível que seja assim; entretanto, o que o fundo contém é tudo que um ser humano é. Ontogenia e filogenia estão presentes nesse fundo.

A *figura* corresponde ao presente e o *fundo* ao eterno.

Se a Gestalt-terapia se caracteriza por possuir uma visão positiva da vida, é essa visão que, ao ser vivida como atitude, nos faz sentir, pensar e agir como unidade, na qual o fundo seria o contingente da autorregulação organísmica. O par figura-fundo expressa a totalidade do que somos.

O positivo é que está ali para ser atravessado por nós. A boa notícia é que o fundo pode ser vivenciado em todas as suas dimensões, sempre que não nos identifiquemos com partes e tenhamos energia e intenção suficientes para não fragmentar ou analisar o que experimentamos.

Imagine avistar um pássaro exótico sobre o galho de uma árvore, com cores e plumagens nunca vistas antes... Você poderia ficar observando como ele se comporta, ciente de que a qualquer momento pode empreender voo, e tentar aproveitar cada instante dessa visão única. Aqui estamos diante de um trânsito fluido pelo fundo.

Poderia compará-lo com outras aves que já avistou e tentar se lembrar de nomes para identificar a que está observando. Ao recordar os possíveis nomes, também poderia vincular os comportamentos que crê que esse pássaro tem e os lugares que habita. Podemos notar como vamos restringindo a unidade contida no fundo.

Talvez pudesse haver outra motivação: tentar prendê-lo em uma gaiola para tê-lo sempre à vista, em um canto do fundo de sua casa. Ali poderia exibi-lo como um de seus tesouros e ser reconhecido como "a pessoa que tem um pássaro exótico que ela mesma caçou".

Poderia também acontecer que tamanha beleza fosse insuportável, afinal este mundo é um lugar escuro, sombrio, decadente, e só o que nos ocorre é exterminá-lo. A fragmentação é impactante nesta última perspectiva.

Com qual das opções nos identificamos? Ou podemos fazer a pergunta sutilmente diferente: com qual me sinto melhor?

Falávamos de figura-fundo e analisávamos a amplitude do acesso ao fundo e sua conversão fluida em figura em função da necessidade presente. Entretanto, esse funcionamento, que acontece essencialmente dessa maneira, nem sempre adota a mesma forma.

Quais limitações impedem o fluir saudável? O limite é a neurose ou outras patologias que interferem no fluir energético do livre trânsito. As figuras que emergem contêm a interferência nelas mesmas.

Interferência é o *informante* de nossa problemática.
A forma, o conteúdo, ou seja, as peculiaridades qualitativas e quantitativas da contaminação que o fundo provoca na figura, nos oferecem as indicações do trabalho com nosso paciente. A autorregulação organísmica age com autonomia, tentando compensar as tendências residuais, desviando-se da formação de figuras. O que não está resolvido em nossa vida é, sem dúvida, pessoal ou individual no sentido de que apenas cada um de nós sabe o que é.

Entretanto, o modo como é manifestada a necessidade de resolução parece ser algo geral. Temos uma constituição que é comum a todos nós. Nada disso nos tira a individualidade, nem o fato de sermos únicos e exclusivos, tal como o existencialismo, raiz e fundamento da Gestalt-terapia, nos propõe. O que realmente acontece é que respondemos a uma sabedoria que nos determina em forma, conduta e destino. Onde fica a liberdade humana, então? Talvez na opção consciente de viver para entregar-se à sabedoria organísmica que está dentro de cada um de nós por nossa própria constituição. Se pelos frutos conhecerás a árvore – como propõe a narrativa bíblica –, pelas figuras conhecerás o indivíduo.

São as figuras emergentes que me permitem conhecer como e quem sou, e como e quem é o outro.

Vamos deixar o tema por ora, mas antes devemos dizer que o funcionamento organísmico hierarquiza figuras segundo a urgência da necessidade. As figuras competem entre si; só prevalece aquela que tem vitalidade organísmica. Uma figura é ao mesmo tempo o que faz que possamos tomar contato. Se esse processo seletivo falhasse, entraríamos em estado de confusão.

CONTATO
Outra manifestação do estado de saúde é a qualidade do contato. O contato consigo mesmo, o contato com o meio no qual o indivíduo interage constantemente e o contato com as fantasias são tema central para a Gestalt-terapia. Em seguida, veremos como as fantasias refletem a desconexão com a realidade.

Podemos dizer que qualquer diagnóstico – que para todo gestaltista deveria contemplar o constante devir do processo de vida do indivíduo – seria avaliado fundamentalmente à luz de todas as manifestações que o contato toma. A qualidade do contato está diretamente vinculada à forma como as tendências da figura como expressão global do estado das necessidades do indivíduo se expressam. A maneira como tomamos contato diz muito de nós mesmos, tanto é que a reflexão sobre a saúde e a enfermidade se baseia na forma como a evitamos. Antes de falar dessas evasivas, gostaria de mencionar que o contato consigo mesmo é fundamental como modo consciente de autoconhecimento. Da mesma forma, o contato com o mundo que nos rodeia também é transcendente.

Saber onde, como e em meio a quem nos movemos é um marco referencial necessário para nosso desenvolvimento individual e coletivo. É por isso que criamos raízes no lugar em que passamos a maior parte de nossa infância, adolescência e idade adulta, junto às pessoas que formam nossa família e nossas amizades. Toda a problemática que envolve o contato com pessoas de nossa família é difícil para nós, sobretudo quando diz respeito a pai e mãe. Nós nos reconhecemos nisso?

Com certeza encontramos indivíduos que trabalharam esse vínculo o bastante para que o amor, a proximidade e a confiança se tornassem a figura da relação. Provavelmente também há quem se sinta muito bem no lugar onde passou grande parte de sua vida e se sinta reconciliado.

Talvez alguma coisa passe a ocorrer no momento em que experimentam como o passado irrompe na forma como entramos em contato no presente. O contato com nós mesmos ou com o mundo implica responsabilidade. A responsabilidade não só é tratada aqui como resposta hábil diante do que acontece na relação organismo-ambiente, mas como a disposição consciente para tomarmos consciência da interferência que temos em todo ato eu-mundo e, portanto, na autorregulação organísmica. Sou responsável por aquilo no qual interfiro, desde que seja consciente, já que se não for estou no fluxo da autorregulação sob um tipo de "hipnose", um estado em que não sou nem estou.

A irresponsabilidade é desconexão em seu estado mais puro. A responsabilidade é um estado da consciência que abrange e faz contato com minha liberdade para ajudar – ou não – o fluir de nossa autorregulação.

Responsabilidade é a consciência da própria interferência.

O fato de viver faz que a interferência seja inevitável; ao viver, interfiro. Um exemplo seria o de uma criança recém-nascida. Sem dúvida esse novo ser interfere na família em que chega, ainda que não seja responsável por isso, não tenha consciência de sua interferência. Entretanto, seus pais devem ter, já que optaram conscientemente por sua chegada. Mesmo que não tenham feito de forma intencional, este ser clama por sua presença, o que o transforma em um fato irremediável e responsável.

Diante disso, há duas grandes opções: ser consciente ou não. Se não sou consciente, interfiro ainda que não seja responsável e, por isso, não gero crescimento pessoal. Mesmo assim, a autorregulação estaria presente por sua própria definição e natureza. Se sou consciente, sou responsável. É essa consciência de responsabilidade que me torna livre para escolher. Escolher é crescer.

Escolher é agir com responsabilidade em relação à interferência consciente.

A doença seria a falta de contato com a autorregulação organísmica – que sempre está presente – e, portanto, um agir sem consciência a partir disso. Uma hipnose sem hipnotizador.

Há algum tempo, em uma de minhas estadias fora do Uruguai, um grande colega afirmou, ao ver-me falando em uma conferência sobre assuntos vinculados à responsabilidade, que não se intrometeria muito no tema, por sua complexidade e pela diversidade de pontos de vista que suscita. Isso me fez perguntar pelo que um ser humano é responsável. A meu ver, a resposta é a seguinte: sou responsável por escolher, mediante o uso da consciência, fluir com a sabedoria organísmica que funciona além de mim.

A responsabilidade diante da vida está em criar uma forma de viver que não entorpeça a sabedoria organísmica.
Fácil de dizer e difícil de fazer, não acha? E mais, a grande maioria dos aspectos da vida que clamam por nossa responsabilidade é de formas em que um contato sadio se manifesta. Então, poderíamos levar em conta a forma assumida pela filosofia oriental. Tudo que é ilusório é um modo de evitação da realidade. Em Gestalt, a forma ilusória de nos vermos e de ver o mundo é denominada *fantasia*.

O ilusório e o fantasioso são conceitos equivalentes. São produtos da identificação com duas manifestações, razão e emoção, que normalmente fragmentam nossa unidade. A razão – formatada por um frenesi constante de pensamentos que interrompem nosso fluir e toda conexão no tempo-espaço – e a emoção – que distorce a apreciação da maioria dos acontecimentos de nossa vida – respondem, juntas, pela confusão que as fantasias promovem na identificação. O fantasioso nunca estimula um ato futuro, ou até presente, como normalmente se acredita.

Nossas fantasias são uma maneira de evitar a realidade.
Nas aulas que ministro nas universidades – pública e privada (católica) – de Montevidéu surgem vários problemas na abordagem desse tema, que tento tornar compreensível para os alunos aplicando conceitos transcendentes da Gestalt-terapia. Entretanto, a maioria dos jovens que estuda Psicologia considera que as fantasias são muito importantes, enquanto se fascinam e se seduzem com exemplos "maravilhosos" da vida.

Para os jovens adultos, a entrada no mundo não é fácil. É preciso encontrar uma boa maneira de se tornar independente para só então sair da casa dos pais. Procura-se então um trabalho, que no Uruguai normalmente é mais importante do que os estudos universitários. O desejo de encontrar um lugar em seu mundo de pares, assim como companhia para formar um casal devido às necessidades amorosas e sexuais que clamam por ser satisfeitas, faz do relacionamento com o mundo uma oportunidade e também um desafio. Estas e muitas outras exigências, que seriam difíceis de enumerar, são o mundo do adulto jovem que sequer se deu conta ainda de quando deixou a adolescência. É natural que evite o contato com tantas exigências.

Parece uma luta contra o tempo: tudo é muito difícil e pode ficar para depois. As fantasias, maquiadoras da realidade social, são usadas diariamente. Os jovens estudantes reivindicam seu direito a evadir-se dessa realidade e se opõem, em geral, a enfrentar as circunstâncias da vida, não por serem incapazes, mas por ser a vida complexa e multideterminada.

Porém, não podemos pensar que essa condição é exclusiva de certa faixa etária; todos fazemos isso de uma ou de outra forma. A não aceitação de algumas realidades, que são figuras que ainda não satisfizemos na vida, é fato comum a todas as idades. Um exemplo é nossa relação com o tempo; seja quanto à realização pessoal ou ao enfrentamento da própria morte, que se reflete em várias formas de recusa em admitir a morte de pessoas muito próximas com que convivemos durante toda nossa vida. Diante de tudo isso, a evitação se torna uma verdadeira tentação.

Os seres humanos nascem, se desenvolvem e morrem; não tem como mudar essa condição. A Gestalt-terapia nos mostra um caminho – o caminho do contato sem interferências e o fluir com a sabedoria organísmica. Essa é a minha responsabilidade.

Considerar que a felicidade de meu cônjuge e de meus filhos, ou de meus pais e de meus amigos, está sob minha incumbência, está verdadeiramente equivocado. É equivocado também acreditar que cabe a mim salvar o mundo da devastação e da desesperança. E mais insano ainda seria sentir-me tão responsável a ponto de me impor certa forma de viver e acreditar que seja essa oficialmente obrigatória e uniforme a todos.

Talvez o leitor comece a pensar que nas formas que o poder é capaz de assumir estão presentes a complexidade e a possível patologia da responsabilidade, e também passe a considerar a importância de assumir a tarefa de que viver é facilitar o desenvolvimento do livre fluir energético-organísmico.

Tudo que se manifesta no presente gera responsabilidade à medida que agimos. Somos responsáveis por estarmos vivos.
Há algum tempo, quando caminhava por uma rua, voltando para casa, deparei com um escaravelho no chão de costas para baixo e me lembrei dos textos do antropólogo Carlos Castañeda. Salvariam o besouro? Assumiriam as consequências? Se o fizerem, se tornarão instantaneamente responsáveis por ele!

Cada vez que um indivíduo interfere no fluir organísmico de outro, na realidade fica um pouco "preso" a esse outro indivíduo. Quando um conjunto de crenças é estabelecido em um grupo de pessoas, o que acontece na verdade é que todos ficam vinculados de muitas maneiras. Se interferem no funcionamento ou na estrutura de valores e crenças de um indivíduo ou no sistema social, sem dúvida se tornam responsáveis por eles, seja por suas novas condutas ou pelo resultado delas. Devem levar em consideração em quê, quando e como interferir, se é que necessitam fazê-lo.

Claro que um casal gerará sistematicamente uma interferência, natural e esperada, e esse é o motivo por que existe uma grande responsabilidade de desenvolvimento do vínculo entre ambos. Sem dúvida, isso também acontece com os filhos, parentes e amigos.

Os sistemas sociais produzem um marco de responsabilidade de grandes dimensões, já que influenciam as formas como seus integrantes se relacionam consigo mesmos e com o ambiente. Passemos a um exemplo conhecido: a invasão tecnológica da globalização, com seus consequentes atos intrusivos na vida das pessoas e nas sociedades. O problema essencial e endêmico é que o intruso não tem noção do que está fazendo, e quem se defende do assédio é quem na verdade está "colocando a salvo" o invasor. Este não tem ideia nem o desejo de se responsabilizar pelo que ocupou, ou seja, ele influiu na autorregulação organísmica de um sistema social.

Um bom terapeuta sabe, por experiência e intuição, que a responsabilidade sobre um processo psicoterapêutico será sempre uma maneira de fazer que "o escaravelho se vire sozinho", por ação do paciente. Para que esse processo aconteça, é preciso levar em conta não só a condição sistêmica, mediante o contato paciente-terapeuta, mas também a temporalidade que todo ato clínico requer.

A arte de fazer psicoterapia é, em boa medida, a capacidade de manejar o tempo.

Fritz Perls era um mestre no uso dos tempos da *awareness*. Quem viu os vídeos de seu trabalho em Esalen, Califórnia (Estados Unidos), percebe em sua conduta um desapego amável diante de qualquer expectativa no desenlace da situação. Não só parece ter todo o tempo do mundo como também consegue criar uma situação imprevisível no próximo, enquanto o paciente vai sentindo que a responsabilidade sobre o que acontecia ali era basicamente dele.

Abel Guedes ficava esperando, com um sorriso amável, o tempo necessário para que o paciente se desse conta do que acontecia. Nunca o vi pressionar um paciente; por sua vez, ninguém deixava de procurar ativamente dentro de si enquanto ele conseguia um profundo contato com essa leveza implacável.

Paolo Quattrini, gestalt-terapeuta italiano, maneja tempo, amor e força de maneira sempre engenhosa. Joseph Zinker me impressionou pela harmonia de estética e temporalidade de seu trabalho. Poderia continuar nomeando o que apreciei e aprendi com Lilian Meyer Frazão, Jean Clark Juliano, Therese Tellegen, Jean Marie Robine, Gideon Schwarz, Antonio Ferrara e outros, na forma como tratam o tempo na psicoterapia.

Claudio Naranjo usa o tempo com absoluta convicção na sincronicidade de todas as coisas. Ele me mostrou como se tem o tempo a favor se o terapeuta está em uma indiferença criativa, uma presença nobre e uma confiança na existência de "algo essencial".

É assim que o tempo, no contexto da psicoterapia, se configura em uma arte rara que se pode aprender com experiência e atitude, desapego e confiança básica na sabedoria organísmica.

O tempo e a responsabilidade, conduzidos com maestria, são modos de confiar e permitir a expressão da essência humana em sua manifestação mais saudável.

Tanto o ilusório como a interferência na autorregulação natural levam a uma irresponsabilidade, que tem como consequência patologias do contato. O patológico se baseia em evitar o contato como forma cristalizada de defesa. Evitar o contato em suas variadas formas, sobre as quais falaremos em seguida, mantém o indivíduo em uma atitude pouco integrada, estereotipada, rígida, invariável, previsível e, portanto, neurótica. O indivíduo neurótico pode utilizar vários mecanismos para evitar o contato.

A fragmentação da unidade é consequência de evitar o contato.

O primeiro mecanismo de evitação de contato de que trataremos é a *projeção*. O indivíduo já não é uma unidade, agora está dividido em aspectos que considera próprios e outros impróprios. A existência se torna inautêntica e polarizada. O paradoxal é que, quando acreditamos que há certas condutas que nunca foram nossas, necessitamos nos defender delas colocando-as em outros, em cada oportunidade que a vida nos dá. Não precisamos de grandes pesquisas para saber que esses aspectos nos pertencem e nos conformam. É a ilusão de ser alguém que pode evitar partes de si para ficar com outras. Pouco importa se se trata de condutas ou atitudes positivas ou negativas; o que conta é que pertençam a outro ou outros e fiquem ali. "Isso não é meu, é teu" é o lema. A diferença, na verdade, está no fato de que há indivíduos que projetam tudo que julgam negativo e, portanto, pretendem ter uma vida repleta de maravilhas. Normalmente se sentem ameaçados por um mundo que parece ser muito sombrio e cheio de coisas que não deveriam existir. Esse mundo nos rodeia e ameaça. Tudo se transforma em perseguição.

Projetar os aspectos negativos e identificar-se com os positivos traz como consequência uma atitude paranoide. É claro que o material projetado é sempre próprio; uma vez depositado em pessoas, grupos humanos ou objetos, é vivenciado como "nunca-jamais--próprio". A cegueira pode ser tão grande que a magnitude do que é projetado equivale à intensidade que esses aspectos exigem para ser mantidos fora da própria pessoa.

A cegueira diante da unidade da relação organismo-ambiente é a razão da paranoia e da depressão.

A paranoia é a patologia do excesso nos limites do contato. Cria-se uma fronteira impermeável e portanto cristalizada "entre 'o próprio' e o 'si mesmo' (*self*) do 'outro' (*otherness*)" (Perls, 1974, p. 19).

Se a predileção do indivíduo, por sua vez, é por identificar-se com os aspectos negativos da vida e ele projeta para fora o que considera positivo, geralmente tenderá a se deprimir.

No primeiro caso, o indivíduo tem a fantasia de possuir uma vida plena evitando tudo o que julga desagradável; no segundo, estabelece uma relação com o vazio existencial e a depressão, vendo ao seu redor que tudo é melhor do que coube a ele ser. Esse mecanismo de evitação de contato, sem chegar a tais dimensões, é usado pela maioria de nós. Sem dúvida temos aqui a causa de todas as divisões e fronteiras psicológicas que transformamos em realidades concretas, que vão desde o desagrado até a guerra declarada.

O gestalt-terapeuta trabalha para que esses aspectos sejam reapropriados pelo indivíduo. No caso da terapia em grupo, o trabalho é feito com significado especial para esse fim. Normalmente os participantes do grupo projetam uns sobre os outros um material riquíssimo que expressa como esse mecanismo age em cada um. O coordenador do grupo tem à mão, diante dos aspectos projetados que cada participante coloca fora de si, as ferramentas para tornar possível a assimilação de tais aspectos. Em um grupo, o projetado é uma conduta experimentada no presente, tornando particularmente evidente o defensivo, ou seja, a evitação do contato com o consequente material colocado em outro.

Em geral, aquilo que usamos como tela para o material projetado não é aleatório. A projeção, por sua vez, atualiza a fragmentação da realidade. É, talvez, o maior dos equívocos: tomar a parte pelo todo.

Entretanto, como nada é linear na arte da saúde, a projeção tem uma função muito significativa. Não há forma melhor de gerar interesse pelo mundo do que projetar aspectos sobre ele. Paradoxalmente, ao projetar no mundo aspectos próprios das partes fragmentadas que não desejamos que nos pertençam, distorcemos nossa percepção e nos afastamos do interesse genuíno por esse mundo. Como resolvemos esse *koan*[2]?

De certa forma, o mundo é conhecido primariamente de acordo com o que projetamos nele, transformando-o na própria projeção.
O mundo é conhecido por meio de uma distorção. A distorção contém um juízo. Evolutivamente, vamos assimilando a ideia de que o mundo se parece muito com aquilo que desejamos, ou interpretamos, que seja. As projeções são interpretações e também maneiras de manipular.

Por outro lado, em etapas muito precoces de nossa vida, começamos a incorporar o artifício de desviar nossa visão integradora. Passamos a dar nomes, a tentar saber e acreditar que a autonomia em relação à natureza é o conhecimento.

Sob essa perspectiva, o conhecimento nos afasta irremediavelmente da sabedoria.

A decisão pela evitação de contato que a projeção provoca é propiciada pela adaptação paulatina das partes alienadas que estimulam a unidade e a integração das polaridades nas quais dividimos nosso ser. Mais uma vez, voltamos com as fantasias que entorpecem o contato e a saúde. Segundo Perls (1974, p. 62):

> Se alguém confunde *maya* com realidade, se toma a fantasia como realidade, trata-se de um neurótico ou até de um psicótico. Um caso extremo de psicose é o de um esquizofrênico que imagina que seu médico o persegue, decide esbofeteá-lo e atirar nele, sem verificar o que é real. Há na verdade outra possibilidade. Se em vez de estarmos divididos entre *maya* e realidade, as integramos. A integração entre *maya* e realidade é chamada de arte. A grande arte é real e ao mesmo tempo ilusão. (Perls, 1974, p. 62)

---

2. *Koan* é um enunciado da filosofia oriental; contém em seu seio uma oposição que não pode ser resolvida mesmo que analisada várias vezes, no sentido de descobrir tudo que existe nela.

Fantasias são maneiras de nos afastarmos da relação causal entre os fatos.
As fantasias são expressão de irresponsabilidade, de debilidade para enfrentar um fato em todas as suas dimensões. Dessa forma, a vivência da realidade fragmentada é a aparência externa projetada de nossa fragmentação interior. Um bom exemplo poderia ser o da pessoa que pretende ter e manter uma relação amorosa na qual o sentimento se vê condicionado e interferindo no desejo de que a pessoa amada seja perfeita. Isso faz que se busquem atributos em várias pessoas nas quais possa depositar uma série de projeções e tenta forçar a situação para que acabem por pertencer ao cônjuge. Refiro-me concretamente a criar relações amorosas e íntimas com essas pessoas, ao mesmo tempo que se pretende manter o vínculo "oficial", e assim acreditar que não perdemos aquilo que "merecemos".

Um exemplo diferente seria o dos pais que sentem que são o centro das projeções de seus filhos e respondem com todo tipo de ações para sustentá-las, se o que é projetado é conveniente, e rechaçá-las se não o é. Se nosso filho acredita que somos heróis, tentaremos nos comportar assim diante dele. Há alguma mãe ou pai que não pertença a esse grupo? Alguém conhece um filho que não tenha sentido algo assim?

Outro mecanismo de evitação de contato é a *introjeção*. Em etapas primárias de nossa vida incorporamos – ingerimos sem mastigar nem digerir – aspectos necessários para nossa sobrevivência. Como esses aspectos são necessidades básicas de ordem biológica, como os alimentos ou as carências afetivas, não nos perguntamos de que se trata; simplesmente as tomamos como próprias por uma aceitação inquestionável. Diríamos que é uma pré-confiança. Cria-se um mecanismo introjetivo, sede de todos os *"deverias"* e *"terias"*, de tudo que, estando dentro de nós, não nos é próprio. A introjeção é a maneira como colocamos em funcionamento "aquilo" que fomos anexando a nós e provém de valores, conceitos, opiniões, maneiras de reagir e interesses de outros que não só são diferentes ao que é próprio, mas, por algum motivo, estão vinculados a nós por meio de pessoas transcendentes, seja por seu papel ou pelo sentimento que despertam em nós.

Os materiais que vou incorporando não têm uma seletividade, já que, evolutivamente falando, ainda não existe um sistema interno com o qual o externo introjetado possa se contrastar. Sem dúvida, a identificação com o que vou introjetando colabora para produzir um falso caráter ou ego e direciona a vida para lugares que, quando maiores, nos farão perguntar: "E isso, de onde saiu?" Recebemos, por sua vez, questionamentos do mundo que nos rodeia, como por exemplo: "Você, que é tão pacífico, por que ficou tão agressivo?" Ficamos surpresos, e os demais também, com as condutas que emanam de conteúdos introjetados.

Perls, em seu livro *Ego, fome e agressão*, considera que "a absorção do mundo apresenta três fases diferentes: introjeção total, introjeção parcial e assimilação, correspondendo às fases de amamentação, 'mordida' e 'mastigação' (os estágios pré-dental, incisivo e molar)" (Perls, 2002, p. 195).

A absorção produzida pela introjeção, segundo essas "fases evolutivas", pode ser uma boa metáfora de uma realidade mais complexa. De acordo com o tratamento dado ao tema figura-fundo, a introjeção provoca um pré-direcionamento de figuras que me afastam do fluir energético. Nos primeiros momentos da vida de todo indivíduo, o introjetado é de fundamental importância. Há manifestações amorosas, modos de agir, maneiras de experimentar o cuidado e os valores que devem ser incorporados nos momentos iniciais da vida.

Mais um paradoxo; observe como a absorção de maneiras e crenças que devem fazer parte de nossa forma de viver se mantém como um elemento estranho. Temos de "assimilar" o introjetado e assim tornar próprio o conteúdo por meio de um processo sustentado de "mastigação". Poderíamos dizer que projeção e introjeção são formas complementares. Assim como falamos que, na projeção, coloco para fora de mim os aspectos que não desejo, a forma de incorporá-los é reassimilando-os. Sentir que tudo isso que vejo fora tem sua *origem* em mim. Na introjeção considero que aquilo que está dentro de mim não tem uma origem clara. Usando minha capacidade de contrastar, percorro um caminho para identificar como próprio o que parece fora de contexto. Por exemplo, quem manifesta em algumas condutas seu caráter obsessivo acredita que conquistou um caminho de prolixidade, limpeza e ordem necessárias para que toda a vida seja bem vivida. Isso é um introjeto. Quem não agir dessa maneira não poderá ser visto como confiável, porque "eu sou e o outro não". Sou confiável e cuidadoso, o outro é descuidado e é melhor afastar dele tudo que tem valor. Isso é uma projeção.

Em meus anos de clínica, vi poucas vezes o uso de mecanismos nos quais projeção e introjeção possam ser apreciadas sem que uma faça referência à outra. Os modos e conteúdos de toda projeção têm um referente em conteúdos e modos introjetados, e vice-versa.

Fora é dentro e dentro é fora.

Algo faz que aspectos de dentro sejam valorizados e algo faz que se expulse de mim o que desconsidero. Os conteúdos da introjeção são transmitidos por pessoas que têm influência, principalmente amorosa, sobre nós. É nesse sentido que não mastigo mas, sim, engulo seus conteúdos. Porém, terei de olhar no meu interior e tirar de mim o que não considero desejável. Há uma expressão mínima de interioridade nessa ação.

O amor e a obediência tornam inquestionáveis os conteúdos que absorvemos.

Um exemplo poderia ser o de uma pessoa que tem um discurso liberal sobre temas como política, religião, sexo e outros, e em determinado momento passa radicalmente dessa atitude para uma apreciação reacionária ou preconceituosa. Um pai diz à filha: "Você sempre terá força para fazer o que sentir ou julgar importante e inteireza para sustentar isso. Sua sexualidade, seu credo religioso e sua forma de compreender o mundo devem ser fruto do amor e da justiça. Mas, veja, é bom que saiba que não poderá fazer sexo até os 20 anos... e espero que a essa altura você esteja casada!" Conhece essa apologia?

Muitos farão variadas associações quanto ao conteúdo e sentido desse exemplo. Identificamo-nos com aspectos que incorporamos e os projetamos para fora como forma de uniformizar o mundo. Globalização? Todas as patologias do contato, presentes em nós, são visíveis diariamente na sociedade globalizada mundial e assumem formas que evidenciam manipulação e abuso de poder. Essa é a forma que a responsabilidade assume quando está a serviço do interesse ilícito e da manobra pessoal.

O ego, que consideramos um sistema defensivo geral, se compõe e se sustenta por meio desses mecanismos ilusórios de evitação do contato. Trabalharemos sobre esse tema assim que complementarmos a descrição com outros modos fantasioso-ilusórios de contato promovidos pela insanidade.

Chamamos de *retroflexão* o mecanismo de evitação de contato no qual o indivíduo despeja sobre si as manifestações emocionais ou ativas que outros lhe despertaram, pela simples interação ou por alguma situação na qual há restrições para agir livre ou naturalmente. O fato de despejarmos sobre nós mesmos o que não pode ser colocado para fora é uma transação. Retroflexão é o mecanismo pelo qual se pode apreciar a unidade corpo-mente, já que as enfermidades classicamente psicossomáticas são geradas sob esse condicionamento de autorregulação organísmica.

Hoje sabemos que todas as enfermidades são psicossociossomáticas; depositamos o alheio dentro de nós mesmos. Impedimos o movimento saudável que nos conecta reativamente e retrofletimos aquilo de que necessitamos ou desejamos fazer a outro ou obter do outro.

Que nada persista em meu corpo que não seja meu por natureza!

Podemos estender essa atitude a nosso universo psíquico e espiritual. Todo aspecto da unidade que somos tem influência sobre o contexto geral. É natural então que consideremos a enfermidade uma manifestação que, por estar interconectada com todas as coisas, mostra que a conquista do equilíbrio saudável é produto da ação sobre e a partir da unidade. A enfermidade é o caminho que às vezes o aprendizado escolhe, desde que se saiba escutar a sintomatologia como um desvio da autorregulação organismo-energética. O represamento do fluir é a consequência da evitação. A evitação é a história de um aprendizado equivocado.

Reich e outros interpretaram o masoquismo moral como a política do mal menor, do suborno. Grande parte do sofrimento autoimposto pode ser explicada assim: "Veja, Deus, estou me punindo [com jejum e sacrifícios]; dessa forma, você não pode ser tão cruel e me punir ainda mais" (Perls, 2002, p. 311).

Segundo minha experiência clínica, a terapêutica da retroflexão é relativamente fácil de conquistar. Seria preciso redirecionar a energia para fora e assim fazer que o objetivo da ação seja o contato com a situação. Isso implica reestabelecer o contato, unificando o interno com o externo e o externo com um interno de maneira organismicamente fluida. Temática e intensidade não são aspectos menores para chegar a essa forma de retomar o caminho das ações.

Há algum tempo, um indivíduo me procurou para uma primeira consulta. Nesse encontro, ele me contou que vinha de uma terapia da abordagem gestáltica e queria continuar com essa modalidade de trabalho, mas não com o mesmo profissional. Segundo ele, o gestalt-terapeuta anterior pretendia trabalhar com o intuito de desmantelar sua atitude retrofletida, fazendo que ele reagisse ao chefe de acordo com o que sentia a esse respeito. As diferenças com o chefe eram históricas, havia um acúmulo de energia – agressividade – que o levava a temer uma explosão a qualquer momento. O paciente, todavia, apresentava uma série de sintomas que ainda estavam sendo investigados, mas levavam a pensar em uma doença autoimune. O terapeuta anterior certamente tentou fazer que seu paciente conseguisse recanalizar a energia e direcioná-la a quem lhe provocava tensão, sofrimento e insegurança. O paciente fez isso e perdeu o emprego. Entretanto, nunca senti que o paciente criticasse seu terapeuta; acho que apenas tinha se cansado da terapia com ele. Como foi capaz de redirecionar sua energia para o chefe, apesar das consequências, agora pretendia fazê-lo com todos que o rodeavam, de maneira compulsiva.

É preciso proteger a si mesmo e aos outros da "besta" que liberamos. A energia depositada em um ato de bloqueio deve ser não só recobrada e redirecionada, como também ponderada em relação ao que o indivíduo vai fazer com ela.

Sobre esse tema, lembro-me também de um grupo, que coordenei como convidado, no qual um dos participantes era um policial de alto escalão que diariamente enfrentava delinquentes. Relatava todas as misérias que presenciava e se perguntava como isso o estaria afetando. Queixava-se do estresse de seu trabalho. Imagine o cuidado que precisamos ter diante de qualquer sugestão para que colocasse para fora aquilo que retroflexivamente guardava em si mesmo. Estruturas de índole moral e o medo das consequências de possíveis ações, ambas introjetadas, estão sistematicamente presentes nesse mecanismo retroflexivo.

Passemos para a *confluência*. Esse mecanismo de evitação de contato se constitui a partir da dificuldade de diferenciar aquilo que consideramos próprio daquilo que é alheio. É muito difícil e confuso identificar o que realmente necessitamos e o que o mundo diz necessitarmos. As fronteiras de contato psicossociais se tornam excessivamente próximas ao confluente. Quanto às fronteiras de contato, parece importante saber que é ali que os acontecimentos ocorrem, como propõe Perls, e ao mesmo tempo nos definem. É na fronteira de contato, entre dois ou mais indivíduos, que as necessidades se manifestam e surge a reação ao externo. Os mecanismos que estamos descrevendo agem e são ativados nesse espaço. Contudo, nessas fronteiras que nos determinam estão as delimitações das situações inacabadas de vida – o que chamamos de fundo – e que são viabilizadas com base em figuras que aparecem como modos de recobrar a energia represada.

Voltando à confluência, não há uma distância, limite ou fronteira entre o ego saudável e os acontecimentos do mundo e minhas próprias necessidades. Falo de distância e não de diluição, já que sempre, mesmo que seja difícil de avaliar, existe uma expressão fronteiriça mínima entre nós e o ambiente. O indivíduo que usa esse mecanismo habitualmente não parece se identificar com nada próprio de forma decisiva mas, sim, com maneiras de pensar, sentir ou agir provenientes do mundo que o rodeia.

A terapêutica dessa maneira de se defender é a promoção da polarização de diferenciar-identificar, que significa trabalhar com o par interno-externo tão necessário. Como em tudo que é humano e na manifestação psíquica polarizada pela fragmentação neurótica, a confluência tem elementos que a tornam necessária. Em momentos precoces da relação mãe e filho poderíamos dizer que existe uma atitude confluente entre eles.

Esse mecanismo sempre me vinha à lembrança nos momentos em que alimentava meus filhos, quando já comiam alimentos sólidos e eu lhes dava comida na boca com uma colher. Claro que muitas vezes caía um pouco pelo canto dos lábios, o que, espontaneamente, me vinha o gesto de limpar o canto de meus próprios lábios, devido à relação tão estreita, quase indiferenciada, com eles. Parecia que, se eu limpasse meus lábios com a língua, os deles ficariam limpos. Confluência, sem dúvida, só que esses exemplos são produto do amor e da necessidade. Sempre é por amor e necessidade, ainda que em alguns momentos seja tão trabalhoso conseguir avaliar essas manifestações básicas diante da variabilidade de condutas que se apresentam.

Darei outro exemplo apresentando elementos do mecanismo confluente – para então introduzir a deflexão. Habitualmente, nos grupos que coordeno, sejam de ensino, Gestalt-terapia ou outros propósitos, faço uma rodada de apresentação inicial e final. Sempre há pessoas que falam sobre o cansaço que estão sentindo, seja porque o grupo começa muito cedo, na parte da manhã, ou no final da tarde depois de um dia de trabalho. Se o coordenador for experiente na arte de conduzir grupos, notará que os indivíduos que se apresentam logo em seguida, na rodada, de quem expressou seu cansaço geralmente também fazem alusão a esse estado. Está agindo aqui o mecanismo evitativo da confluência e fica claro, nesse exemplo, por que o contato é evitado. É mais fácil para o indivíduo igualar-se ao discurso de quem está cansado e evitar o contato consigo mesmo do que entrar em contato com o que acontece internamente.

Partimos agora para outro mecanismo de evitação de contato: a *deflexão*. No exemplo anterior, como vimos, falar de cansaço por contágio é um ato confluente; entretanto, falar de cansaço ou de qualquer outro aspecto que nos obrigue a nos comprometer ou nos envolver com algo que seja interno é deflexão. Ao pedir a cada um dos integrantes do grupo que comunique como está verdadeiramente no aqui e agora, o defletor banaliza o diálogo, ou seja, entra em contato apenas com aquilo que não o leva a ter sentimentos ou pensamentos que de alguma maneira o exponham.

O indivíduo que usa frequentemente esse mecanismo de evitação de contato, ao qual chamamos deflexão, se torna frio e se afasta do risco que pode desencadear o contato com outros e consigo mesmo. O indivíduo defletor age de maneira desalentada, desanimada e desativa toda manifestação de intimidade. Força, potência, vigor são desviados, como acontece com o ar na asa de um avião – de fato, são conhecidos como defletores os instrumentos que desviam o ar nas asas dos aviões para funções de manobras como decolagem ou aterrissagem. Se estamos falando com uma pessoa e o diálogo assume um tom mais pessoal e comprometido, o defletor desviará a conversa para um assunto que não o exponha. Podemos dizer, como qualquer dos mecanismos anteriores, que o defletor usa uma estratégia para evitar o contato, porém neste parece ser mais evidente que nos outros. São indivíduos que podem estar há muito tempo em uma relação mas o outro pouco conhece de seu mundo interior. Nós os conhecemos por seus gostos e hábitos, mas pouco sabemos o que se passa em seu íntimo. É difícil ter um contato direto com eles, assim como sentir se estão vivendo a realidade.

Por outro lado, e apelando para a tradicional polaridade no contato, esse mecanismo nos salva de entrar em diálogos escabrosos com quem por algum motivo não queremos. É difícil nos imaginar saindo de casa com o tempo contado para chegar a um compromisso e, diante da pergunta de um vizinho sobre como estamos, começar a compartilhar nosso estado íntimo. Damos uma resposta rápida e normalmente defletida.

Para finalizar a descrição dos bloqueios de contato, passarei ao *egotismo*. Para entender esse mecanismo, é importante mencionar os instintos conservacional, sexual e social. Podemos considerar que qualquer ação saudável proveniente de um ser humano tem de obedecer a pelo menos três condições.

A primeira condição, a conservacional, é que seja boa para o próprio indivíduo, ou seja, tenha valor para o crescimento e a expansão da consciência em termos gerais. Isso pode ser avaliado pela capacidade de resposta às necessidades, por meio de um contato que é promovido e resulta em satisfação, seja qual for a necessidade.

A segunda condição, a sexual, é que as atitudes que tomamos para satisfazer nossas necessidades propiciem saúde ao indivíduo e a todos os seus: filhos, cônjuge, família, amigos etc.

A terceira condição, a social, é que a forma assumida para satisfazer as próprias necessidades tenha valor para o desenvolvimento dos seus, não só para os mais próximos, mas também para a sociedade humana como um todo. Seria mais condescendente dizer que o ato de satisfazer minhas necessidades, que interfere de maneira mais ou menos significativa na vida dos outros, traga um desenvolvimento comum no qual a interferência promova saúde ou pelo menos não a prejudique.

Depreende-se disso que nem sempre consideramos tudo isso na hora de resolver situações pessoais. Se dermos maior ênfase à própria satisfação, esta vai servir mais a nossos próprios interesses do que aos de todos. Essa atitude egossintônica é a manifestação do mecanismo de evitação chamado egotismo.

Esse mecanismo, que na expressão de C. G. Jung (1914, 1957) levaria a uma "inflação do eu", é uma "tendência a se colocar em primeiro plano" (Dorsch, 1978, p. 283).

Pode-se compreender também como uma atitude contrafóbica diante de um narcisismo secundário (Freud, 1914) no qual se produz uma regressão a fracassos de caráter afetivo ou intelectual, que seriam compensados por excessiva importância de si mesmo e um descuido em relação ao outro.

A ESTRUTURA DA TRANSFORMAÇÃO

A terapêutica diante do indivíduo que utiliza habitualmente esse mecanismo é encontrar o momento em que fracassam sua autovalorização, autodeterminação ou sua capacidade de satisfazer o que é próprio acima de qualquer outra coisa.

Lembro-me de um paciente estrangeiro que atendi no Uruguai. O tempo que tínhamos para trabalhar era limitado, pois logo regressaria ao seu país de origem. Definido o enfoque diante das circunstâncias, o paciente teve sua primeira sessão. Falou-me de suas façanhas econômicas e profissionais e de ter escrito um livro. Afirmou que eu deveria ler seu livro, que ele me daria de presente, não só para que pudesse entendê-lo – venerá-lo –, mas porque também seria útil para minha própria instrução. A segunda sessão, na qual apareceu com o livro, um exemplar já usado, foi cheia de passagens fantásticas de sua vida. Eu estava disposto a deixá-lo falar, na tentativa de saber qual era o motivo da consulta e apostando em um momento de pausa em seu discurso bem estruturado. Para surpresa dele, e não para minha, quando faltavam uns dez minutos para terminar a sessão, ele ficou literalmente mudo. Seu desconcerto foi tremendo. Observei-o tranquilamente e vi diante de mim uma pessoa em pânico e desespero. Parecia não conseguir aceitar aquela situação. Pedi que simplesmente ficasse assim por alguns segundos. Respondeu-me com um gesto de resignação e tentou, em vão, esboçar uma palavra. Seu incômodo era grande e seu assombro, total. Passaram-se cinco minutos, que nesse estado foram existencialmente uma eternidade, e perguntei a ele como descreveria o que estava acontecendo. Respondeu-me que não se lembrava de ter se sentido tão incomodado nos últimos anos, embora essa fosse sua atitude habitual na infância. Pedi que se permitisse um tempo para recordar e integrar os dois momentos de sua vida, o atual e a infância.

A finalidade era avaliar a manifestação presente de seu egotismo e analisar como evitava o contato consigo mesmo compensando-o com uma atitude egocêntrica extrema. Rapidamente se levantou para ir embora e tive a sensação de que sua compreensão duraria o tempo que levou para cruzar a soleira da porta do consultório. E assim foi.

A secretária dele me ligou para dizer que ele teve de viajar antes da data prevista e só voltaria a me ver quando eu lesse seu livro; assim, aceleraria o processo de nosso trabalho. Para o paciente, a interrupção de sua maneira habitual de evitar o contato foi muito impactante. Do meu ponto de vista, o contato consigo mesmo foi arrasador e sua atitude egotista foi deslocada por um momento.

Sempre que encontramos uma oportunidade para apreciar a vida sem as interrupções de nossos mecanismos habituais de defesa, somos fortemente impactados.

Resumindo, os mecanismos de evitação de contato são a maneira que nosso ser-no-mundo assume para tentar evadir-se ou limitar a capacidade de entrar em contato com nós mesmos, da mesma forma que se desenvolve essa concordância com o ambiente; ambos, organismo e ambiente, se retroalimentam. A evitação do contato fragmenta a unidade que somos e a relação que temos com o meio no qual existimos.

Por essas seis maneiras básicas de reagir defensivamente fragmentamos a apreciação do mundo e a de nossa própria existência nele, considerando de modo equivocado que a realidade é o que, por experiência e repetição, vivemos de determinada forma.

SAÚDE E DOENÇA, ABUNDÂNCIA E ESCASSEZ

Já dissemos que viver da fragmentação é neurose ou psicose. É importante destacar que habituar-se a tais formas de existência é considerado – se não chegar a extremos socialmente inaceitáveis – normal. O estatisticamente certo pode ser existencialmente equivocado. Basta um simples olhar geral e sobretudo livre de ilusões a nosso redor para vermos como a avaliação do que consideramos inquestionável está cheia de controvérsias.

Temos de nos desprender dos critérios estatísticos de saúde e doença para começar a perceber que tudo está em movimento e mutação.

A saúde somatopsicossocioespiritual é a finalidade de nossa existência e é sempre uma conquista sustentada pelo fato de que pode ser perdida a qualquer instante. Meus atos saudáveis de hoje não me dizem nada sobre os de amanhã, assim como os de ontem nada me asseguram quanto aos de hoje.

Qualquer processo psicoterapêutico nos leva, por meio do "dar-se conta", a compreender nosso funcionamento para transformar os atos que nos adoecem em um caminho que conduz à saúde. Essa maneira de fazer clínica não é arbitrária, já que nossas misérias são muitas vezes a única coisa que temos para enfrentar os avatares da vida. Nossa "loucura" não é outra coisa senão a defesa solidificada que age quase independentemente de nossa vontade organísmica.

A cristalização é a manifestação do neurótico, o que leva a uma estereotipia com respostas não saudáveis às variadas necessidades que surgem ao longo da vida ou, simplesmente, em um dia da vida. Os acontecimentos presentes são sempre variáveis, mutáveis, ainda que pretendam responder às mesmas necessidades. Estão sujeitos a um tempo-espaço diferente em cada oportunidade que surgem.

Quando falamos de criatividade em Gestalt-terapia, é para descrever o sempre-novo-em-cada-tempo-espaço de todo acontecimento de vida. Mais ainda, a criatividade ativa a sabedoria organísmica e apela para a presentificação da experiência. Cria momentos nos quais o indivíduo age de forma saudável e nova.

O criativo é sempre um ato presente. O verdadeiro criativo remete à sabedoria organísmica.

Temos por hábito comparar, contrastar, diferenciar ou igualar o que nos acontece e raramente temos a habilidade de considerar que o que temos de enfrentar reúne, no mínimo, peculiaridades sutis que fazem que os fatos se apresentem dentro de um contexto interno e externo singulares. A originalidade de toda expressão de necessidade torna inevitáveis a criatividade e a responsabilidade às quais já tratamos. Podemos prever, prevenir desde que sejamos capazes de nos dar conta da especificidade que a vida nos mostra. Longe de ser um problema, essa especificidade é a riqueza na qual vivemos. Não há uma flor igual a outra, nem indivíduo igual a outro, ou acontecimento igual a outro.

Abundância é a vivência íntima de aceitação da realidade peculiar.
A Gestalt-terapia é a forma de conduzir à experiência da abundância. Trabalhar com o ego é atualizar o essencial que habita nessa instância e viver conforme a sabedoria organísmica. O que chamamos de transcendência espiritual é a dedicação a uma vida vivida dessa forma. Para isso, levamos em conta três aspectos fundamentais que estão presentes em todo ensinamento budista e enriquecem a Gestalt-terapia em sua integração de fontes e influências ocidentais e orientais.

O primeiro é a *memória*, o segundo, a *disciplina* e o terceiro, a *impermanência*. Trabalharemos com esses ensinamentos profundos para entrar em seguida nos conceitos de saúde e doença para a Gestalt-terapia.

Uma das maneiras mais simples e eficazes de perpetuar a hegemonia do ego é esquecer. Quando se compreende algo novo na vida, é importante que seja incorporado à unidade que somos. O que seguramente vai acontecer é uma reorganização da totalidade. Para tudo isso, é necessário que a energia adicional seja desviada para aspectos que, por contiguidade ou associação, vinculam-se à mudança iminente. Resiste-se à dedicação energética por dois motivos fundamentais. O primeiro é que talvez não haja energia suficiente e disponível por estar comprometida na manutenção de atitudes neuróticas, ou seja, a repetição da maneira como se responde às necessidades gera uma cristalização na conduta geral do indivíduo em relação a si e ao mundo. Manter uma neurose nos leva forçosamente a gastar muita energia. A escassez não permite a dedicação energética que qualquer modificação do todo exige. É preciso desapegar a energia de fixações neuróticas e redirecioná-la. O segundo motivo é que não sabemos como nem para que propósito redirecionaremos a energia. Perdemos o caminho de nossa travessia no sentido do crescimento. Perdemo-nos. Portanto, teremos de encontrar a origem.

Encontrar a origem é voltar à concordância com o fluir energético da autorregulação organísmica. Em outras palavras, retomar satisfa-

toriamente o criativo-resolutivo em relação às nossas necessidades. Vivência interna é estar em contato com o que acontece, e isso leva a recordar. Quando o indivíduo vive dessa maneira, não tem como esquecer o que é valioso para o seu crescimento.
Recordar a passagem por nossa vida é fruto de uma consciência plena.
Recordar é ter um caminho e tomar consciência de que transitamos por ele nossa existência. Intuitivamente podemos analisar que recordar pode ser, ao mesmo tempo, a manifestação de uma vida disciplinada.

Disciplina, em termos gestálticos, é dar-me conta do que preciso e das atitudes necessárias para obter a satisfação. Disciplina é uma atitude diante da vida. Por exemplo, se tenho certeza de que a meditação me centra e limpa a minha mente, terei de praticá-la sempre que puder. No que a disciplina se fundamenta, nesse caso? Baseia-se na dedicação de um tempo-espaço regular, sustentado para essa prática. Entretanto, todo indivíduo que meditou e experimentou seus benefícios nem sempre obteve a disciplina necessária para sustentá-la no tempo-espaço. Vamos estender essa afirmação a qualquer outra atividade da vida.

Há indivíduos que conquistaram a disciplina para se manter firmes naquilo que devem fazer e outros para se manter naquilo que gostam de fazer. Essa diferenciação arbitrária em dois grandes grupos humanos nos leva a pensar que a disciplina pode depender de predileções ou preferências.

O que chamamos de disciplina é uma atitude libertadora, é uma forma de criar nossa existência.

A disciplina é relativamente independente das motivações provocadas pelo externo, mas em todo caso é a motivação geral para empreender e atrever-se a viver. A disciplina é uma tendência, uma concretude, uma atitude ativa e, acima de tudo, livre. A disciplina nos liberta de todo o condicionamento.

A disciplina contém, em sua prática, uma regularidade na forma de entrar em contato.

Não há conflito na disciplina, simplesmente é. Conquistá-la em vida traz uma série de benefícios. O primeiro que se percebe é a ordem. Há tempo para tudo aquilo de que se necessita e uma grande habilidade para alcançar qualquer fim. A satisfação de necessidades é precisa, harmônica e eficiente em termos energéticos. Em segundo lugar, experimenta-se a alegria como vivência subjetiva de um uso adequado da energia. O desperdício sempre gera frustração e leva a um estado de repetição ruminante. Por último, experimenta-se um estado de entrega àquilo que verdadeiramente tem valor em termos existenciais. A disciplina é compassiva, só há lugar para fazer o que sentimos como tarefa no sentido de que a vida se transforma em uma unidade de ações que são o chamado-do-que-é-bem-fazer-em-todas-as-suas-manifestações.

Nessa dimensão existencial, na qual o impermanente nos é mostrado com frequência, não há lugar para o inconcluso, repetitivo ou rotineiro. Não há espaço para a dúvida. Deparamos com a maior das certezas: a impermanência de todas as coisas que vibram no que diz respeito ao material. Como alguns sabem, depois dos 50 anos, a sensação é ligeira, constante e implacável. Resta menos!

Essa relação organísmica que provém de nosso desenho é transcendental; conecta-nos irremediavelmente à impermanência, tema que abordei em meu trabalho no Congresso Internacional de Gestalt, realizado na Argentina, em 2007, dessa forma:

Mantendo a mente aberta

A mente aberta é a mente clara, e para isso é imprescindível percorrer um caminho que conduza a essa limpidez. Os primeiros gestalt-terapeutas, estimulados pelo trabalho original dos últimos anos de Fritz Perls, passaram a considerar a abordagem gestáltica como uma forma de viver a vida, **uma atitude**.

A atitude, especialmente difícil de conquistar, tem como centro o **contato genuíno** consigo e com o mundo. Essa polaridade organismo-ambiente ou eu-mundo é na realidade um *continuum* de *awareness* da experiência de existir. Quando falamos de genuíno ou autêntico, temos de fazer referência ao fluir organísmico e ao conceito de autossuporte que carregam em si a expressão da sabedoria, seja na manifestação corporal da unidade que somos ou na dimensão psíquica e espiritual dessa mesma unidade.

Se uma pessoa deseja comparar **Gestalt-terapia** com outros enfoques afins, poderia citar, para começar, o **quarto caminho**, no qual Gurdjieff (1912) propõe que a vida vivida com uma consciência amplificada é, em si mesma, o caminho e o mestre que nos guia pela rota do autoconhecimento.

O **xamanismo** e o neoxamanismo propõem, de maneira integrada com nossa mãe terra, pai sol e o universo, a responsabilidade de viver em harmonia com todas as coisas, seres e dimensões visíveis ou sensíveis.

Complementando esse panorama, o **budismo**, e em especial o tibetano, parece conter em seu seio a atitude que se reflete na Gestalt-terapia, e vou me referir nessa apresentação a um tema que, seja no pessoal ou no transcorrer do trabalho clínico que realizo, é figura há um bom tempo. Isto é: a **impermanência**.

O primeiro de todos os sofrimentos, a causa primeira do sofrer humano, é o fato de não conhecermos nossa origem. Não sabemos de onde viemos, o que é o mesmo que dizer que não conheço a natureza de meu ser. Se não conheço a natureza de meu ser, não poderei me encarregar de meu bem-estar; dificilmente poderei cuidar de mim. Cuidar de mim se traduziria como a capacidade de manter, durante a vida, o caminho que leva ao bem-estar ou ao bom viver. A própria natureza dessas reflexões gera uma abertura para o caminho do autoconhecimento. Ao nos perguntarmos: quem sou?, o que estou fazendo com a vida que estou vivendo?, tanto o tempo como o espaço parecem se desdobrar diante de nós e as teorias psicológicas ou abordagens psicoterapêuticas abrem lugar para a busca de caminhos que conduzam ao encontro do significado da vida.

Essas perguntas incluem e transcendem a teoria do psiquismo; são perguntas de uma ordem que supõe a abertura a dimensões amplificadas da consciência, uma expansão que poderíamos chamar de unidade ou, talvez, de espiritualidade. O budismo considera que fé, disciplina e mérito fazem florescer o humano. Não podemos deixar de nos sentir envolvidos como psicólogos, já que estamos falando de saúde. Então, crescimento, compreensão, saúde, unidade interior transformam-se em sinônimos. É evidente. Há certeza. Pode-se ter fé. Fé é certeza e certeza é o evidente. Não podemos aceitar às cegas.

Ah, gestalt-terapeutas! Que próximos estamos da unidade das formas de conceber o universo; o oriental e o ocidental formando uma Gestalt na qual ninguém perde sua tradição, sua linhagem. A fenomenologia é isso e não encontro forma melhor de descrevê-la. O fenômeno me é revelado como algo evidente e essa evidência-presença o legitima. Para um fenomenólogo, a confiança na evidência do fenômeno que se revela diante de si é certeza, e isso é a fé para a qual o budismo tibetano aponta.

A maior certeza, o que posso saber com segurança, é que **vou morrer**. Isso nos leva a poder tentar fazer algo valioso na vida ou, mais ainda, fazer da vida algo valioso. O mais transcendente disso é que minha vida será útil na medida de meus atos. Sabemos também que há uma relação entre causa e efeito. Talvez cheguemos até a diminuir nosso sofrimento.

Sabemos que a vontade não é a única qualidade a manter o caminho no sentido dessas conquistas, é necessária a intenção ou, melhor ainda, a avaliação de que no universo existe uma "vitalidade" que sustenta aquilo que desejo em tempo e espaço. Na Gestalt-terapia, Solomon Friedlander (1947) propõe o conceito de **indiferença criativa** que, segundo ele, é uma "indiferença vivente quanto à polaridade do mundo". Já não há oposição, tudo é autenticamente fluido e nos chega como um cultivar, como uma ação e sua respectiva reação. Considero que essa indiferença nos leva diretamente à ideia de que o importante é o que se manifesta no presente integrado, sem oposição, e nos convida a viver a vida como ela se mostra, sem dicotomias.

Assemelha-se ao estado de budidade; viver a partir de um centro dentro de si mesmo, que em geral é vivenciado como o próprio. Friedlander (1947) expõe desta forma: "uma conexão subjetiva com o todo", sem *self* substancial e segundo uma vontade inefável.

Para o budismo, a disciplina sustentada pela paciência e pelo esforço se alinha por meio da generosidade e do amor. A disciplina conduz ao centro de si mesmo pela certeza de que há um efeito no esforço sustentado com paciência. Finalmente, se minhas ações beneficiam outros, se gero uma atmosfera saudável para outros, isso é *mérito* do ponto de vista do budismo tibetano. O mérito é o ato de graça, mercê, favor, amparo, ajuda a outros seres com o amor expresso a partir da disciplina que se nutre da conexão. Conexão (ou fé) é, como se sabe, a certeza de que tudo é impermanente.

Agora, vamos para a Gestalt. Na IV conferência da primeira parte do livro *Sueños y existencia*, Fritz (1974) descreve a neurose (à qual, mais adiante, dedicarei uma seção) por uma série de "camadas ou estratos" percorridos durante a vida várias vezes; Fritz tenta criar uma psicopatologia original e dinâmica. As camadas neuróticas vão sendo superadas uma a uma à medida que o indivíduo gera uma autenticidade maior em contato consigo mesmo e com o mundo, até que chega à saúde.

Quero me deter na camada em que a mudança é produzida. Essa camada é alcançada assim que se toma consciência dos papéis neuróticos – leiam-se repetitivos – diante de diversas situações do mundo, e é transitada quando se sente a necessidade de não seguir mais pelo caminho em que estávamos tão bem adaptados. Vão sendo deixadas para trás as fantasias-ilusões da vida. Na realidade, aqui estamos ante uma vivência de vazio e a primeira coisa que normalmente desejamos é evitá-la. Ficamos fóbicos. Entramos assim em ***impasse***, ainda que seja **na camada implosiva** na qual se começa a viver a morte ou pelo menos o temor a ela.

Fritz (1974) faz alusão ao fato de que o estrato (prefiro chamá-lo de *momento* ou *estado*) aparece "como a morte unicamente pela paralisia catatônica". Se nesse momento entramos em contato com o que está acontecendo, podemos obter algo de maior importância.

É a vivência mais próxima da impermanência. Estamos diante da oportunidade de mudar.

Matar o velho e entrar no novo não é fácil (parafraseando Fritz).

A atitude tantas vezes considerada pelos gestalt-terapeutas quase indescritível estaria se fazendo visível por meio da forma, a *awareness*, e da confiança na autorregulação organísmica que o indivíduo conquista. É este o momento da autossustentação ou autossuporte.

Na verdade estamos falando de uma morte simbólica ou metafórica, só que a vivência é de um realismo que nos compromete como unidade que somos. A neurose ou qualquer outra patologia mental tem algo em comum: nos fragmenta. A tão ansiada unidade interna, o essencial, vai sendo obtida por meio do trânsito responsável pela morte de formas já desnecessárias – neuróticas. O ciclo de experiências que se fecha por terem sido satisfeitas, dando lugar a outras que aparecem e por sua vez se fecham, e assim sucessivamente, é o caminho da vida que, como vemos, é representado por inúmeros ciclos de morte e nascimento. Nesse caminho, posso mudar desde condutas que impedem um bom viver até paradigmas, sejam pessoais ou sociais.

Swami Rishi Vivekananda, um sábio que integrou a medicina ocidental à ioga e tive a oportunidade de conhecer em início de 2007, considera como definição resumida de paradigma "um sistema conceitual total no qual a pessoa está imersa". É uma estrutura conceitual na qual significados, valores, sentimentos e pensamentos estão formatados de determinada maneira, no qual habitamos e ao qual somos leais. O social e o individual se retroalimentam dentro dessa estrutura. A mudança é difícil. A saúde é desejável, necessária, imperiosa. Faz-se necessário o enfrentar a morte.

Muito bem, quis passar da metáfora da morte como condição de mudança de paradigma para a vida como a expressão mais elevada da consciência de impermanência que o budismo propõe.

Fritz passou certo tempo falando sobre o que ele chamava de "a filosofia do nada" e até chegou a confessar seu fascínio diante dela. *Nada* é, para um ocidental, um vazio que nos conecta com a morte, uma obscuridade ôntica, enquanto na concepção oriental pode-se considerá-lo como a realidade mais elevada, o que há de mais verdadeiro e genuíno a alcançar. A Gestalt-terapia se nutre da filosofia do nada para abrir caminho para a fonte de todo autoconhecimento (e de toda mudança) que está na vacuidade fértil.

Se somos capazes de não considerar a segurança como valor fundamental, e considerar o estável e previsível como qualidades geradoras de equívoco, alcançando a abertura temporal-espacial que o impermanente contém e apreciamos em cada aqui e agora, talvez cheguemos a perceber que o *continuum* do "dar-se conta" é a manifestação mais verdadeira da vida.

Manter a mente clara ou aberta é o resultado do caminho no qual fé, disciplina e mérito se conjugam. Manter a mente clara é ter o propósito de viver a vida que nesta oportunidade estamos transitando como a manifestação mais reveladora da impermanência. Esta nos leva à dupla atenção, à consciência da consciência; uma consciência reflexiva para transitar o dom da existência com aceitação e assentimento. Também é um ato no qual se abarca o todo, uma não exclusão de nenhum de meus aspectos, sendo portanto um caminho para a unidade do ser. A impermanência nos deixa em alerta, nos impõe a condição mais transcendente da Gestalt-terapia: o *continuum de consciência*.

No budismo tibetano considera-se que no começo nada aparece, no meio nada permanece e no final nada desaparece.

A vida poderia ser vivida como uma série contínua de acontecimentos que produzem efeitos e consequências e, em cada final, assim como no último de todos os finais, nada nos abandona. Tudo está aí o tempo todo, enquanto nunca nada é igual.

Que forma assume cada final, cada aspecto que muda em nós? A avaliação da mudança e, portanto, do final nos é revelada pela maneira como permitimos que as manifestações do passado se dissipem no todo presente. A isso é agregado que todo começo, do qual nada se sabe, contém tudo que cada um tem sido.

Vamos falar sobre **carma**, introduzindo seu conceito básico. O carma pode ser considerado à luz do próprio caminho, é o que colho de minha semeadura, é um lugar no qual não há equívocos. É a consequência direta de meus atos, pensamentos e sentimentos. Dali minha existência se desenvolve e toma seu rumo. Atravessando as camadas do ego, chega-se à essência humana, à saúde, à budidade, à autenticidade, ao fluir organísmico ou ao *satori*.

O terapeuta gestáltico, pela perspectiva que estou apresentando aqui, seria um transmissor dessa atitude. Estimularia o sentido de que tudo está em processo de fluir, de mudança. O fluir é um ir e vir constante entre o externo e o interno, é um contato profundo com a realidade e é um estar atento a como essa realidade em contínua mudança pode sofrer interferência de fantasias que autenticam a ilusão do estático. A forma de que temos de nos dar conta, se estamos diante do real, é perceber acima de tudo se distinguimos que o que se apresenta diante de nós e em nós está em constante mudança. Fluímos? Se podemos fluir mesmo que apenas por instantes, estamos indo a favor de uma liberação do carma. Compreendemos, assim, que quando o presente reina entre todas as coisas experimentamos uma sensação que começa no corpo, no qual espaço e tempo se expandem. A mente, testemunho consciente, se expande como parte da unidade que somos, incluindo cada vez mais de nós e do mundo.

Poderíamos já estar em posição de definir o autoconhecimento. Esta é a forma que o conhecimento de si e a compreensão do mundo assumem: **o caminho que conduz à sabedoria.** A saúde é altamente determinada pela consciência da impermanência e pela experimentação de que, se existe um vazio, é um lugar cheio de coisas.

O terapeuta gestáltico, como profissional responsável por essa abordagem, ou escola, teórico-técnica, necessita transmitir essa clareza da mente e essa unidade de mente-corpo-espírito, na qual a abertura ao que o fenômeno revela é a atitude. Fritz lembrava o tempo todo que devíamos prestar atenção ao óbvio.

O óbvio é atitude e fenômeno.

É o que posso conhecer e tomar como tal. É a unificação e concordância de percepção, aceitação e ação.

Para finalizar esta ousadia de tentar integrar conhecimentos antigos a contemporâneos, de leste e oeste, quero destacar que toda essa investigação agrega um grão de areia à tentativa de compartilhar com vocês o que dialogamos há mais de 22 anos em nosso Instituto, no Uruguai. Por último, saibam que sempre me parece estranho ver a Gestalt-terapia sujeita a manuais de afazeres clínicos, o que não acompanha a impermanência de cada manifestação presente que se dá no encontro existencial entre indivíduos. É estranho considerar que a arte só pode ser aprendida por um rigoroso treinamento técnico e sem um trabalho disciplinado sobre a saúde do terapeuta.

Há mais de 15 anos escrevi – para um importante congresso uruguaio de criatividade que abrangia também países da região: **arte é a expressão única de sua relação com o mundo que alguém demonstra.** Parece evidente que o que "cura" é o encontro entre pares. Talvez possamos transmitir uma frequência saudável – uma arte – que foi conquistada com um trabalho sustentado, disciplinado e compassivo. Respeitamos o fenômeno e cuidamos dele. Analisamos que tudo flui, aceitando que tudo muda o tempo todo. Essa é, para mim, a maneira de manter a mente aberta.

Congresso Internacional de Gestalt 2007,
Córdoba (Argentina)

Continuemos avançando. A saúde é, na visão de Perls, a manifestação presente de atitudes genuínas perante a vida. A proposição de que a Gestalt-terapia diz respeito à sua maneira de enfocar a psicopatologia é que, ao conquistar o contato fluido consigo mesmo em relação estreita com o ambiente, conquista-se uma forma autêntica de reagir diante do mundo por meio de quatro atitudes fundamentais – a ira, a alegria, a dor e o prazer. A capacidade do indivíduo para dar uma resposta criativa e presente às condições que se atualizam no contato fluido de nosso ser-no-mundo é possível se estamos em unidade com a sabedoria organísmica nesse momento. Vamos entrar em um tema complexo.

O que geralmente chamamos de *experiência de vida* tem que ver com a maneira como fomos tendo fracassos e êxitos nas respostas aos acontecimentos planejados ou naturais em nossa vida. Dá a impressão de que essa experiência é um patrimônio que o indivíduo vai obtendo no devir do tempo. O indivíduo seguramente acredita que conseguiu algo próprio ao longo da vida, aspectos que dão segurança ao agir e enfrentar as vicissitudes que surgem. Se observarmos essa afirmação à luz dos conceitos mais profundos da Gestalt-terapia, poderemos dizer que um indivíduo tem a experiência de enfrentar a vida quando está em concordância com a sabedoria organísmica.

Poderemos afirmar também que seus acertos, os quais sente ter-lhe proporcionado experiências, foram momentos de unidade com esse desenho supraindividual. O que lhe parece se considerarmos que aquele a quem chamamos de *sadio* seja quem está mais conectado à tal sabedoria organísmica e compreendeu que é com base nesse desenho que se vive com fluidez e harmonia? Seria uma mudança radical na apreciação do autoconhecimento; já não seria só o fruto de um intrincado caminho de entendimento, mas o produto de estar em conexão com essa energia em constante devir.

Vou fazer uma afirmação que agrada vários de meus seguidores e impacta meus alunos: quando, na psicoterapia, ou em qualquer outra atividade, algo sai mal, seguramente a autoria dessa ação emana do meu ego; quando sai bem, partiu de uma conexão com o universal.

A evitação do contato com essa sabedoria organísmica é sustentadora do ego e geradora de neurose. A repetição de figuras para tentar encerrar o ciclo energético – autorregulação organísmica – se acopla a um sistema estereotipado que impede que se chegue a tal fim. Esse sistema estereotipado, rígido, que atua sem nossa deliberação e gera uma fragmentação óbvia dentro de nós e com a realidade, é o que chamaremos de *neurose*. Neurose, segundo Perls, são *transtornos de crescimento.*

> A palavra neurose é ruim, ainda que eu também a use; seria melhor chamar de *transtornos de crescimento*. Dessa forma, em boa medida, o problema da neurose se move mais e mais do campo médico para o campo educacional. (Perls, 1974, p. 40)

Como se pode ver, os temas tratados foram criando uma complexa e consistente forma de estar-no-mundo, de abordar a vida intra e interpessoal. O que mais me interessa é que tudo que foi expresso até aqui possa ser visto em termos de processo e nunca com uma atitude estática, que está longe de representar as manifestações da vida que a Gestalt considera, ou seja, em constante mudança, modificação, reelaboração etc., enfim, em um constante devir. Nada é igual ao que um segundo atrás agi, pensei ou senti.

Para isso, darei um exemplo. Há uma semana me levantei inspirado para escrever sobre a *dupla atenção* – tema central na formação do terapeuta gestáltico e essencial na atitude que ele precisa alcançar para se sentir como tal. Tinha escrito várias páginas sobre o tema e me sentia satisfeito com o conteúdo e a forma, algo pouco comum. Quando estava dando os últimos retoques, encostei em algum botão do computador que fez a tela ficar branca. Claro que tentei voltar para o texto, mas não consegui. Para encurtar o relato, nunca mais encontrei o texto escrito. Independentemente dos estados emocionais que acompanharam a situação, o que surgiu dentro de mim foi a ideia de tentar escrevê-lo de novo. Mas como? A inspiração era outra, já não me sentia daquele jeito e só o que podia fazer era aceitar que agora as coisas eram assim.

O que importa, então, transmitir *agora*? Duas coisas: a primeira é a clareza com que nos damos conta de que tudo está em mudança constante. Isso quer dizer que se estou no que os gestaltistas chamam de *continuum de consciência*, ou do "dar-se conta", terei a certeza experiencial de meu devir constante. Os estados dos quais me dou conta são diferentes em cada presente, e por meio dessa vivência compreendo e aprovo verdadeiramente que todo o universo se comporte dessa maneira. Um exemplo simples. Enquanto escrevo, a luz em minha janela – e na de todos – vai mudando. O segundo se depreende do primeiro, ainda que se queira dar a ele uma ênfase especial. A aceitação de que tudo está em mudança constante às vezes começa como uma frustração com essa realidade evidente. Entretanto, transforma-se em uma atitude presente da própria existência, comprovada em todo ato e desejável como modo de se colocar perante a vida.

Sempre me chamou a atenção a maneira como as crianças resolvem conflitos interpessoais com seus pares; depois de uma briga, no outro dia estão dispostas a manter o vínculo. Além disso, se perguntamos a elas o que aconteceu, dizem que tiveram uma briga com um *amigo*, e assim o classificam apesar das circunstâncias e até no momento pleno da ira. As crianças parecem viver sob essa atitude de aprovação da mudança constante mais do que os adultos. Se *habito o presente como atitude*, é possível agora voltar a escrever sobre o tema que perdi semana passada no computador. A simples ideia da mudança constante já é transformadora.

Na semana passada, estava um tanto eufórico em relação ao tema e foi com esse espírito que escrevi. Sinto-me agora mais calmo para escrever sobre a dupla atenção fazendo um exercício que proponho a vocês para ilustrar esse conceito.

Coloquemo-nos em posição meditativa. Fechemos os olhos, respirando normal e calmamente. Vamos nos manter assim por alguns minutos e imaginar que podemos ver nosso sistema solar de um lugar panorâmico. Vejo uma luz forte no centro e algumas esferas que estão praticamente estáticas em diferentes distâncias da grande luz. Concentro-me nisso e não presto atenção a mais nada. Imagino como essas esferas vão transladando-se em órbitas ao redor da grande luz; chamo-a de Sol. À terceira esfera, se conto a partir do Sol até o mais distante, dou um nome; chamo-a de Terra. Permito-me um tempo para a observação de todo o sistema e dessa esfera, de maneira alternada. Agora, de repente me vejo na Terra, posso ver o que estou fazendo neste momento ou imaginar algo de minha vida ali. Posso me ver com minha família ou no trabalho, ou o que desejar, já que isso não é o importante, e sim que apreciemos o jogo que vai sendo criado com as dimensões. Posso ver o sistema solar onde a Terra gira como uma pequena esfera, enquanto experimento minha vida nessa esfera de dimensões enormes. Se me permito vivenciá-lo plenamente, algo acontece. Parece que o jogo das dimensões me abre alguma coisa; o que estou fazendo agora está interconectado com o todo. Estou escrevendo agora, enquanto a Terra percorre uma órbita ao redor do Sol em um sistema que está incluído em outro que pode ser chamado de galáxia, que está incluído em outro que é o universo, o qual está incluído em outro que é o eterno espaço e tempo. Tudo está, por sua vez, em mudança constante.

Não sou físico quântico nem astrônomo, apesar de conseguir imaginar-me se assim me propuser. Meu pertencimento ao universo não requer nenhum título acadêmico. É possível viver sob essa perspectiva? A dupla atenção que um gestalt-terapeuta poderia ter como atitude diante de sua vida e do universo é viver sob essa perspectiva. Experimentamos a conexão com tudo e a influência que existe em cada instante entre todo o existente, enquanto vivemos o devir, e a impermanência de todas as coisas. Considero que é por aqui o encontro entre o pessoal e o transpessoal.

Para que chegar a esses lugares? Para abrir-se à possibilidade de que a saúde nunca é independente da experiência da totalidade. E, fundamentalmente, para reconsiderar a questão da cura integrativa psicológica. O trabalho que nós psicoterapeutas fazemos com nossos pacientes perante o sofrimento é um fim em si mesmo. Se considerarmos que essa dupla atenção nos coloca diante da constante impermanência e da interdependência de todas as coisas, a psicoterapia será uma passagem importante no caminho.

O caminho compreensivo de experimentar o saudável nos leva à abundância como vivência fundamental. Do outro lado está a vivência de escassez ou fragmentação. A psicopatologia gestáltica descreve as condutas neuróticas em camadas. A descrição deixa às claras que a forma e a intensidade com que evitamos o contato denotam o "índice de neurose".

CIRCULARIDADE

Quero destacar que quando era estudante de Gestalt-terapia tinha a impressão de que os conhecimentos que adquiria estavam alinhados, de modo que havia alguns que deviam vir primeiro e outros, depois. Essa forma linear, porta de entrada de todo saber, é difundida em todos os sistemas pedagógicos ocidentais e na maioria dos ramos do conhecimento.

À medida que o estudante vai introjetando as noções fundamentais, como aquilo que nos é transmitido por um sistema imbricado de formas ortodoxas, aprofunda e vivencia esse saber, o que começa a acontecer é que ele *se dá conta* de que tal saber é linear. Por esse motivo, é transcendente entrar em contato com a *estrutura circular* desse conhecimento, por tratar-se de um sistema que emana da compreensão para com a unidade – indivíduo – que o integra.

O *entender* é linear devido às características da razão, enquanto o *compreender* é circular e contínuo por ser o que resulta de nossa unidade biopsicossocioespiritual.

A Gestalt-terapia nos ensina que o aprendizado é a irrupção da *awareness* que aparece quando são dadas as condições para isso. Raramente o aprendiz obtém essa *awareness*. Nos momentos iniciais do aprendizado da Gestalt-terapia não se pode pedir que um discípulo sinta o brilho de um corpo circular de conhecimentos que o leve a uma compreensão de si, do mundo e do universo. Não se pode pedir a ele, mas pode-se estimular a circularidade do conhecimento dessa abordagem terapêutica. Se com o passar do tempo tiver alcançado, obterá a visão circular do mundo. Vejamos se podemos entrar na *circularidade: na espiral do conhecimento*.

Quando falamos do neurótico, já sabemos que nos referimos ao compromisso que o contato assume na medida de sua distância em relação a uma realidade organísmica intrínseca. O que advém disso é a contenção do fluir energético. Como se em uma mangueira de diâmetro constante, pela qual a água circula livremente, reduzíssemos de forma drástica o diâmetro em algumas partes. Nunca poderíamos esperar que a água saísse da mesma forma. Pelo que temos abordado, sabemos que em todo organismo existe um desenho que gera autocura. Continuando com a metáfora da mangueira, nos lugares em que o diâmetro é reduzido haveria um mecanismo que trataria de voltar ao habitual ou, em caso de defeito, criaria compensações ou transações que são a própria neurose e alguns chamam de *ajustamento criativo*. A sabedoria organísmica não descansa, ajusta nossa estrutura biológica o tempo todo, de maneira altamente criativa.

Um erro recorrente é considerar que as formas criativas de ajuste são manipuláveis pelo trabalho psicoterapêutico. É por esse motivo que Perls propunha a seus discípulos, repetidas vezes, que na clínica gestáltica não se esperava que o terapeuta se colocasse em confronto diante de qualquer das manifestações do sistema defensivo. O terapeuta precisa estar a favor dos ajustes que o organismo, ou qualquer sistema biológico existente nesse mundo, realiza de maneira natural.

A habilidade de um terapeuta está na forma como ele estimula a sabedoria organísmica como modo de viver, em concordância com a constituição biológica de toda manifestação de vida, principalmente a própria.

Essa é a descrição da dupla atenção como modo de estar em contato consigo mesmo e, ao mesmo tempo, com todas as coisas que nos rodeiam.

Certa vez, estava no Brasil e fui convidado para o aniversário de uma grande amiga que dirige uma comunidade com seu marido – *um homem de conhecimento*. Na festa, linda e simples, encontrei-me com um amigo querido, Gilberto Farias. Conversamos sobre a vida como costumávamos fazer. Gilberto é outro homem de profunda sabedoria. Em determinado momento, já muito tarde, saiu à francesa da festa para não incomodar com as despedidas clássicas. Naquele momento eu estava conversando com outras pessoas; vi que caminhava em direção à sua casa e desejei me despedir. Dois dias depois, voltamos a nos encontrar em minha casa. Ele me perguntou como descobri seu plano de retirada secreta. Comentei sobre meu treinamento com a dupla atenção.

Seria pouco veraz considerar que a dupla atenção é algo a ser usado a todo momento e em toda situação; na realidade, é uma intenção baseada na vitalidade da figura que a estimula.

O leitor percebe a circularidade de tudo o que está sendo tratado? A saúde e a doença são, como toda manifestação organísmica, parte da circularidade. A circularidade como concepção de mundo, a indiferença criativa inspirada em Friedlander (1947) e a sensibilidade para apreciar o jogo de opostos nos permitem entrar na profundidade da Gestalt-terapia. A indiferença criativa é a contemplação (último bastião a alcançar na meditação dentro do budismo tibetano) desses opostos, sem ceder a nenhuma das partes nem considerá-las sob nenhum signo de valor ou hierarquia. Entre outras coisas, encarar a escuridão a transforma em sombra, par inseparável do luminoso com o qual, por sua vez, forma uma unidade.

O ser humano habita, por nove meses, um espaço bastante estável dentro do organismo de sua mãe. Essa permanência é inigualavelmente uniforme em suas condições se a compararmos à nossa longa estadia fora dela, onde o papel de destaque é assumido pelo imediatismo em respirar, em sentir o frio, o calor, a sede, a fome, o crescimento visível, a necessidade de movimentos e as condições instáveis em geral. Poderíamos dizer que deixamos um paraíso, um lugar que tivemos de abandonar por não acompanhar o constante aumento de nossas dimensões corporais. Chegamos assim a um desprendimento vertiginoso e irreversível de nossa mãe. Não voltaremos mais a esse lugar e talvez sintamos pela primeira vez, e de maneira concreta, que "caímos de nosso paraíso" – expressão que ouvi de Claudio Naranjo e considero muito ilustrativa. Estimulados por essas metáforas, podemos afirmar que nossas necessidades fora do útero são muito mais numerosas, vividas com maior urgência.

Nossa forma de obter satisfação é pela maneira como nos ajustamos criativamente à nossa realidade presente. Os pais não são os únicos que frustram, no sentido de adiar a instantaneidade da satisfação de qualquer necessidade, também há uma infinidade de circunstâncias que surgem no dia a dia. É aí que a constituição humana apresenta um recurso altamente necessário: a defesa diante dessas frustrações. Os ajustamentos criativos são a diversidade de formas pelas quais as defesas aparecem. Serão mais ou menos rígidas, estáveis ou visíveis e nos comprometerão em nossa unidade com maior ou menor intensidade.

Fica claro também que assim fragmentam a vivência da unidade que tínhamos até então. As defesas que descrevemos anteriormente condicionam a realidade, ainda que também façam uma transação que serve para alcançar fins organísmicos. Além das predisposições que cada indivíduo pode apresentar como ser biopsicossocioespiritual único.

Assim, não há necessariamente condicionamentos diretos para a obtenção linear de formatos defensivos. Podemos apreciar a multiplicidade e a complexidade de variáveis que geram uma resultante praticamente única no início da vida. Mas temos um projeto comum e o universo se expressa de formas múltiplas dentro de uma ordem estrutural que caracteriza o humano, por mais amplo que ele seja ou pareça. É assim que trazemos algo singular, enquanto nos acontece algo próprio que tem sua maneira particular de ser resolvida, dentro de um formato que nos caracteriza e iguala. Interessante, não é?

Tanto a neurose quanto a psicose, ou os variados transtornos psicológicos, não podem nos definir mesmo que nos caracterizem. Se estamos muito comprometidos no contato com nós mesmos e com o meio em que habitamos, seguramente entramos em contato com fantasias ou ilusões que produzem uma estereotipia em nossa forma de responder às eventuais necessidades da vida. Ou seja, "damos conta". Temos de responder de algum modo às condições que implica o fato de estarmos vivos em devir constante. Se não contarmos com os recursos internos (autossuporte) que estão em relação direta com o devir dos acontecimentos e a satisfação de necessidades, responderei com uma conduta pelo menos neurótica.

Em *Sueños y existencia*, Perls (1974, p. 44) cita T. S. Eliot: "Tu não és mais do que um monte de respostas obsoletas". Assim, Perls sugere que o índice de neurose maior é o clichê. Antes de entrar no que ele chama de estrutura da neurose ou de fragmentação como propusemos neste livro, é importante destacar que, nos últimos momentos de sua vida, Perls desenvolveu e simplificou a teoria por meio de sua atitude de vida gestáltica. Esse encontro, que inicia a quarta conferência de *Sueños y existencia*, é para mim um convite a continuar com a atitude de buscador com sede de respostas sobre temas transcendentes do humano e do universal, e desde que o encontrado não seja algo cristalizado, complexo ou sombrio.

Fixamo-nos a uma atitude do tipo clichê quando nos contatamos de maneira distante e estereotipada, cheia de ilusões ou fantasia fazendo da experiência de vida algo oco, vão, aparente etc. Uma pessoa vive em um clichê quando age da mesma forma, dando parcas respostas a situações de vida ricas e mutantes. Por exemplo, uma pessoa se apresenta em um grupo e fala sempre da mesma maneira, repetindo o nome, a idade, o estado civil, a profissão, e raramente entrando em contato com mais aspectos de si mesma. O contato com o mundo dos outros é insubstancial. Na circularidade da vida, esse estrato defensivo--estruturante se retroalimenta repetidas vezes e nos deixa congelados nessa ilusão fragmentada do contato organismo-ambiente. Seguindo a espiral, talvez cheguemos a entrar em contato com aspectos que, apesar de rígidos e repetitivos, caracterizam-se por terem formado um caráter altamente previsível: um papel predominante na vida.

A maneira como vivemos a partir do papel nos dá a ilusão de termos construído uma conduta complexa que no passado obteve um bom resultado e pretendemos que assim se repita eternamente. Um indivíduo que vive a partir de um papel específico também está preso no tempo e fixado a um passado associado ao momento quando o papel o levou a um resultado positivo.

Os papéis não só são específicos a cada indivíduo como determinam e direcionam nossa relação eu-mundo de maneiras também específicas. Quem, frequentemente, reage com agressividade busca um mundo hostil para viver como sabe; se é um indivíduo de bons modos, viverá em um mundo quadrado; e se é um manipulador, poderá viver em qualquer lugar, porque criará relações que permitam isso. O papel nos leva a viver reclusos ou seduzindo e a vida estará condicionada e, sobretudo, circunscrita a essa fórmula exclusiva. Perls considera que "a maioria de nós faz um show do que 'não somos' para o qual nos falta apoio, força, desejo genuíno, talento genuíno" (Perls, 1974, p. 67).

Paco Peñarrubia, um gestalt-terapeuta espanhol que conheci em minhas idas à Espanha a trabalho, propõe que os papéis "são, por assim dizer, os estereótipos anteriores constituídos em condutas automáticas..." (1998, p. 119).

Quando uma pessoa não consegue continuar desempenhando o papel habitual, paralisa-se ou começa a funcionar em curto-circuito, como se fosse um robô que se desorganiza e se move desconectado com a tarefa imposta (já vimos um exemplo dessa paralisia na terapia do paciente que usava o mecanismo egotista).

Além dos variados recursos da Gestalt-terapia, a ênfase será dada a reconquistar o presente da vida e a *awareness* do devir da vida. A consciência do fluir ao que existe nos leva naturalmente a considerar o papel como ineficaz. O papel que julgamos nos permite descobrir que tudo que criamos e mostramos que somos é exatamente o que não somos. Assim, impedimos e interrompemos nossa conexão com o vazio fértil, entramos em conflito ou confronto conosco mesmos. Não sabemos quem de fato somos.

O sofrimento é pouco confortável; Perls considerava que "somos fóbicos à dor", por mais que sofrer pela cegueira que temos de nós mesmos pareça ser uma das portas de entrada mais frequentes para o impasse, e, ainda, que:

> O *impasse* é o ponto crucial da terapia, o ponto crucial do crescimento... O *impasse* é a situação na qual o apoio ambiental ou o suporte interno obsoleto já não nos basta mais e o autossuporte autêntico ainda não foi conseguido. (Perls, 1974, p. 41)

Alan Watts (1951), no começo dos anos 1950, escreveu sobre a lei do esforço invertido. Essa lei afirma que, quanto mais desejamos e até batalhamos por algo, em geral mais conseguimos o oposto. E isso nos traz um tema interessante a respeito da segurança psicológica tão valorizada no homem atual (isso já tem uns 60 anos e ainda está em vigor), que busca certezas na religião e na filosofia.

Eu acrescentaria a essas a política. O aumento no interesse que se pretendeu dar a essa tríade de poder e egocentrismo é gerador de sofrimento no mundo atual. Watts (1991, p. 26) diz:

> Sustento que essa insegurança é o resultado da tentativa de segurança, e que, ao contrário, a salvação e a sanidade consistem no reconhecimento mais radical de que não temos como nos salvar. [...] Para descobrir a realidade última da vida – o absoluto, o eterno, Deus – é preciso parar de tentar compreendê-la

na forma de ídolos. Esses ídolos não são só imagens toscas, como a imagem mental de Deus que o representa na forma de um ancião sentado em um trono de ouro... O uso ilegítimo das imagens se assenta em expressar a verdade, não em possuí-la.

O próprio fato de estar no *impasse* é uma maneira de criar uma conexão com o que já não quero para minha vida. Não posso considerar que o nome de "atitude fóbica", dado por Perls a esse momento natural produzido diante de cada aspecto a ser alcançado, seja o único modo de vê-lo. É claro que desejamos fugir de cada atitude que nos provoca sofrimento, o que faz que o *impasse* tenha um moral tão baixo. Entretanto, é igualmente certo que muitas vezes enfrentamos abismos, dragões e feitiços sabendo que a aventura de atravessá-los nos fará alcançar a verdade, o amor e a sabedoria.

Gurdjieff (1912) propunha a importância do autossofrimento voluntário como caminho no sentido do autoconhecimento; e mesmo acerca do outro, o sofrimento que simplesmente se apresenta sem bater na porta e nos envolve em um manto de angústia e insegurança intra e interpessoal.

Nossa constituição nos impõe uma atitude, temos o livre-arbítrio de empreender o caminho ou de ficarmos hipnotizados pela ilusão. Entrar na curva do impasse é altamente significativo: todas as oportunidades estão à mão.

Podemos ficar sentados ou caminhar, podemos ter consciência de como funcionamos e renunciar, ir além ou ver um brilho resplandecente fugaz e correr confiantes em direção a ele.

O *impasse* é uma opção que nos é oferecida o tempo todo.

Em nossa sociedade, temos introjetos muito fortes. O primeiro é aquele que nos diz que as opções que nos levam à alegria ou ao bom viver são escassas e fortuitas. O segundo é que o bolo das oportunidades da vida é limitado – como todo bolo – e que devemos pegar nossa fatia sem muitos escrúpulos, já que *não vai ter para todo mundo*.

A história da humanidade está marcada pelo medo da escassez e pela compulsão desrespeitosa pela posse como forma de sentir segurança. Quanto mais compulsiva é a ambição, mais medo teremos de perder tudo que foi possuído. Na verdade estamos *excessivamente possuídos* pelo *excessivamente possuído.*

O *impasse* denuncia, como recurso de nossa autorregulação organísmica, o momento de modificar a nossa vida, de apreciá-la em maiores dimensões ou simplesmente de assumi-la. Como vimos, se me abasteço daquilo de que necessito, esse ato deve contemplar os seres próximos que me acompanham, os demais que povoam este planeta e todos que deduzo habitar o universo. Toda exclusão dos demais seres de nosso horizonte pessoal nos leva à doença.

Qualquer ato que me leve a superar o *impasse* deve ser produto de uma atitude.

A atitude, da qual falaremos com mais detalhes no próximo capítulo, é a contemplação de tudo que nos rodeia para, então, avançarmos no caminho sem olhar para trás. A atitude que nos permite utilizar o *impasse* para crescer não só é um ato pessoal, mas também uma forma de mostrar ao universo como o fizemos. De que outra maneira nossa vida teria sentido como passagem fugaz neste belo planeta?

O *impasse* é, sem dúvida, uma camada determinada por muitas coisas, entre elas uma disposição fóbica a qualquer tipo de sofrimento emocional, intelectual ou corporal. Evitamos tudo que nos faça sentir mal, já que temos a sensação de estar perdendo o bom da vida, e não temos disposição para aceitar o tempo-espaço como condição necessária para a cura que provém de nossa sabedoria organísmica. Nesse sentido, há diversos remédios que costumam atender mais ou menos ao propósito.

Sou a favor de todos os remédios. Alguns são chamados de *remédios da Terra* e existem para nos curar e assegurar a relação com este planeta, o que faz que, por extensão, possamos entrar em contato com o universal, o divino, o permanente. Outros, são os provenientes da farmacologia, baseada na pesquisa, que se vincula com o anterior e obtém, da síntese de substâncias químicas, princípios ativos que agem sobre os sintomas de doenças ou interrupções do fluir organísmico. A medicina acadêmica também estuda as predisposições genéticas para as enfermidades e o processo de adoecer. Toda essa história de pesquisa experimental e, mais recentemente, da bioquímica deve ser respeitada como parte do que transitamos. O problema é o mesmo para ambos os tipos de remédio: o abuso.

Quando, no processo terapêutico, chegamos ao *impasse*, aparece a fobia e o paciente deseja livrar-se dela. Poucos são os que veem o óbvio: o mal que em geral está presente em nossa vida há muito tempo raramente pode desaparecer num piscar de olhos; se fosse assim, deixaria um vazio que teríamos de preencher com algo para o qual não tivemos o tempo-espaço de saber se é mais saudável que o anterior. Essa é a forma habitual que elegemos (introjetamos) para viver.

Tudo na hora e tudo igualmente distante. Lembremos que o tempo necessário para curar é uma forma de contato com o universal.

O ambiente, como vimos, é um fator que reforça essa instantaneidade. Um exemplo disso é o de um indivíduo que chegou à terapia com uma série de problemas e diversos sintomas. Apresentava condutas fóbicas e perguntava várias vezes nas sessões terapêuticas se eu achava que ele tinha alguma possibilidade de melhorar. O que me parecia positivo era o fato de ele mesmo conferir seu processo, estado atual e estado anterior. Aproximadamente depois de uns nove meses do início de seu processo terapêutico, entrou em uma angústia crescente que o fez questionar a si e a terapia. Agora, suas perguntas eram se em algum momento sairia desse estado por seus próprios meios. Voltei a fazer que tivesse consciência de que, pelo modo como tudo estava caminhando, estava conseguindo atravessar esse estado. Trabalhava, compartilhava mais de si mesmo com sua parceira, selecionava com mais cuidado as saídas com amigos, começava a estabelecer melhores vínculos com seus pais e, acima de tudo, estava mais flexível e menos exigente. Passaram-se assim cerca de três semanas, que lhe pareceram eternas. Começou a entender seus processos organísmicos internos. Nesse momento, sua parceira, que certamente era depositária de muitas de suas queixas, o estimulou a consultar um psiquiatra para obter uma receita psicofarmacológica, argumentando que todas as amigas dela tinham usado determinado tipo de medicamento e estavam muito satisfeitas.

Os pais dele também colaboraram; sua mãe se automedicava com psicofármacos havia décadas. Quatro semanas depois e ainda vendo seu progresso, tomou pela primeira vez um medicamento. Sentiu-se melhor, enquanto ao mesmo tempo crescia o temor de ficar parecido com a mãe. A meu ver esse paciente talvez não necessitasse de psicofármacos para enfrentar seu *impasse*, porém acredito que outros devam usá-los devido ao sofrimento que vivenciam em sua terapia.

Fritz criticava o alcance da autoterapia. Sem dúvida, é difícil seguir adiante no processo de cura quando a pessoa toca uma dor tão forte que desencadeia os mecanismos de evitação de contato que envolvem o sofrimento presente nas origens de nossa neurose. Esse é o período de *impasse*. Pode durar minutos, semanas, meses, anos ou até a vida toda. Um casamento pode se manter no limite da ruptura por décadas, assim como de um momento para outro se redescobre o amor em uma troca de sorrisos.

Os momentos de *impasse* são parte de nosso desenvolvimento biológico, psicológico e espiritual. O nascimento, o desmame, o engatinhar, quando começamos a caminhar, quando saímos de nossa casa para ir a um lugar desconhecido que se chama escola, quando os traços secundários começam a se expressar e a sexualidade genital é despertada, a idade adulta, os filhos, o envelhecimento e a morte, todos são momentos de *impasse*. Portanto, o *impasse* não é só uma manifestação fóbica, mas uma espiral de vida na qual se transita escolhendo formas de satisfazer as figuras que, uma a uma, se sucedem a partir do fundo em que tudo está presente. Resolver os momentos de *impasse* é percorrer a vida em tudo aquilo que aparece como fenômeno diante dela. É ter chegado ao extremo de já não poder viver com determinados aspectos e entrar em estado de suspensão. O *impasse* é um *bardo*[3], uma apatia existencial, uma paralisia no fluir de todas as nossas manifestações.

O impasse acompanha a história de nossa vida.

---

3. *Bardo*, em espanhol, estado do pós morte, no qual a alma tem de completar várias tarefas para poder passar para o outro mundo (Misticismo tibetano). (N. da R.T.)

As maneiras de transitar pela vida; o *quarto caminho*, como era chamado por Gurdjieff (1912), pode ser tomado como a possibilidade de limpar-curar-compreender nosso *carma* ou ciclo causa-efeito. Entretanto, Perls (1974, p. 68) propõe algo fundamental: "Por trás do *impasse* há uma camada muito interessante, *a camada da morte* ou *implosiva*".

Essa camada normalmente é abordada ligeiramente nos livros e conferências de Gestalt-terapia às quais já tive a oportunidade de assistir.

Do meu ponto de vista, este é um momento crucial no processo de fechamento de uma figura, na verdadeira satisfação de uma necessidade, na mudança real de algo que era de uma maneira e agora é de outra. No ciclo anterior, vemos o *impasse* como uma chance para o crescimento e em geral é isso que nos leva a começar uma psicoterapia. O círculo implosivo é o que faz que se consiga transcender o *impasse*, já que os conteúdos que levaram à sua aparição chegam ao fim. "Matamos" os aspectos inconclusos do ciclo energético que produzem figuras repetitivas e liberamos a oportunidade de enraizamento no presente. Esse círculo é o primeiro que parece nos conectar com o aqui e o agora, sentimo-nos implodindo, detonamos para dentro. *Detonar* é sinônimo de *explodir* e também de *dissipar*. Para que algo mude, temos de *deter o mundo*, como propõe o xamanismo, e ao mesmo tempo espalhar no éter as partículas do que implodiu em nós.

Cito novamente a primeira frase de Perls (1974): "Sofrer a própria morte e renascer não é fácil". Devemos morrer para uma relação anterior para que outra nasça. Só podemos voltar a comer quando nossa saciedade se dissipa. O apetite é o *impasse* e a saciedade, a consumação da implosão. Matamos o desejo de comer ou de fazer qualquer outra coisa. Temos de matar a infância, a idade adulta e a velhice para morrer. A criança interior e o adulto interior são aspectos muito valiosos se, e somente se, fazem parte de nossa unidade harmônica.

O morto, quando morto, há de permanecer morto.

E aqui acontece uma coisa que estamos esperando há um bom tempo. Morrendo, nossas neuroses morrem conosco; a doença, síndrome ou transtorno chega a seu fim. Vem à minha memória a terapeuta húngaro-brasileira Suzy Stroke, que repetia: "Acabou, Fernando, acabou a loucura", em um momento em que eu tinha entrado em contato profundo com meu ego e surgia um momento de verdade no qual me vi inundado pelo amor e humildade. Só pude agradecer e manter vigilância fechada sobre o que tinha visto morrer em mim.

A pessoa deve estar segura de que o que implodiu não respira mais.

O caminho do guerreiro propõe observar constantemente tudo aquilo que foi visto várias vezes nos círculos da vida. É difícil vivenciar algo já superado. Trata-se de atravessar e enfrentar muitas alternativas para transcender, e é necessário que cada círculo leve a outro, formando assim uma espiral ascendente na qual a forma anterior de olhar morre. Para isso, é imprescindível, como afirma o poeta Antonio Machado (1912, p. 33), "ao olhar-se para trás vê-se a senda que jamais se há de voltar a pisar".

O xamanismo e outras tradições espirituais consideram que não se há de voltar sequer a ver o que já foi superado. A ritualidade bem entendida se baseia no conhecimento dos modos de funcionamento humano neurótico, entre eles o de nunca poder sair de algo que nos machuca e continuar ruminando o processo de cura. Nós, seres humanos, ficamos muitas vezes fascinados com os acontecimentos que levaram a um momento de contato profundo e curativo com a unidade e poucas vezes com o presente do que foi conquistado. Assim, voltamos repetidas vezes ao *impasse* e brincamos de conhecer a saída que já identificamos em um momento anterior. Isso é neurose! Por quê? Por estar repetindo e assim criando uma "sabedoria da saída", uma onisciência estereotipada ligada a um passado que me mostrou o esplendor "daquele momento em que mudei". Como operacionalizar? Fácil de dizer e, como sempre, difícil de realizar. Podemos escolher viver com base na atenção constante ao devir e assim nos abrirmos ao aqui e agora, habitar o presente.

Uma possibilidade interessante é transitar com valentia tudo que for necessário para curar e aceitar o tempo preciso para essa

tarefa. **Então, disciplinadamente, damos as costas a ele e nunca, nunca mais olhamos para trás de novo.**

A Gestalt-terapia nos propõe uma maneira radical de viver no presente. Essa é uma atividade que nos deixa exaustos. Muitas vezes nos vemos tentados pela ideia de olhar para trás e ficar presos (Freud, 1905) ao momento mais rico de nossa vida.

Deixe-me dizer algo a você: pouco importa se o momento foi fantástico ou o pior de minha vida, simplesmente me tira do presente e isso é a única coisa que interessa em termos de sabedoria organísmica. Da morte metafórica do neurótico que entorpece meu fluir energético e da atitude em consequência disso, vamos entrando no que mais interessa a todos os seres humanos: *a saúde*. A saúde, para a Gestalt-terapia, é, em seu *continuum* de circularidade, uma atitude de autenticidade diante da existência.

Por mais que neguemos a existência de uma vida saudável em todas as suas manifestações e nos tornemos mestres da decadência, respirar por instantes a harmonia é "sadiamente viciante". Antes de entrar nesse tema, ou melhor, no sentido fundamental de nossa existência, necessito esclarecer algumas coisas. Lembre-se de que intercambiar ou compartilhar me torna responsável. Ainda assim, escolho seguir adiante.

A saúde não é um tesouro encontrado. Ao contrário, é uma atitude que nos envolve por inteiro, que temos de buscar constantemente e se renova a cada minuto. O desafio de viver em harmonia biopsicossocioespiritual é a competição com a tentação de evitar a realidade presente. E o presente é como areia que escorre por entre os dedos.

O presente, quando está, já não está!

É por isso que só a atitude importa: a intenção de que assumam os atos a cada momento, já que não vão se repetir.

O presente é uma tentativa, o presente é a tentativa, a tentativa em si mesma, a tentativa humana mais verdadeira, o presente é a tentativa da saúde...

O presente é uma atitude difícil de conquistar e imprescindível para o bom viver. Essa dificuldade não se baseia em complexidades, mas em uma simplicidade insustentável. É o que estimula toda busca espiritual já que toda conexão presente é vivência espiritual em si mesma. Na realidade, sentir o momento presente é possível, desde que não fiquemos racional ou afetivamente presos ou contagiados com o "que acaba de acontecer", coisa não muito rara se a vivência for ou muito dolorosa ou muito agradável.

Como não cair na tentação? Neste momento, à medida que escrevo, vejo passar pelo jardim três borboletas rodopiando juntas. Meu olhar as segue desde o começo do ângulo de visão da janela até onde o final o permite. Enquanto dura o acontecimento e me dedico a ver as borboletas, aparentemente estaria em um ato presente; algo fica em mim e conto em seguida, ou pode ser que o faça uma semana depois. Isso é presente? Trazer um acontecimento passado para o presente é presente?

Dou-me conta de que poucos autores foram corajosos ou suficientemente loucos para adentrar a descrever o presente. Simples e claro: não tem como ser descrito. É insubstancial, é uma tentativa, é de uma intensidade inédita e, na realidade, já foi e deixou algo em mim que não só não existe como é a única coisa que tenho. A única coisa que me permito considerar é que, ao meditar, o tempo parece variar e o presente absoluto se desprende, fazendo uma *abertura no tempo presente*. Como propõe o budismo tibetano, podemos *habitar* o presente. Seria a metáfora de vivê-lo como uma brecha ou talvez até pudéssemos dizer um transe. A maneira de obter um estado momentâneo no presente é ir gerando uma disciplina meditativa; aceitar que podemos ir sem sentir que deixamos algo inacabado por retirar um tempo limitado de todo o cotidiano. Junto com uma *quietude corporal* absoluta, fazemos que a mente se identifique com a quietude do corpo.

Essa quietude corporal absoluta é chamada, pelas tradições indo-americanas, de *tiyoweh*. Toda vez que a experimentamos, sentimos ter tido uma experiência fenomenológica transcendente. A vinculação do presente com o genuíno ou autêntico, no trabalho gestáltico, é feita propondo ao paciente individual ou participante de grupo a descrição do que ocorre em cada momento que ele está vivendo. Se vamos falar do passado ou fazer planos futuros, estamos na ilusão de contato e nos afastando da dupla atenção por não vermos o que acontece de maneira global e integradora. Estamos também gerando fantasias e entorpecendo o fluir organísmico com todas as vivências frustrantes que o acompanham.

Vivemos uma automatização que nos coloca diante da vida como mecanismos cibernéticos em um mundo regido pelo medo. Transformamo-nos em heróis solitários, monarcas, soldados ou indigentes. Na verdade, perdemos a alegria e nos escondemos na euforia viciante atual ou na clássica depressão. As enfermidades nos envergonham e também nos oferecem a possibilidade de montar o teatro da tragédia baseada no sentido viciado da vida. Vemos isso no cinema, teatro, televisão e nos *best-sellers* de plantão, não é mesmo? Podemos dizer também que a busca pelo encontro com nossa saúde é árdua, constante e, sobretudo, exige sensibilidade e ação clara de nossa inteligência. Esta, ao lado de nossos sentimentos, permitem-nos tomar consciência do bom caminho, aquele que tem coração e pode perdurar no tempo.

Tarthang Tulku, um mestre do budismo tibetano, considera que toda ação material há de ser criada para que tenha uma vigência de pelo menos 30 anos. Intuitivamente, compreendi que se referia aos dias de hoje, em que aquilo que se constrói só serve para alimentar o imediato. O imediatismo leva ao "fazer de tudo para satisfazer meus sentidos". Minhas ilusões ditam e exigem que tudo seja satisfeito agora, pelo simples fato de me recompensar e indenizar minha ansiedade, algo muito distante de viver no presente como tempo que contata e conecta os aspectos de nossa unidade de ser-no-mundo.

O imediatismo é a patologia do presente.

Enquanto o imediatismo é a neurotização do aqui e agora, o futuro é vivido como um tempo que vem por cima de nós, surpreendendo-nos pela falta de planejamento e pela ausência de sentido na vida. Quando o futuro é vivido dessa maneira, a impermanência nos aterroriza e insistimos sistematicamente na satisfação imediata, já que começamos a apresentar sinais de angústia, a antessala da depressão.

O passado, pelo contrário, é o bálsamo do vivido com esplendor, um refúgio de memórias distorcidas, no qual decidimos: "¡Quién me quita lo bailado!"[4], ou, então, um conjunto de acontecimentos que nos fazem ver a vida com a escassez da qual temos de fugir. Os países pobres que recorreram às nações ricas no século XX para pedir ajuda financeira, praticamente sem saber como pagariam isso nem planejar seu próprio crescimento, é um exemplo bom e ainda atual.

Considerar o passado e planejar o futuro são sempre funções do presente.

Toda ação, por sua vez, tem implicações óbvias no que é pessoal. Vamos descobrindo, pela maneira como analisamos o conceito de responsabilidade, que as implicações se estendem ao inter e ao transpessoal. Qualquer ato individual-pessoal tem consequências para aqueles que nos rodeiam. Aliás, para todo o universo, se nos detivermos mais seriamente em nossa percepção-consciência. É assim que avalio a psicoterapia, não importa a escola ou a abordagem que cada terapeuta considere própria, ou qualquer relação na qual haja contiguidade ou sentimentos de união.

Psicoterapia, ou qualquer tipo de ação curadora, é um ato diante do universo: por isso não admite simulações na transmissão da intenção.

Entrando mais ainda no tema da saúde, podemos passar a considerar as propostas que a Gestalt-terapia nos oferece. Perls reúne vários aspectos a ser alcançados, tais como viver no presente, gerar uma forma de vida na qual o suporte ambiental abra espaço para um autossuporte, conquistar uma atitude autêntica perante si mesmo e do mundo, amplificar a capacidade de viver em um *continuum* de *consciência* e fazer uso, de forma criativa e nunca rígida, de um sistema defensivo paradoxalmente evitador-favorecedor diante do contato.

---

4. Expressão tipicamente rio-platense – uruguaio-argentina – com a qual se pretende justificar ações que me permitiram um momento de euforia, gerando uma "dívida" geralmente impagável. Em português, seria algo como "Ninguém tira de mim o que já dancei". (N. da T.)

Entretanto, devido à minha experiência clínica e pedagógica de mais de 28 anos, é complicado atingir essas dimensões do ser simplesmente por existir ou fazer psicoterapia na falta de *uma estrutura para a transformação*. O autossuporte, em meu entender, é a capacidade que um indivíduo desenvolve para sua autonomia – ou melhor, arbítrio – no contato com sentimentos, inteligência, consciência, responsabilidade, criatividade, desapego e relação não ilusória com o mundo. Nós nos relacionamos com o ambiente para satisfazer nossas necessidades. Precisamos enfrentar esse contato com harmonia, de modo que os mecanismos defensivos não emperrem, mas gerem uma fluidez razoável.

Estar-e-ser-no-mundo para ser alguém que não dependa convergentemente dele, sendo o viver nele uma grande missão, complexa e até difícil de cumprir. Viver em dupla atenção é fruto de um treinamento sistemático, a partir do momento que se tome consciência da transformação resultante de uma vida conscientemente disciplinada. É preciso haver espaço ainda para fazer que a vida tenha uma pitada de sal e pimenta que harmonize com o hedonismo tântrico e natural, tão gestáltico!

Os instintos também devem estar em harmônica conciliação de conservação, sexual e social, sem com isso perder o impulso de entrar em contato com o que é incorporado como desejo a partir de nosso ser-corpo. É necessário meditar ou silenciar-se como forma de entrar em contato e aplacar o ego. A indiferença criativa, que nos leva a um desapego da dualidade e de todo extremo em cada manifestação, ao mesmo tempo que sou responsável por estar em contato com a sabedoria organísmica, já é em si uma grande tarefa a ser sustentada. Satisfazer minhas necessidades deve ter relação com todo o anterior. Ainda falta algo irrenunciável: a alegria, o sentimento sincero que deve acompanhar a realização dessa unidade. O que você acha? Não é fácil.

Quis dar a você a ideia de que a saúde é uma conquista tão transcendente quanto difícil de manter. Observando a própria existência dessa perspectiva, poderemos saber que nem sempre se reproduz a saúde em nossos atos e, ainda assim, continuamos tendo uma vida que não deixa de ser necessariamente boa. Porém, podemos meditar um pouco melhor sobre ela com base no que vem a seguir.

ALGUMAS PONDERAÇÕES SOBRE A SABEDORIA ORGANÍSMICA

Emoções são os resíduos que confundimos com sentimentos.
Razão é o resíduo que confundimos com inteligência.
Euforia é o resíduo que confundimos com alegria.
Depressão é o resíduo que confundimos com tristeza.
Compulsão é o resíduo que confundimos com ação.
Socorro é o resíduo que confundimos com compaixão.
Esplendor é o resíduo que confundimos com espírito.
Oposição é o resíduo que confundimos com polaridade.
A exclusão com transformação, o arrojo com coragem, o apego com amor e a singularidade com unidade.

Saúde é a unidade vivencial que advém do caminho que fomos percorrendo circularmente. Fritz descreveu a saúde como camada explosiva. Perls deu o nome de *explosiva* à camada renovadora e viva a partir do que morreu com a camada implosiva.

> A camada da morte retorna para a vida, e essa explosão é o nexo com o autêntico da pessoa, que é capaz de vivenciar e expressar suas emoções. (Perls, 1974, p. 68)

Vimos que o estado emocional de uma pessoa é uma forma possível de avaliar sua interioridade, e podemos dizer que é caracterológica na medida em que expressa o funcionamento global de um indivíduo. Mesmo assim, as emoções são manifestações residuais quanto aos sentimentos que conectam – ainda que parcialmente – o indivíduo com a sabedoria organísmica. As emoções levam à exaltação devido à sua desconexão com a totalidade do ser, assim como os sentimentos conseguem essa unidade. Estes são, ao lado de nossa inteligência e consciência, o que nos define e orienta de forma sustentada em nossa existência.

O uso dessas expressões sobre nosso desenho unificado foi abusivo, por ter isolado uma da outra e quebrado assim a unidade intrínseca. O abusivo é produto do introjeto que implicou a hierarquização da razão feita em séculos passados, quando se pretendia que a ciência abrangesse tudo. Uma vez mais se toma a parte pelo todo, considerada pela razão humana (fruto da fragmentação) como descoberta e panaceia que conduz ao consequente poder neurótico (nossa escuridão ôntica) que resulta na simplificação excessiva da integridade organísmica.

Da mesma forma, o emocional, hegemônico em nossa cultura ocidental, desaloja toda capacidade de contato, fazendo-nos aderir, de maneira viciada, ao estado do momento no qual nos encontramos e afastando-nos do aqui e agora. Paradoxalmente, todo apego nos vincula de modo multidirecional ao ambiente. É por isso que, levando-se em conta essa unidade organismo-ambiente, a saúde vai ocupando lugar como forma que acompanha as mortes sucessivas da evolução da consciência na circularidade ascendente entre apegos e não apegos. Saúde é a unidade consciência-sentimento-inteligência-propósito sustentada no tempo, e em relação dialética entre o apego e o não apego.

O amor pelos filhos é apego, mas ao mesmo tempo sabemos que eles são independentes de nós – pais – que temos de favorecer o não apego. Fluir entre o amor e a aceitação da independência é uma atitude saudável.

Perls elencou quatro maneiras genuínas (se me permitem, quase diagnósticas) desse estado saudável: a ira, a dor, o prazer e a alegria. O que justifica que sejam saudáveis é sua manifestação presente e em concordância com a unidade eu-mundo. Essas explosões conectam-se com a personalidade autêntica, com o verdadeiro "eu" (*self*). Não se assuste com a palavra *explosão*. Nos cilindros do motor do seu automóvel há centenas de explosões por minuto para fazê-lo funcionar. Isso é diferente da explosão violenta do catatônico (que seria como a explosão de um tanque de gasolina). Além disso, "uma explosão isolada não significa nada" (Perls, 1974, p. 68-9).

Sempre entendi as manifestações autênticas – descritas por Perls nessa camada explosiva – como representativas da saúde, mesmo considerando que podemos ir um pouco mais longe. A ira autêntica ou genuína seria a exteriorização natural de determinada atitude, desde que exista uma concordância com os acontecimentos que a ativam. Assim, também podemos considerar a pena ou a dor, a alegria e o prazer – que Perls chamava de orgasmo e pretendo estender a algo mais do que o aspecto puramente sexual – a expressão em harmonia e sincronia com os fatos que nos são apresentados, o que existencialmente seria nosso ser-no-mundo. Falando em termos da Gestalt, podemos considerar que todas as atitudes são genuínas na medida em que se expressam como necessidades a ser satisfeitas. Para isso, levaremos em conta quatro dimensões fundamentais: a presente, a quantitativa, a qualitativa e a social.

A primeira – a dimensão presente – é a concordância do acontecimento presente com a provocação ativa de qualquer uma dessas quatro atitudes, ou seja, o que está acontecendo aqui e agora no ambiente que me circunda e a resposta consciente a isso. A segunda e a terceira dimensões – quantitativa e qualitativa – estão ligadas de forma tão estreita que se tornam praticamente inseparáveis. A intensidade-magnitude e a qualidade-implicância que os acontecimentos assumem, e a manifestação genuína com a qual vamos responder em termos quantitativo-qualitativos, tornam necessário um grau de limpidez e unicidade que é produto de uma construção de vida. Para isso, considerar o que entra em jogo, sem contaminar, contagiar ou manchar nossa atitude com situações inacabadas do passado ou perfeccionismos introjetados que corrompem nossas ações no presente, é resultado do caminho de nossa vida. Culpa e arrependimento são as consequências de não agir com base nessa autenticidade – ou melhor, *limpidez* – na conexão com nossa sabedoria organísmica. A quarta dimensão – social – está vinculada ao nosso entorno. Raramente a resposta é límpida e genuína se não se dirige ao entorno em que nos encontramos. Há uma ética cívico-intuitiva que promove o limite de toda ação diante de si mesmo e dos outros. Talvez se trate de um amálgama de educação, caráter ou maneiras defensivas de relação com o ambiente em um contexto histórico.

Um ato é saudável se sua expressão contém algo dessas quatro dimensões unificadas. O que somos se mostra no momento em que respondemos. Tudo está ali e voltamos ao carma. Podemos justificar, renunciar, distrair ou esquecer. Também podemos ser conscientes e aprender com nossos atos. A Gestalt-terapia chama isso de *crescimento*.

A ira é necessária na colocação de limites diante do mundo, que em certos momentos violenta nossas fronteiras de contato. O prazer, tanto no gozo fluido de nossa sexualidade como em toda satisfação, provoca em nós uma sensação incontrolável de contato com nossos instintos, manifestações intrínsecas de nossa natureza interior e de sua relação com a natureza exterior. Ao chegar a esse momento, o prazer transforma o interno e o externo em uma unidade. Ao viver o prazer, claramente o diferenciamos da mania. Experimentamos uma força, a força da vida, uma vitalidade que nos faz sentir parte de um todo. O prazer nos conecta, faz-nos ser corpo-sentimentos--inteligência-espírito.

Falou-se muito do hedonismo gestáltico em oposição à psicologia apolínea clássica. Devo dizer que essa dualidade não gera nenhum aporte, mas cria uma série de fantasias que confunde quem procura a Gestalt como sua própria psicoterapia e quem pretende formar-se nesse caminho.

O prazer contém em si mesmo um princípio criador. O prazer e a dor não apresentam uma dualidade, ainda que, ilusoriamente, sejam vistos como opostos. Nessa visão, o eros e o tanatos poderiam ser vistos à luz de uma espiral interminável de princípios e fins. A alegria genuína é um estado de consciência, produto de um caminho de autoconhecimento e autovalidação. A capacidade de viver com alegria ocupa o mesmo espaço que fomos abrindo interiormente para colocar a dor necessária, quando esta se apresenta diante de nossa existência.

A dor é vivida com sua natural intensidade quando a vivência da alegria verdadeira nos acompanha em toda circunstância.

O budismo é um caminho para compreender a dimensão desnecessária do sofrimento humano. Pode-se sofrer o necessário, quando se tem consciência do ego e portanto do ilusório. O sofrimento real conduz à *awareness*. Baseados nisso, captamos que tudo que nos acontece tem um sentido, até a dor. Compreendemos, também, que tampouco devemos sofrer mais do que o necessário. Tudo é refletido em um espelho de nossa mente, em momentos de prática meditativa, quando não se *hierarquiza um sobre o outro*. Se nos evadimos da dor existencial, o sofrimento psicológico, se não aceitamos ou compreendemos a impermanência, não poderemos viver a alegria de cada momento que se apresenta.

A alegria evidencia a simplicidade, um presente que a vida nos dá.

As quatro atitudes descritas por Perls são claras e impactantes. Há mais? Em um trabalho que apresentei no Congresso Internacional de Gestalt, de 1995, em Buenos Aires (Argentina), expus:

> Um grupo que se forma para uma experiência terapêutica, no qual se convive por mais de 50 horas, é um grupo que comemora uma cerimônia de cura coletiva. (De Lucca, 1995)

Hoje, acrescento que comemora o agradecimento que experimentamos ao abrir nosso coração a desconhecidos, quando nos encontramos todos sob o claro sentimento de querer crescer. O respeito e a abertura instantâneos nos assombram e comemoramos a realização da utopia de um mundo humano. Isso é o que todos afirmam quando se colocam na intenção de acompanhar a sabedoria organísmica que nos guia no sentido de nosso bem-estar.

Todos agradecemos por experimentar a vida. Esse agradecimento integra a consciência de nossa origem, a confiança em nosso autossuporte e a própria corporeidade como amor e matéria. É, junto com as quatro atitudes descritas por Perls, uma expressão de saúde. O agradecimento está no círculo do explosivo como aquilo que surge transformado do implosivo – círculo anterior – e se faz presente. Mais ainda: a vivência de liberdade como possibilidade, para que – em um espaço tão estreito – decidamos os rumos de nossa vida.

Somos livres para escolher como viver; é assim que a liberdade se transforma na mais alta responsabilidade diante da existência. A responsabilidade genuína acompanha toda opção e começamos a ser-sabedoria-organísmica. A liberdade nos permite fluir e manter equilíbrios internos e externos. E ainda há mais: a confiança em nosso desenho.

Nosso *desenho* é uma forma de expressão individual no e a partir do coletivo. Pode ser expresso por nosso DNA como aquilo que é próprio e ao mesmo tempo universal.

O agradecimento, a liberdade e a confiança são atitudes autênticas diante da vida e em harmonia com a alegria, o prazer, o sofrimento real e a defesa genuína.

Comparo *defesa genuína* com a emoção que Fritz chama de *ira*. Conhecemos a ira como a força que nos permite alcançar a potencialidade criativa que dela provém. Conhecemos a alegria e o agradecimento como expressão e sentimento de estar na vida. Conhecemos a liberdade, o prazer e o sofrimento reais como formas que encaminham e limitam, permitindo-nos direção. A direção se transforma em propósito quando todo ato é liberado para a sabedoria organísmica. Tudo isso é saúde e algo mais.

Este é um bom momento para uma pausa. Vamos aplicar esses conceitos em nossa experiência. Consideremos, por alguns minutos: pelo que estou agradecido? O que me dá alegria? Que situação de agressividade contida consegui transformar em força e confiança? Diante de qual sofrimento profundo transformei o propósito de minha vida? Vamos repassar isso com calma...

A saúde não é o final do caminho, mas a direção que podemos dar à vida. A psicologia se ocupou de pesquisar, conhecer e teorizar sobre o funcionamento psíquico. A objetividade raramente é alcançável; só pode ser infimamente tocada se for fruto da própria experiência. Melhor ainda: podemos agregar a ela a atitude descritivo-fenomenológica que, no mínimo, limita a demonstração interpretativo-racional. Por isso, a Gestalt-terapia é uma forma de viver, um experiencialismo ateórico, como propõe o dr. Naranjo (1990). A Gestalt-terapia nos mostra o vazio que fertiliza nossa vida.

A existência da Gestalt-terapia se baseia em sua vacuidade fértil, na intuição e na atitude como prática.

Entremos então no vazio fértil. Movamo-nos mais na circularidade da espiral ascendente. Existe algo além da camada explosiva, representativa da saúde psicológica para a Gestalt-terapia? Se definirmos consciência como a manifestação do plano diretor de nossa vida, ela deverá ser capaz de amplificar-se e transmutar-se para conhecer e compreender mais sobre nós mesmos em relação ao todo.

A *compaixão* e a *inseparabilidade* são manifestações da consciência expandida – ou melhor, de consciência desperta. Uma vez que podemos entrar em contato com nossa saúde e treinar o *continuum* da *consciência*, surge em nós a necessidade de conexão com uma unidade da qual nos separamos em nossa concepção introjetada de que somos seres individuais. Entretanto, tudo de individual que temos é nosso compromisso e entrega peculiar à sabedoria organísmica, que desde o fundo de nosso ser surge como arquétipo da unidade supraindividual.

A única coisa que nos individualiza é a vontade de estar ou não nesse fluxo conectivo.

Poderíamos chamar esse círculo de *fluxo conectivo* ou *inseparabilidade*. Acreditar que o que conhecemos é fruto de algo pessoal é, no mínimo, uma meia verdade. Perls afirmava que o conhecimento é fruto da descoberta. Acrescento, respeitosamente: da autodescoberta. O que descobrimos? O que conhecemos?

A maneira como respondo a essas perguntas, que já rondam meu ser há muitos anos, é determinada por aquilo que, ao ser descoberto na busca de saber quem somos, assume a forma de um saber organísmico que remete a um desenho; este, por sua vez, remete a uma supraindividualidade. Se evitarmos a tentação de dar um ou vários nomes a esse desenho – que abre o campo para a especulação com teorias ou saberes reunidos ou oficiais –, nos manteremos na consciência que se amplifica por condição natural ao entrar em contato com esse círculo da espiral. Vivemos a inseparabilidade de todas as manifestações da existência, a partir de uma fenomenologia fresca e verdadeira. O fenômeno se apresenta e me entrego a ele apenas.

A saúde, conquistada no aqui e agora, me permite estar momentaneamente separado das forças que sustentam o ego e vou ao encontro do fenômeno que surge de modo natural. O fenômeno aparece, se apresenta, se manifesta, se forma sem vontade pessoal; é esta que nos dispõe a entrar em contato acompanhando-o.

Porém, há mais: separabilidade é a percepção de que caímos na ilusão de ser individuais em um sentido fragmentário em relação ao universo. Ao acreditar que fomos os donos de nosso desenho ou que a sabedoria organísmica é fruto de nossa deliberação ou erudição individual, começamos a nos considerar importantes. Essa *importância pessoal* (egotismo) sobre a qual Carlos Castañeda fala em seus livros de antropologia xamânica é a resultante da fantasia, do não contato com a realidade integrativa.

O caminho – o qual mencionei em congressos, palestras, artigos – que a Gestalt-terapia nos propõe é o êxito da conexão com a unidade da qual somos parte e com a qual necessitamos nos sentir unidos enquanto nos transformamos em uma unidade com nós mesmos.

A linguagem é limitada diante da abundância emanada da amplitude que a consciência assume.

Abundância é a vivência que acompanha esse processo de curar pelo abrir da consciência e pela compreensão da unidade ou inseparabilidade. É aqui que se destaca o entendimento, fruto do trabalho pessoal. Entendimento é o começo do caminho, a conclusão de tudo que podemos fazer, pensar e sentir para vir a saber sobre nós mesmos quanto ao funcionamento e à motivação. É, portanto, fundamental.

Compreensão é uma relação súbita com a unidade, assim como a Psicologia da Forma – também chamada de Psicologia da Gestalt – propõe para a Teoria do Aprendizado. A Psicologia da Gestalt apela para o modo perceptivo por meio do qual concebemos totalidades e não partes unidas que associamos em seguida. De qualquer forma, em nossa vida, ambas as operações se realizam em paralelo. Percepção fenomenológica é a experiência de unificação sem fragmentação.

Também podemos considerar que a compreensão é a unificação de um mosaico de experiências pelas quais de forma disciplinada fomos transitando e subitamente se transformam em conexão com a sabedoria organísmica.

Essa abundância que acompanha a inseparabilidade é a expressão de alegria, prazer, aceitação e criatividade; leva-nos a viver numa autêntica confiança, com uma liberdade e um bem-estar pelos quais agradecemos.

Todas as nossas atitudes diante da existência se unificam. Assim, entramos na atitude compassiva.

[...] a palavra *buda* significa em sânscrito ter despertado para uma realidade primordial de radiante compaixão e sabedoria imanente. (Shrestha, 2006, p. 6)

O Dalai-Lama, em uma audiência pública, em 1987, afirmava: "[...] um coração compassivo [...] é ao mesmo tempo raiz e realização de todos os caminhos espirituais". Acrescentava: "[...] deixais que outros se ocupem de Deus" (Shrestha, 2006, p. 19).

Essa consideração é interessante, é este o laço de união entre o psicológico como dimensão na unidade do ser e o surgimento natural da consciência espiritual. A saúde biopsicossocial amplifica naturalmente nossa consciência para fazer caber de maneira manifesta algo que sempre nos acompanhou.

A espiritualidade natural e intrínseca aparece, a espontaneidade garante sua legitimidade.

A atitude que evidencia a unidade interior-exterior espontânea no presente é a compaixão, estado fundamental de nosso desenho ou natureza intrínseca.

A tradição budista fala de dois níveis de *bodhichitta*, ou mente compassiva. No nível relativo, a compaixão consiste em atos deliberados de bondade. No nível absoluto, *bodhichitta* exige um reconhecimento total da realidade, despojada de dualismos. (Shrestha, 2006, p. 22)

Somos capazes de chegar perto de algo assim? Falamos do ego como forma de denominar o caráter de um indivíduo, uma estrutura defensiva que nos leva a agir, pensar e sentir de modo previsível e estereotipado. Esse caráter é resultado de um processo necessário de parentalização e socialização. A maneira de voltarmos à nossa saúde, acompanhada de uma visão circular da existência, é fruto do trabalho com o caráter. Para isso, é fundamental ter uma direção.

Não é demais repetir: meditação é uma prática disciplinada e sistemática com a qual podemos encontrar a quietude mente-corpo necessária para serenar o ego. Não podemos ser dominados – ou melhor, *controlados* – por uma parte em detrimento da outra. Sequer é importante aprofundar demais sobre qual é a forma e o conteúdo dessa parte; vale mais considerar a fragmentação em si mesma e tentar restituir a unidade. Já sabemos que a fragmentação é neurose, um agir compulsivo e polarizado.

Focalizar a polaridade mais utilizada pode se tornar uma direção importante para equilibrar o que falta, e essa é uma maneira interessante de gerar equilíbrio. Danielle Dutrenit – terapeuta gestáltica, filósofa e criadora do método terapêutico corporal chamado *movimento curador* – deu ênfase especial à integração de opostos utilizando a manifestação da polaridade mais usada por nós, amplificando-a e levando o indivíduo a viver o oposto enquanto percorre o caminho no sentido da integração entre elas. Esse trabalho se torna muito poderoso com a multiplicação grupal. Os vestígios da unidade interior-exterior são descobertos com recursos corporais e Gestalt.

A integração compõe uma nova figura que, em geral, é transformadora. A transformação se baseia no fato de o indivíduo trabalhar e deixar uma situação de *impasse* para então começar a fluir. É muito fácil perceber energeticamente quando um indivíduo está travado e, da mesma forma, é fácil notar quando começa a fluir. Então, temos um espaço específico para considerar o corporal, mas já podemos dizer que nosso corpo pode ser expressão da indiferença criativa encontrando a quietude ou *tiyoweh*. O que se obtém com a quietude, que muitas vezes pode ser a continuação natural de um trabalho corporal orientado, é silenciar o fluxo de pensamentos, ações e emoções que sustentam o ego ou o caráter. Assim, torna-se mais factível chegar a um vazio fértil.

Por exemplo, acordo e ainda tenho um tempo para ficar na cama. Os pensamentos vão se sucedendo um a um, até que chego a um acontecimento atual de minha vida que me causa um profundo sofrimento psicológico. Trata-se de uma pessoa amada que está distante e cuja vida não vai bem. Lembro-me dessa pessoa, relembro dela e minha dor aumenta. Nesse estado indiferente, porém, observo com calma. Os pensamentos e sobretudo as emoções que se apresentam como figuras estão momentaneamente em um estado de indiferenciação quanto ao contexto ou fundo. Posso viver a dor sem apego ao que poderia acontecer, ao que foi ou será. É um momento que até parece eterno.

Temos essa experiência várias vezes ao acordar. Um puro aceitar que algo é o que é. Ao mobilizar meu corpo, o ponto de vista muda. Começo a querer modificar a situação, a especular, a criar estratégias para a resolução das coisas. Aparecem emoções como o desespero e o medo. Perco a calma. Entro em um ciclo obsessivo no qual o racional e o emocional agem de modo quase independente da unidade organísmica autorreguladora. O sistema defensivo ou caráter que automatiza toda ação, sentimento e entendimento dispara. As ações se parecem com um rio caudaloso de possibilidades para conquistar um êxito resolutivo que nem sequer sabemos qual é.

Um *impasse* que carregamos durante anos não se deve, necessariamente, à nossa incapacidade resolutiva, talvez consigamos dá-lo por encerrado por sua multidimensionalidade ou implicação em nossa existência toda. Uma estrutura neurótica ou psicótica, um transtorno narcisista, entre outros, são exemplos possíveis disso.

A identificação que temos várias vezes com nossa forma de agir em relação ao mundo nos leva a um suposto saber como somos.

Não é fácil aceitar que não se trata de como somos, mas de que somos a estratégia que usamos para nos defender do que não fomos capazes de resolver.

Quando estamos diante de um conflito, frustrações são geradas, pois não conseguimos a satisfação desejada. Isso impede que o ciclo da experiência se feche e a energia seja restituída. A energia continua se desviando no sentido do ciclo inconcluso e nossa autorregulação organísmica ativa figuras que tendem a fechá-lo. Como essas figuras se repetem – nunca de maneira igual, ainda que percebamos sua semelhança –, geramos um juízo de nós mesmos. Damos explicações, grosseiras ou sutis, aos processos que acontecem em nós e nos outros. Identificar-nos com essa evidência faz que a crença de que somos desta ou daquela maneira seja inquestionável. Em geral, não resta dúvida de como nos vemos, e daí inferimos como somos. Esse é o maior empecilho para nosso autoconhecimento e autovalorização. Entretanto, nossa sabedoria organísmica, sempre ativa a partir de nosso desenho intrínseco, nos mostra sensações e sintomas que evidenciam que não somos o que parecíamos ser. Por exemplo, somatizações de diversas formas de apresentação e falta de alegria. O mundo moderno tem tecnologia suficiente para que essa delicada manifestação intrínseca seja diluída em fármacos ou inundada de euforia para a defesa clássica da aceitação social. Eleva-se o chamado e a sintomatologia fica mais explícita. Surge a depressão, irrompem o pânico, a insustentabilidade emocional ou todo tipo de vício, seja em substâncias, circunstâncias ou objetos. Nós nos fragmentamos ao nos identificar com uma parte do todo. Fragmentação é produto da identificação ilusória de como somos e geradora do caráter ou ego.

A ESTRUTURA DA TRANSFORMAÇÃO

O ego é a interpretação errônea e defensiva que interfere em nossa inteligência e em nossos sentimentos transformando-os em razão e exaltação.

O uso abusivo do intelecto ou o frenesi emocional promovem fragmentações de aspectos intrínsecos que contêm a unidade em si – inteligência e sentimentos – e são partes da unidade que somos em relação com o todo à nossa volta. Já vimos que há recursos transcendentes para recuperar a saúde, para voltar à unidade.

O exemplo do desapego como atitude natural no momento do despertar é interessante. Além de ser conhecido por muitos como experiência pessoal, é metaforicamente pedagógico. A quietude nos conduz e permite o "dar-se conta".

O "dar-se conta" ou tomada de consciência é um momento no qual entramos em contato com o genuíno ou autêntico; isto é, contato com a sabedoria organísmica.

O contato, pilar de toda a teoria gestáltica, é, sob essa perspectiva, a entrada no coração da sabedoria de nosso desenho intrínseco. É a experiência de estar em conexão. É a vivência de entrar na unidade da saúde.

A neurose, como fragmentação da unidade e realidade no contato com o interno-externo, não é visível se não chegarmos até aqui. É aqui que aparecem os primeiros vestígios de inteligência, assim como a nobreza de nossos sentimentos, ainda que seja o "dar-se conta" de nossas mais detestáveis pobrezas. A tomada de contato é curativa em si mesma.

Muitas vezes informo a meus pacientes que, no caminho para a nossa autovalidação e autoconhecimento, cometemos erros que podemos arrastar até mesmo por toda a nossa vida. Se somos impedidos de conquistar esses níveis de saúde, não é por outra causa senão a manutenção da defesa baseada na evitação da experiência de viver em unidade. Mesmo que essa experiência seja vivida como um instante, é a alternativa que a mudança assume. Essa é a transformação.

Todo instante vivido a partir desse "dar-se conta" é transformador.

Se formos capazes de obter vários instantes como esses ao longo de nossa vida, sem dúvida nos transformaremos. Precisamos então de um método. Necessitamos de uma estrutura metodológica para essa missão transformadora. Há aqueles que chegam aqui espontaneamente – e chamo essa espontaneidade de contato com o desenho intrínseco, presença e conexão com nossa sabedoria organísmica. Podemos incluir essa *sorte* em uma metodologia que nos ofereça a possibilidade de concretizar a conexão sujeita à nossa límpida intenção pessoal.

Os conceitos que emanam da Gestalt-terapia em geral são fáceis de propor e difíceis de realizar. Vimos como é complexo viver no presente e como a estrutura social na qual estamos imersos dilapida toda a manifestação unificadora temporoespacial. A tendência fragmentadora das potencialidades humanas na educação, na saúde como um todo ou ainda no sistema político é um obstáculo difícil de superar.

A vacuidade "vazia" ou fértil pode ser um método transcendente para enfrentar a patologia social e pessoal da fragmentação. "O significado cultural e psicológico das neuroses", título do primeiro capítulo do livro *La personalidad neurótica de nuestro tiempo* [A personalidade neurótica de nosso tempo], de Karen Horney (1946), nos estimula a buscar fatores de enfermidade provenientes do cultural. Cito um parágrafo de sua introdução:

> Se concentrarmos nossa atenção nos transtornos neuróticos atuais, reconheceremos que as neuroses não são engendradas unicamente por experiências acidentais do indivíduo, mas também pelas condições específicas da cultura em que vivemos. (Horney, 1946, p. 10)

Tanto a falta de contato e paridade entre os seres humanos – que leva à desconfiança, à sensação de não se poder oferecer nada para o bem coletivo pelo fato de não se ter acesso a ele de maneira natural – quanto a falta de reconhecimento de tudo aquilo que a história de vida de cada mulher ou homem adulto tem a oferecer aos jovens são opressoras. Criamos uma maneira doentia de desperdiçar os recursos mais sagrados e nutritivos da história da humanidade na medida em que é contada com base em interesses pessoais ou sectários na busca de poder e idolatria. Para isso, a sociedade em geral toma do neurótico um recurso neurótico, como, por exemplo, a chegada de alguns poucos ao poder, seja na área política ou religiosa, por meio de inúmeras transações que impedem qualquer mudança verdadeira para o bem da saúde coletiva. Assim, cria-se uma sensação geral de novidade, que na realidade é apenas o fato de escolher o oposto ao antes vigente. O resultado experimentado coletivamente é o de se ver contido e com poucas respostas para temas cada vez mais complexos, assim como uma vivência de angústia, falta de ânimo e medo.

O medo do futuro é o medo que se experimenta no presente.

O medo atualiza outro inimigo da saúde que cresce rapidamente: o fanatismo. Aferrar-se a uma ideologia, a uma crença, a um conjunto de ideias ou normas diante de tanta carência, temor e dúvidas é uma tentação quase inevitável. O que se pode evitar é que essa tentação se transforme em vício. O cardápio de crenças vendidas por especialistas em comunicação de massa é assombroso e inesgotável; é lógico que a psicologia como ciência – ou, melhor ainda, como disciplina – tente de todas as maneiras manter-se à margem de todas essas ofertas. Porém, a psicologia tem suas próprias patologias, que não são diferentes das que a levam adiante. A psicologia comete seus próprios excessos; um deles é a interpretação. Em geral, os fatos são forçados a passar pelo funil de suposições inquestionáveis, tanto por sua historicidade como pela estrutura de poder que as sustenta.

A razão das suposições não pode estar a serviço do poder.

Com isso se perde até a possibilidade de honrar e considerar a história, que sempre foi a de incluir tudo que determina temporo-espacialmente cada acontecimento, para assim colaborar e beneficiar o conhecimento humano. Refiro-me a *todo* conhecimento humano; se entrássemos na história da psicologia de cada autor – e cada abordagem teórico-técnico que pudesse ser formada por meio de sua pesquisa e prática –, encontraríamos aspectos interessantes.

A confrontação é uma possibilidade valiosa, no sentido de encontrar a validade de toda teoria, desde que não se converta em desqualificação de uma parte a outra. Entre as possíveis desqualificações, cito duas como as mais prejudiciais e mais usadas.

A primeira é a de considerar que há abordagens ou correntes de pensamento teórico-técnicas mais profundas do que outras, e que, devido a essa penetrabilidade no humano, elas obtêm melhores resultados no caminho rumo à saúde. A segunda é a de legitimar uma abordagem clínico-pedagógica por sua inserção quantitativa no mundo; uma abordagem psicoterapêutica é qualificada em função da quantidade de indivíduos que a utilizam no mundo e se formam dentro dela, ou pela consideração subjetiva de sua coerência teórica e profundidade clínica.

Estime, como leitor crítico, se os resultados de tais proposições criaram um caminho harmônico, coerente e comprovável em relação à saúde. Diante de tanta discordância, fragmentação e lutas pelo poder que não conduzem à sabedoria, proponho o vazio fértil.

O vazio nos oferece o frescor do novo sem nenhum desprezo pelo passado ou temor pelo futuro.

No vazio fértil, não há temporalidade habitual, chega-se a um presente absoluto no qual se podem apreciar as totalidades existentes no momento em que cada figura aparece. O vazio fértil é um modo de descrever e não de avaliar. Como se chega a esse estado? Há vários caminhos que nos levam à vacuidade interior. Um deles, e talvez o mais importante, é a prática meditativa em quietude absoluta, como já expressamos. Como prática alcançada ao longo do tempo, a meditação nos conduz a uma ressignificação de nossa existência, à capacidade inata ou natural de ser e estar em conexão com o todo. Se conseguirmos compreender e integrar nossa vida diária à concepção de que somos uma manifestação comum com tudo que existe neste planeta, que nos acolhe como uma mãe amorosa e do qual, por sua vez, somos parte microscópica e transcendente de um universo, sem começo nem fim, algo mudará em nós.

A mudança que advém de tal experiência integradora não é pontual quanto a nossos aspectos conhecidos, mas uma volta à memória de sermos verdadeiramente humanos. Quando se fala, nas tradições espirituais indo-americanas, em recuperar a memória, toma-se a memória como o que foi perdido em relação à unidade com os tempos e as formas. O ancestral e o porvir venturoso são as conquistas que encontramos na memória de sermos homens e mulheres genuínos.

A fertilidade do vazio também é a consideração da união desses princípios femininos e masculinos em cada ser humano. O todo unificado. Tudo deve ser valorizado e compreendido em um estado de paz interior e harmonia expressiva exteriorizada. Meditação é um princípio metodológico fundamental no caminho da saúde proposto por esta forma de ver a Gestalt-terapia.

Desde 1990, tive vontade de procurar pessoas e colegas que tivessem conhecido Perls pessoalmente e pudessem dar um testemunho sobre ele. Assim, conheci e colaborei por quatro anos com o dr. Claudio Naranjo em países da Europa, na Argentina e no Brasil. Por intermédio dele entrei em contato com Gideon Schwarz e Resaleah Landman. Também conversei com Ilana Rubenfeld, em 1984, em um inusitado Congresso de Terapias Alternativas em São Paulo, onde ela apresentou seu trabalho gestáltico-corporal de forma excepcional.

Ilana começou contando uma história que provocou risos na sala, que estava repleta. Então, nos fez trabalhar com o corpo enquanto falava de maneira muito sofisticada sobre a Gestalt-terapia. O que descobri nesses encontros foi que praticamente todos consideravam que, em seus últimos anos, Perls dedicava bastante tempo à meditação. A distância de Perls de qualquer postura espiritual assim como filosófico-racionalista é visível por meio de sua obra e atitude. As mesmas pessoas consideravam que ele era um fenomenólogo de ação. Ele e sua atitude eram a fenomenologia contida na clínica ou na teoria.

A cosmovisão oriental contida na Gestalt-terapia é fenomenológica por origem e funcional por atitude. Não ocorreria a nenhum autor verdadeiramente gestáltico criar um manual do *como fazer* porque cometeria o primeiro e, talvez, maior pecado fenomenológico: programar e antecipar o que vai acontecer no encontro com o fenômeno. Então, para continuar com o que viemos considerando até aqui, como ter uma metodologia que não contradiga à experiência, à atitude fenomenológica, que não seja um manual e se mantenha aberta ao que acontece no presente? Será que estamos pedindo demais?

EM BUSCA DE UM MÉTODO

O que trilhamos até agora nos conduz a uma estrutura metodológica de características particulares. Se o método é uma estrutura móvel, maleável, assertiva por seus resultados e uma maneira de facilitar a compreensão, parece coincidir com o propósito da Gestalt-terapia. Se o método estimula a nos encontrarmos fluidamente com nossa sabedoria organísmica presente em tempo e espaço, é interessante que se considere. Se o método é uma direção disciplinada, por sua própria forma, se dilui diante do fenômeno que aparece, o que também deve ser considerado.

Todo método deve conter e manifestar, em sua própria enunciação, a capacidade de perder toda a importância diante do esplendor da experiência.

Um método é bom quando cria a vacuidade para que tudo se manifeste em conexão com nossa própria experiência de viver. Um método deve ter coração, como propõe Carlos Castañeda (1968) em seu livro *Os ensinamentos de Don Juan*. Porém, ainda deve ter sabor, beleza, música, suavidade, força, sentimentos, linguagem, inteligência e praticidade. Deve ter também uma forma de se dissolver diante da experiência e, mais importante: precisa nutrir-se dela.

Para o Ocidente, *meditação é* uma prática conhecida, pouco compreendida e usada. Terapeutas, médicos ou pacientes não têm muita familiaridade com a meditação, com a prática do *Kum Nye Yoga* e têm ainda menos conhecimento sobre a origem e desenvolvimento dessas disciplinas, práticas e modos de viver. Nós, ocidentais, porém, temos consciência de que necessitamos aquietar, dar-nos mais tempo para pensar, sentir e agir. Em geral, recebemos bem qualquer prática que nos conduza a isso.

O que chamamos de *tiyoweh*, a arte da quietude do corpo e da mente, é um método para fomentar a escuta nobre, a dupla atenção que já mencionamos e o contato com a sabedoria organísmica, que torna mais saudável nossa forma de viver. *Tiyoweh* nos leva a sentir a relação de todas as coisas, conduz à nossa vacuidade. A quietude do corpo e da mente amplifica nossa consciência e nos permite entrar em contato com a sabedoria temporoespacial que se manifesta em todo o sistema; no humano, isso se revela em seu peculiar desenho organísmico.

> Quando aprenderem a entrar na quietude e se sentarem durante horas sem fazer nenhum movimento nem ruído, poderão sentir a Unidade. Partindo dessa compreensão, poderão descobrir os sons de Tudo o que se revela. (Sams, 1982, p. 120)

A quietude é, em si mesma, parte do método que proponho.
O *continuum de consciência* também pode ser estimulado por um terapeuta que já conquistou esse caminho e tenha a integridade e a coragem de viver dessa maneira para servir de modelo para seus alunos e pacientes. Para tanto, necessita expandir sua consciência em tempo-espaço. Isso, como vimos, é parte da prática da quietude e se complementa neste momento com a capacidade de habitar um espaço maior de consciência pela expansão das fronteiras de contato do nosso corpo para o exterior.

A expansão do espaço entre meu corpo e o exterior, no qual os limites estão cada vez mais afastados de mim como corpo, permite-me entrar em contato com a energia que vem de mais longe. Passo, assim, a considerar os limites de meu corpo apenas pelo contorno físico à experiência de um corpo energético que posso expandir pela intenção e prática. A consciência do espaço vai se revelando ao tomarmos consciência da localização de cada coisa ao nosso redor.

Há exercícios que podemos realizar conosco e com nossos pacientes para tornar nossa consciência espacial mais aguda. Um desses exercícios é um clássico da Gestalt-terapia: uma pessoa, que se coloca à minha frente ou atrás, obriga-me a perceber até onde e a partir de onde entra em meu círculo energético-espacial; uma vez que está prestes a ultrapassá-lo, faço um sinal para que se detenha. Então, coloco pessoas cada vez mais longe; tento chegar com meu espaço pessoal até elas. Vou controlando como me sinto e do que estou me dando conta interna e externamente.

Arnaud Maitland, em seus ensinamentos de budismo tibetano, utilizou esse recurso em seus seminários. Conseguiu que os indivíduos se sentissem dentro de uma grande fonte de sabedoria contida no espaço que, ao expandir-se, atualiza o que provém disso na consciência. O "dar-se conta" ou *awareness* em um *continuum* de intencionalidade ativa não só obtém informação sobre o que existe no espaço que nos rodeia em forma de energia e manifestações psíquicas, como também nos informa sobre o corpo em si mesmo e os diferentes modos sensoriais por meio dos quais percebemos o mundo interno e externo. Voltemos a considerar a *transcendência de nos perguntar sobre o que somos e o que nos acontece*.

O budismo tibetano nos propõe simplesmente enunciar uma pergunta que nunca nos fizemos antes. Começa seus ensinamentos com a formulação pessoal de uma pergunta *correta*, que contenha um sentido especial para mim. A pergunta deve ter duas condições: a primeira é que nunca tenha me feito antes; a segunda é que seja uma pergunta que me desperte.

Todo conhecimento se baseia em perguntas. Se a pergunta correta é feita, o conhecimento que se encontra em nosso interior ganha vida. Qualquer que seja a pergunta, se nos propicia *awareness* e conexão com a sabedoria organísmica, está dentro do *corpo energético*. Este se define como o que se expande no espaço, que me rodeia gerando uma relação com esse espaço. A informação e o conhecimento desse espaço chegam ao corpo energético, e o mais importante é que posso expandi-lo conscientemente.

Com certeza, trata-se de uma ou várias perguntas que remetem a nossa vida, trabalho, cônjuge, filhos, família de origem... Sem dúvida, qualquer tema deve conter uma necessidade real e premente, que, ao ser manifestado como pergunta inédita em sua construção e em seu conteúdo, produzirá uma maneira nova de ver a vida. A pergunta em si promove a mudança, sob uma nova perspectiva. Uma pergunta típica poderia ser: "Para que estou doente?" em vez de "Por que estou doente?"

Pouco importa a resposta; a pergunta inclassificável e original se encarrega de abrir um espaço ou um vazio cheio de fertilidade em imagens, sentimentos e sensações corporais.

Em Gestalt-terapia, falamos também de *focalização*. A maioria das narrações de trechos de vida que um paciente nos traz não só é o relato repetido, estereotipado e, sobretudo, cristalizado do episódio, como também tem conexão com muitas circunstâncias vinculadas a ele.

Quando o paciente fala sobre o que acontece com ele, em geral o faz trazendo uma série quase ilimitada de associações de fatos que produzem impactos sucessivos no terapeuta. Se não hierarquizarmos a figura, nos veremos inundados da informação que, ao mesmo tempo, é antiga e reiterada. O paciente contou a mesma coisa, a si mesmo ou àqueles que estavam dispostos a ouvi-lo, centenas de vezes. O terapeuta tem de escolher a figura e tentar dar início ao trabalho a partir daí.

Como escolher a figura nesse turbilhão de informações já quase sem energia?

Uma opção pode ser a detecção de momentos no discurso nos quais se percebe um aumento de energia, ainda que sutil. Para isso, é preciso estar treinado na arte da percepção, tanto ao ouvir o discurso como ao ver quando e como os aspectos que se manifestam pelo corpo do paciente e do próprio terapeuta se mobilizam. As figuras nas quais o terapeuta focaliza são selecionadas subjetivamente. Mesmo assim, expõem e revelam os caminhos que ele adota.

Focalizar é concentrar-me em algo que no presente me atrai de alguma forma. A figura focalizada não é igual para todos os terapeutas. Eu me coloco no ponto em que considero haver uma possibilidade de mudança de visão da existência que normalmente enriquece o espaço-tempo do paciente.

Na escolha da figura focalizada há um propósito: que o paciente entre em contato com sua sabedoria organísmica.

Se isso é conseguido, o paciente terá uma nova relação consigo mesmo e, portanto, com tudo aquilo que inspirou sua chegada à consulta. Entretanto, falta considerar a *maneira de dialogar* que emana diretamente da experiência, inteligência e sensibilidade do terapeuta, assim como a fluidez deste para se conectar com o vazio fértil. Existem, portanto, modos de falar, de comunicar, de dizer, que são curadores. São as formas de expressar nas quais tom e conteúdo tentam integrar polaridades e entram em contato com o todo. Precisamos ter cuidado especial para não criar um diálogo que apoie e reforce a fragmentação, que o paciente costuma trazer. Para isso, o terapeuta tem de ser um indivíduo integrado, autêntico e saudável em vários desses aspectos, mesmo que esteja passando por um momento difícil da vida. Em seu diálogo, o terapeuta será um comunicador dessa unidade biopsicossocioespiritual. O terapeuta cura com palavras que acompanham sua atitude e exemplifica com seu agir, fruto de seu fluir organísmico.

O terapeuta cura por contágio.

O terapeuta deve ter um conceito de saúde fornecido pelo método teórico-técnico como suporte e não como fruto de treinamento e supervisão. Transmite a parte fundamental de sua experiência de vida. Soma a isso a experiência de estar habitando o presente.

Já falamos do presente. Quando expresso a ideia de habitar o presente, abre-se uma experiência básica que nos leva a tentar viver a partir do tempo-espaço-corpo. Essa vivência é transcendente em relação à lucidez e à intensidade que tudo assume na vida. Se o passado é recordado, geralmente isso acontece com situações que deixamos por resolver e, como vimos, são geradoras de figuras que emergem de um fundo amplo. O que nos gerou prazer de alguma forma normalmente não é trazido ao presente.

Queremos relembrar a parte agradável de nossa história? Se a resposta for positiva, permita-me outra pergunta: fazemos isso sempre? Poderíamos refletir sobre isso. Deter a leitura e fazer o exercício de recordar apenas momentos alegres da vida, apenas acontecimentos luminosos e prazerosos. Comecemos por recordar ocasiões nas quais estávamos alegres junto com as pessoas que nos rodeiam para, então, paulatinamente passarmos desses momentos de bem-estar e harmonia para os de solidão...

Porém, o desagradável, obscuro e doloroso irrompe em nossa consciência para ser tratado e resolvido. Há uma diferença importante, ainda que sutil, entre o sofrimento e a dor. A Gestalt-terapia não faz uma distinção clara, mas as tradições orientais sim. O sofrimento é evitável, ou seja, ele não precisa estar necessariamente preso à nossa vida, já que cada ato presente gera novidade e pode fazer evaporar as memórias dessa sensação. O sofrimento é um congelamento, uma fixação sobre algum acontecimento da vida. Paralisa o fluir energético natural e contamina toda ação, pensamento e sentimento que surge em nós. O sofrimento enviesa nossa existência levando à rigidez e à repetição de padrões que conduzem à neurose e a múltiplos transtornos psíquicos e somáticos. O sofrimento nos deixa iguais, para sempre, por contágio e expansão a tudo que me acontece.

Tratar o sofrimento é entrar em uma roda sem fim.

Meus colegas me perguntarão: "Para que serve a psicoterapia, então?" Minha resposta é esta: para ter acesso a outro nível temporo-espacial de existência no qual o sofrimento já não é parte da vida porque esta é uma tentativa presente. Entrar em nosso sofrimento ou de outro é uma via de acesso, a porta de entrada que nos permite saber onde estamos.

Saber exprimir é conhecer as coordenadas de nossa ação. Para isso, é muito importante descrever com clareza de que se trata o sofrimento que adere a nosso paciente. Abandonamos rapidamente os enredos do relato e ficamos com a apresentação fenomenológica. Muitas vezes veremos, se estivermos atentos, os movimentos, os gestos, os olhares e a expressão corporal geral do outro. Aqui, necessitamos da dupla atenção.

Diante do sofrimento, tomamos o caminho que leva ao fluir organísmico. Como saber que estamos nesse rumo? Como o sofrimento é uma instituição e, como instituição, algo estabelecido, é criado, fundado, ensinado... Entrar nele e considerá-lo como objeto e objetivo de nosso trabalho é dar a legitimidade.

Agir a partir e para o sofrimento é uma forma de validá-lo e fazer que se perpetue.

O sofrimento tem uma vibração tão habitual e enganosa que compromete o fluir energético de um indivíduo, e o terapeuta se torna um instrumento para recuperar a forma desse fluir organísmico para alcançar a saúde que está em outro estado temporo-espacial-corporal. Como fazer isso? Encontrando, por meio do *continuum* da *awareness* e da dupla atenção, as exteriorizações, manifestações e apresentações que irrompem fenomenologicamente. Nelas encontro energia fluindo no organismo e me focalizo nele.

O corpo é um bom condutor disso, seja pelo que o terapeuta sente ou pelo que o paciente lhe comunica. Se se trata do paciente, utilizamos a verificação constante de como vive corporalmente o que está lhe acontecendo, à medida que vai conquistando sua fluidez.

Por outro lado, a dor é inevitável, já que é causada por aspectos concretos. A dor não interrompe minha vida nem condiciona minha visão do mundo ou de mim mesmo; foram erros, acontecimentos, condutas que teria preferido não ter tido ou aspectos do mundo que me causaram dano. Desejamos que aquilo que foi feito e causou dor não tivesse existido, por ter doído tanto e ter provocado dor nos outros.

Suportar as dores é encontrar nelas as chaves para abrir as portas que podem nos guiar no caminho da saúde.

Os espaços e tempos nos quais encontramos as lembranças daquilo que nos causou dor contêm ensinamentos que vão construindo a *confiança organísmica*.

Confiança é tentar fazer que a vida seja abundante se vivemos em relação ao desenho de todas as coisas.

A dor nos leva à confiança de que podemos ressignificar todo o passado naquilo que dá sentido ao presente. O trabalho para que isso aconteça não pode, como vimos no sofrimento, ser retrofletido nos conteúdos e deleitar-se no olhar investigativo exaustivo que permite interpretar a vida a partir de um "como se".

É necessário afastar-se para voltar a um assunto. De que se trata o adoecer? Sobre isso quero dizer que toda doença mental é enfermidade da unidade que somos com o todo.

A insanidade é construída.

Nosso ego, como aquilo que contém todas as identificações, fixações, cristalizações e automatismos, vai tecendo um sistema defensivo macrofuncional sutil que distorce a realidade e, portanto, gera equívocos resultantes da inexatidão na percepção emocional e racional da realidade. Não nos escutamos, não fazemos silêncio nem quietude, não meditamos, não estamos atentos ao que o fenômeno nos mostra, não enxergamos além do que programamos ver e ser. Falamos de um ego limitador de nossa sabedoria organísmica.

A sabedoria organísmica é fonte de todo conhecimento interno e externo, é a experiência de viver sentindo que estamos incluídos no todo e somos parte desse todo.

Não queremos que esse ego nos tire o sentimento que acompanha a conexão; não podemos aceitar não viver na alegria. Temos de entrar em um espaço-tempo diferente para suportar a dor e absorver as mensagens ocultas que ela contém. Para isso, geraremos uma atitude de apreciação da sintomatologia, um respeito ao que sabemos que está contido no defensivo e à mensagem subjacente a toda enfermidade.

Para ser mais preciso: não se trata de um culto à doença, mas àquilo que sabemos estar contido nela e possivelmente precisar se expressar há muito tempo. Além disso, a *inclusão no todo que nos rodeia* é uma maneira global de considerar a apreciação de todas as pessoas e aspectos de nossa vida. Deixar alguma coisa de fora, ou seja, as razões para não incluir aquilo que transformamos em fobias e frustrações por cristalização defensiva, nos fragmenta e sempre provém do ego.

Se formos radicais no caminho rumo à descoberta do que está contido em todas as manifestações de nosso ser, primeiro deveremos incluir o ego e, então, descobrir o que tem para nos oferecer. Por sua magnitude e influência, deve conter algo importante.

A razão de trabalharmos a saúde, tanto própria como de quem nos consulta, é para encontrar – no sentido de *entrar em contato* – a dimensão essencial. Essa essência é o que chamamos de *desenho intrínseco*. Indescritível, apenas fruto da experiência, a essência nos torna peculiar e ao mesmo tempo nos iguala em humanidade. É isso que nos importa no caminho rumo à saúde. Mergulhar na neurose nos leva a ilimitadas aventuras, nos distrai com diferenças sutis, pequenezes variadas ou visões engenhosas que disfarçam o costumeiro. A maior parte da psicoterapia age nesse lugar sombrio e se autoconfirma com base em descobertas irrelevantes. O caminho da saúde exige entrar nessas dimensões obscuras do ser com o claro propósito de transcendê-las e enxergar o resplendor do agradecimento de estar vivo. Adoecemos quando entramos em uma dimensão na qual prevalece a carência.

Saúde é uma abundância calma. É calma por ser o resultado de uma confiança intrínseca.

A confiança íntima é a experiência que surge diante da capacidade de entrar em contato com a sabedoria organísmica, que é a emanação do desenho intrínseco que inclui o meu ser no todo. A dor nos fornece essa esperança. Toda vez que participei dos ensinamentos budistas e entrei em contato com momentos de profunda dor – que fui aprendendo a diferenciar do sofrimento –, primeiro senti um pesar, que envolveu o presente, para então se transformar em um calor que percorreu meu corpo. Esse é o sinal da esperança. Vou conquistando os espaços que fui excluindo e estabelecendo as representações da realidade.

Toda essa energia se torna disponível, ao ser liberada do representativo mental, para ser incluída no fluir organísmico. "Dor é esperança", afirma Arnaud Maitland (2010), em seus ensinamentos sobre o budismo tibetano de Tarthang Tulku Rinpoche.

O passo seguinte da questão da inclusão-exclusão é a predileção em concentrar mais energia em um dos polos, em temas opostos. Já mencionamos que se fala de *koan* na filosofia oriental, declaração que contém em seu seio uma oposição que não pode ser resolvida, ainda que considerada várias vezes no sentido de descobrir tudo que existe nela. *Koan* é uma maneira de considerar que o humano não pode ser resolvido, mesmo que se tente, por meio de uma busca persistente e incessante do que se expressa em cada presente. Isso é a busca da verdade, tenta-se mesmo que não se encontre necessariamente. O que tento é o caminho do encontro, que deixa algo residual na forma e atitude. Por pouco que pareça, é muito.

Se pela experiência dessa busca de autoconhecimento me dou conta de que toda compreensão sempre demonstra uma parcialidade em relação ao todo, e revela sua imensidão, o encontrado me leva à prudência e à sobriedade. Freud (1895) foi brilhante ao propor a livre associação, por ser esta uma maneira de detectar o conflito. Para Freud, o conflito intrapsíquico está no ponto em que a livre associação se detém, onde aparecem fixações que se manifestam pela angústia neurótica, somos fóbicos àquelas circunstâncias que interrompem o fluir energético natural.

Em seu livro magistral *La vieja y la novísima Gestalt* [A velha e a novíssima Gestalt], o dr. Claudio Naranjo propõe, entre outras muitas coisas, que:

> [...] outra atitude, expressa na atividade do terapeuta gestáltico, é um desprezo pelas explicações, interpretações, justificativas e a atividade conceitual em geral. A derivação dessa postura, a partir do que chamo de atitude básica, é fácil de visualizar se considerarmos que, ao falar sobre as coisas, de imediato estamos nos afastando de nossa experiência direta delas. (Naranjo, 1990, p. 18)

A escolha dessa passagem de seu livro me estimula a reforçar a ideia da doença como uma forma unilateral e condicionada de ver a realidade. Normalmente nos sentimos tentados a viver a partir de um dos polos da multiplicidade de perspectivas que a experiência subjetiva tem da realidade. A interpretação analítico-psicológica é, de alguma forma, uma visão unilateral da amplitude espaço-temporal que toma o ser. Fritz Perls chamava isso de *elephant shit*, muito lixo intelectual e pouca inteligência unificadora.

Duas situações que poderiam levar ao afastamento do fluir organísmico: o imediatismo e o "dever ser".

Perls (1968) também citava dois aspectos da Gestalt-terapia que não podemos desconhecer. O primeiro é o diálogo interno torturante de um dominador repleto de manifestações de honestidade, justiça, integridade, probidade e, se me permitem, um pouco de castidade, com um dominado, manipulador e cheio de desculpas por aquilo que já programou não fazer.

E se avançamos um passo mais e examinamos os dois palhaços, como eu os chamo, representando o jogo da autotortura no palco de nossa fantasia, então encontramos dois personagens assim [...] (Perls, 1974, p. 30)

Se prestarmos atenção a ele e agirmos como o dominado, seremos indivíduos tomados pelo imediatismo. A intenção de viver no presente que a Gestalt-terapia dá a ele tem sua polaridade patológica: o imediatismo. Essa é uma forma de não se encarregar da vida como um todo, de viver apenas para satisfazer necessidades presentes de maneira compulsiva. O imediatismo como modo de viver nos impede de nos nutrir do presente e de sua luminosidade. É uma maneira de impedir ou evitar todo contato com o que a situação gera em nós.

O imediatismo está muito distante da espontaneidade.

O imediatismo, como forma de vida estereotipada, é a escravidão de ter de ir por onde vejo um atalho, é o veneno da ação irresponsável apenas em nome daquilo que me satisfaz, sem sentido de unidade interior-exterior. No imediatismo, vive-se a partir e para a fragmentação.

Um exemplo disso é a pessoa que come tudo que vê pela frente na geladeira, sem se importar se vai sobrar para depois ou para as outras pessoas da casa. Nessa tendência, aliada à irresponsabilidade óbvia de cada ação, existe uma hierarquização do corpo e de seus prazeres momentâneos acima de qualquer disposição para integrar aspectos da unidade do ser. Apesar de se poder usar em excesso o intelecto para planejar essas ações, o próprio intelecto favorece a fragmentação e oferece soluções que tendem exclusivamente à satisfação compulsiva e instantânea.

O empobrecimento psicológico, e por extensão o de todos os aspectos do ser, incluindo o material, é o resultado da vitória do dominado. Se vivermos como o dominador – que, como afirmava Perls (1974, p. 31): "novamente a maldição do ideal. A maldição de que um deve ser o que não é" –, cairemos em exigências que repetidamente levam a considerar o que não é possível como uma tarefa a ser alcançada.

A ESTRUTURA DA TRANSFORMAÇÃO

A pessoa que enfatiza essa polaridade se dispõe a levar uma vida teórica, uma demanda constante do que deve ser feito a cada momento. Na medida em que não se consegue, agrega a energia dedicada a esse fim. "O dominador faz exigências de um perfeccionismo impossível de cumprir", escreve Perls (1974, p. 30). O perfeito se transforma no único ditame, o que faz que a frustração seja irremediavelmente o sentimento de base. Entretanto, há algo mais sobre o que pouco se fala.

A criação de uma vida paralela à oficial – seja na dimensão que ocupa a fantasia psicológica como realidade virtual ou na construção de uma realidade cotidiana concreta – e uma predisposição à mentira para suportar as frustrações são a origem e sustentação de toda neurose.

O dominador não só é exigente e avalia o modo como as coisas devem ser, como também pune cada vez que não se chega aos resultados esperados. Como os resultados nunca são satisfatórios, o castigo sempre aparece. Dá a impressão de que nesse campo intrapsíquico de diálogo tortuoso, aflitivo e punitivo se desenvolvem muito bem a mentira e a culpa. A familiaridade entre mentira e culpa parece óbvia se repassarmos, na história da humanidade, as formas de pagar por um pecado.

A violência com que se castiga e a mentira com a qual se responde são formas de criar responsabilidade diante de meus atos no mundo, pois é assim que estabeleço laços e relações. Sou responsável por aquilo em que interfiro. Essa responsabilidade, a do dominador, nasce a partir da e pela fragmentação, e se torna um amplificador de ego. O diálogo entre essas duas partes cindidas da unidade – que por isso mesmo lutam para subsistir – é autotorturante e acima de tudo gerador da maneira insana que temos de viver.

Sempre me perguntei como é viver dessa forma. A resposta está no pecado original. Nós, seres humanos, rompemos a relação com nossa sabedoria organísmica, a qual emana do universal. Temos a sensação de ser donos do conhecimento. Isso nos levou a não estabelecer contato com as verdadeiras fontes. Perdemos a confiança em nossa natureza como manifestação do não ilusório, verdadeiro, legítimo, essencial.

Acreditamos que podíamos encontrar a fonte procurando fora de nós mesmos.
Produzimos uma infinidade de interpretações da realidade e nos autopresenteamos com a criação de uma missão tão egocêntrica. Nosso ego nos fez prisioneiros. Se aprofundarmos, o diálogo interno entre o dominador e o dominado é a representação mais clara que temos sobre viver mal.

Viver mal = equívoco = fragmentação = cristalização = contenção do fluir organísmico = polarização da existência = distanciamento da sabedoria organísmica = culpa = mentira = punição = ressentimento = frustração = evitação do contato = euforia = depressão = rompimento de todo propósito = evitação do contato = ignorância = repressão = imediatismo = etcétera e etcétera. Ninguém, em juízo perfeito, entraria nesse ciclo sem fim.

A patologia tampouco difere do desenho circular de todas as coisas. Por sua circularidade, pode-se ter acesso direto à patologia em qualquer elo da cadeia, sem importar qual. A psicoterapia poderia não se distrair com tanta exuberância de sintomas. Psicoterapia é a tentativa de promover uma quebra nesse ciclo e fomentar uma atitude. *Fomentar uma atitude é psicoterapia* e, para a visão integradora de um clínico, a tentação de dedicar-se à investigação como tarefa quase exclusiva soa um tanto fóbica. Pesquisa, tarefa fundamental para o desenvolvimento de toda disciplina, não pode estar separada da prática e da relação íntima com a realidade.

Vamos primeiro à atitude, mas que atitude? A atitude gerada com base na conexão com a sabedoria organísmica. Estamos aprendendo, neste final de capítulo, um método de conexão possível para viver a partir daí. Baseados nessa sabedoria organísmica que tentamos acompanhar de maneira consciente é que surge a cura, a saúde. Esta não pode ser a resultante do árduo trabalho com cada um dos elos da cadeia do viver mal. Seria uma dedicação energética excessiva para a obtenção de resultados duvidosos. Sabemos que muitas vezes o tornar-se conhecedor dos conflitos que um indivíduo porta não produz mudanças visíveis; é uma falta de contato com o óbvio: *elephant*

shit, no dizer de Perls, algo que nos mostra claramente a mudança de paradigma que a Gestalt-terapia propôs desde o fim dos anos 1950.
Saúde é e emana da condição natural da conexão com o fluir organísmico. Saúde é fruto do contato com o desenho. Saúde é inclusão.

Como se transforma isso em saúde? Trata-se da possibilidade de desestimular todo *deveria, teria, haveria...* prestando atenção especial ao que necessitamos no presente e abrindo a realidade em termos espaço-temporais e corporal-instintivos.

Quando a Gestalt-terapia se detém nesse tema, em geral se fala dos *deveria* atuais. Entretanto, podemos falar também do *deve ser* e dos *deverei ser* como parte da avaliação do passado e do futuro, respectivamente. O jogo da autotortura começou: *se fui rápido demais em criar intimidade com alguém..., se sinto que nunca deveria ter lhe dado aquele presente..., se deveria ter pensado antes para que não acontecesse..., se tenho de me esforçar sempre mais para..., se tivesse nascido em outra família tudo teria sido melhor...*

Para um psicoterapeuta de qualquer abordagem teórico-técnica, fazer uma autocrítica de como deveria ter agido depois que o presente do encontro entre paciente e terapeuta já aconteceu é algo tortuoso. No início de nossa prática talvez fosse algo habitual, se gozamos de um mínimo de responsabilidade – consciência da interferência. Com o passar do tempo, quando supomos ter adquirido experiência, é pesado e autoanulador. O encontro existencial fornece tudo que ali se presentifica como necessário, e é o *acompanhamento do fluir sistêmico* o que verdadeiramente deve ser figura para que o encontro ocorra. Todo o *devesse* ou *deve* ou *deveria* paralisa o encontro e o distorce no sentido da vontade do que a pessoa – normalmente o terapeuta – quer que aconteça. Assim se chega ao *controle*. O controle é a melhor forma de criar uma contenção no fluir da energia que leva à cura. É um tanto estranho que os psicólogos supervisionem *o que fizeram* com seus pacientes. Claro que todo psicólogo, jovem ou veterano em experiência clínica, necessita de uma supervisão e *intervisão entre seus colegas* (e não necessariamente da mesma corrente já que podem surgir redutos de poder e protecionismo) para compartilhar suas dificuldades, pontos cegos ou evitações próprias do contato com quem está à sua frente.

O paciente é um ser que se presentifica diante de nós. Se pensamos que não acontece nada, estamos evitando em alguma medida o dar-nos conta da realidade. Supervisão é o trabalho que nos permite entrar em contato com aquilo que evitamos como terapeutas. Chegamos ao que se vincula com a própria dificuldade do terapeuta: sua neurose. Se não trabalharmos regularmente em nós mesmos, nossas dificuldades se transformarão em controle. A forma clássica de controle é a de saber o que fazer de antemão com nossos pacientes. É um modo habitual pelo qual os psicoterapeutas interrompem nosso fluir organísmico na cura.

Saber não é muito importante; o importante é ter a intenção de fluir.

Os *deveria-teria-haveria* são produzidos por uma parte de nós que Perls chamou de *dominador* (1968), e Claudio Naranjo (1990) denominou *mandão*. Um dos *objetivos* da terapia gestáltica é ser capaz de viver de tal maneira no presente (pelo menos quando escolhemos isso) que nenhum padrão do passado perturbe nossa tomada de consciência, que sejamos o que somos, que nenhum sentido de *deveria* obscureça nossa identidade. Entretanto, podemos fazer isso agora? Se não, é muito possível que a regra do não deve seja real (Naranjo, 1990, p. 67).

Também o falar "sobre" é um modo de exagerar a ênfase na explicação racional da realidade vivida, em vez de concentrar-se no presente da experiência. Assim, podemos avaliar que se afastar do presente, inclusive como maneira de escolher viver, é muito fácil e está ao alcance da maioria. É impulsionado pelo mundo que nos rodeia como um jeito de sentir-se parte dessa maioria. Fomenta-se como forma ilegítima de entrar em contato, sendo uma evitação dele. Um erro que nos levou a acreditar, coletivamente, em uma sociedade doente e geradora de doenças.

Nos momentos em que somos conduzidos pela quietude e conseguimos a conexão com o vazio fértil, liberando-nos de toda autoacusação, a experiência se transforma em contato. Essa vivência integradora nos mostra o quanto perdemos no caminho do encontro com o essencial. Este é sempre simples, por condição natural. O corpo é receptor e beneficiário dessa vivência. O espaço para obter conexão é ilimitado, eterno e de acesso possível às suas dimensões e manifestações remotas. Podemos trazer tudo aquilo que estou disposto a encontrar. Não há nada em tempo e espaço que o corpo não possa contatar. Essa não é uma definição mais abrangente e precisa do conceito gestáltico de fundo?

O relaxamento que a prática do *Kum Nye* produz gera a expansão consciente do corpo energético, que chamamos de *Ku*, segundo essa tradição. Voltamos a entrar em contato com o conceito central que envolve o tema das perguntas corretas. O próprio fluir natural responde às perguntas.

Outra ideia transcendente é que a resposta, na realidade, não importa. O que importa é o estado que a pergunta produz, dadas sua força e intenção. O que se busca é fazer perguntas genuínas e claras. É a pergunta que tem a chave para o conhecimento interior. Dou-me conta disso pelas manifestações do corpo. O calor no corpo é a expressão da saúde ou conexão com a sabedoria organísmica. Estamos diante de uma boa notícia; podemos voltar ao paraíso e anular o pecado de termos criado deuses em busca do conhecimento. O conhecimento e a sabedoria que o sustenta sempre estiveram ali, ao nosso alcance. Agora, podemos escutar o som do silêncio e a sensibilidade da quietude. O som do silêncio é a experiência amorosa e a sensibilidade na quietude é a experiência unificadora de todas as coisas. A experiência de união abafa o diálogo interno, que parece apagar-se ou aquietar-se. É evidente que o diálogo torturante vai se dissipando uma vez que vamos desentranhando a ilusão e acalmando a concorrência entre os polos. Porém, a anulação dessa polaridade se dá quando a *pergunta correta* se instaura, criando, assim, um novo ponto de vista.

Incluímos e vamos subindo pela espiral do conhecimento. Recordemos que excluir é alimento para nosso ego, responsabiliza-

-nos por nossa entrada na doença. É a escolha de uma parte "como se" fosse o todo. Muitos males se baseiam no absurdo de não viver a partir da unidade e, por outro lado, é difícil viver a partir dela. Só contendo o mundo interno em sua mania fragmentadora se chega a tocar levemente a unidade.

REALIDADE E ILUSÃO
Podemos dizer que qualquer tipo de ilusão baseia-se nas fantasias que foram introjetadas na história da vida. Identificamo-nos com as fantasias segundo o caráter que utilizamos seletivamente como sistema defensivo. Acreditamos que somos o produto de todo esse artifício criado por nós mesmos e estimulado por aquilo e aqueles que nos rodeiam. Dizemos: "Sou assim!", e poderíamos matar para defender essa ilusão. A isso que sem dúvida perpassa toda forma de contato, de perceber, de pensar, de sentir e de agir, chamamos *subjetividade*. Podemos chegar até o solipsismo:

> [...] egoísmo teórico como orientação filosófica que considera o eu subjetivo como o único existente. Um solipsismo metodológico é a base da teoria do conhecimento do neopositivismo. (Carnap, 1978, p. 921)

Jaspers, por sua vez, diz que as coisas que nos parecem mais *evidentes* costumam ser também as mais enigmáticas, como o tempo, o eu e a realidade. Definiu-se a realidade como o que existe em si, o objetivo, o verdadeiro ser, o que existe no tempo e no espaço. Fala-se da vivência de realidade como de um fenômeno que não deriva de outro. É real o que percebemos com nosso corpo, o que nos oferece resistência e o que *vivenciamos como real na consciência do ser* (Dorsch, 1978, p. 834).

É possível conhecer a realidade? É possível desconectar a maquinaria que foi construída e reforçada durante anos? Sim, é possível, apesar de não ser simples. A realidade é aquilo que fica de tudo isso. Provavelmente, daqui se infere uma das influências mais notórias na Gestalt-terapia, que é a fenomenologia de Husserl

(1913) com seu método de redução eidética: colocar entre parêntesis toda opinião e juízo entre nossa percepção e o fenômeno, para percebê-lo tal como se revela. Fenômeno é a realidade que podemos apreender (conforme o que temos dito) e, nesse sentido, tudo encaixa em tudo.

Segundo Metzger (1978, p. 834), há cinco possibilidades que tornariam inteligível o conceito de realidade:

1. A realidade é o âmbito do que existe fisicamente, do transfenomenal em sentido amplo.
2. A realidade é a efetividade do mundo vivido.
3. A realidade é o que se encontra por observação, e difere do que está simplesmente presente.
4. A realidade nos mostra a diferença entre *algo e nada*, entre cheio e vazio.
5. A realidade se destaca como verdadeira do meramente aparente.

Entretanto, a Gestalt-terapia é *uma terapia fenomenológica*, sem a necessidade de nenhum parentesco com Perls e os filósofos da fenomenologia. A Gestalt-terapia contém o paradigma fenomenológico por simples DNA. Porque viver a partir daí é a saúde. A fenomenologia na Gestalt é uma postura saudável. Fenômeno é a realidade que podemos apreciar e impacta nosso ser. Sua relevância é dada pela capacidade de entrar em contato com nós mesmos e com o meio. É uma expressão de sabedoria proveniente do organísmico. E quando se está diante dessa realidade o corpo acompanha com calidez. Somos um todo que está dentro do todo. Esse simples enunciado é real por sua naturalidade; isso é Gestalt.

Mas é possível? A prática da quietude do corpo, e portanto a desaceleração do fluxo de pensamentos, é um caminho a se tentar. Com isso, a confiança vai se instalando em mim. Encontra-se o vazio fértil, leve e fluido entre os pensamentos compactos. O rígido dá lugar ao fluido. Se há realidade, há fluidez. Fluidez de todo meu ser. O objetivo e o subjetivo se entremesclam, sucedem-se um ao outro, o tempo todo; agora, posso saber qual é a trama de cada um.

A realidade e a ilusão têm qualidades que podemos experimentar corporalmente e também percebendo os sentimentos que cada uma oferece. Além disso, podemos inteligentemente deliberar qual é qual. E, acima de tudo, isso funciona de modo harmônico e em um mesmo tempo-espaço.

A objetividade é então possível? Sim, é possível, ainda que só possamos alcançá-la em parcos momentos de nossa vida. Tudo o mais é nossa subjetividade a serviço da vida em relação. Ilusão que não só produz, mas é produto do ego.

O irrenunciável é que o ego exista; o desafiante e ousado é que por alguns momentos possamos viver um mini *satori* a partir de uma objetividade fenomênica, na qual se alcança a verdade cósmica que nos dá certeza de sua existência por experiência própria.

Essa dualidade irremediável, que também produz um diálogo interno *realidade-ilusão* (para complementar a história do dominador e dominado), é parte do caminho circular ascendente e nos permite amplificar nossa consciência no sentido de poder ser mais permeáveis à autenticidade natural da verdade. Falar da *verdade* conduz ao *amor*. Duas manifestações do *desenho* que foram especialmente deformadas pelo ego humano e, de certa forma, corrompidas.

Se o amor é possível, então a verdade também o é, e permitam-me dizer que a recíproca também é correta. Então, ambas destacam sua importância em aspectos fundamentais de nossa vida. Agora conheço um caminho possível do qual partir.

Resta-nos falar do terapeuta, aquele que tenta trabalhar a partir da saúde. O dr. Claudio Naranjo, na introdução de seu livro *La vieja y la novísima Gestalt*, considera que:

> [...] uma vez que a psicoterapia possa ser aprendida, essa atividade de produzir expressão verdadeira e confrontar o disfuncional constitui uma estratégia; uma vez que a terapia derive do grau de desenvolvimento do ser do terapeuta, isso será o resultado espontâneo de uma relação natural e de criatividade individual. (Naranjo, 1990, p. 10)

Fundo e atitude psicoterapêutica são um par indivisível. A atitude do terapeuta gestáltico é, entre muitas coisas, uma predisposição à criatividade no encontro entre ele e o outro, descobrindo que mensagens existem na estreita relação com o doente, para começar uma investigação sobre o verdadeiro em nossas vida, e tentando aquietar os pensamentos, confiando que as soluções partam da sabedoria organísmica e não do costumeiro formato cristalizado do ego. Para isso, há de se alcançar um *como*, que só poderá ser transmitido caso já se tenha percorrido um caminho antes. O fundo deve ter abertura suficiente para que isso possa acontecer. Eis aqui o risco.

A abertura desse fundo pode e costuma ser favorável se os limites clínicos do contato são conhecidos e se existe um foco preciso no trabalho que o terapeuta e o paciente têm de realizar em relação ao fenômeno que ocorre entre ambos. O fenômeno evidencia a realidade presente que nos impacta para dar testemunho de *como é*. O *porquê*, o *para quê* e o *como* são necessários apesar de Perls ter considerado que o *porquê* leva a mais análise e a um uso excessivo do intelecto; e o *como* fortifica a relação da consciência e o contato com a Gestalt.

Criar uma sensação de confrontação entre esses três modos de conhecer também é fragmentar. Consideramos em nossa linguagem o *porquê* como promotor de fragmentação interna e com o mundo se e apenas se for a única referência na leitura da suposta realidade ou em sua busca. O *para quê* nos leva à finalidade e ao propósito das coisas que aparecem no campo consciente, por serem figuras que emanam de uma necessidade. Nesse sentido, é globalizador e unificador apesar de não nos conectar especialmente com o fenômeno como o faz o interiorizar o *como*.

O *como* descreve e conecta todos os aspectos entre si.

A atitude geral estimulada e sustentada pelo *como* é gestáltica por natureza e vivifica seu substrato fenomenológico de forma concreta, sem a necessidade de filosofar a esse respeito. Agora podemos seguir para o próximo.

Do foco no fenômeno-paciente em estreita relação com o campo estabelecido em condição natural por ele e terapeuta, alcança-se o intercâmbio de um método sustentado em uma atitude. A atitude foi sendo criada em relação à intenção de viver dessa maneira. Por isso que a Gestalt-terapia é um modo de viver e um paradigma, assim como uma linguagem: a da integração de todas as manifestações a partir da unidade do ser.

Os riscos dessa abertura em espaço, tempo e corpo são evidentes. Estaremos à altura do que proclamamos? A atitude será autêntica? Será verdadeira para o desenvolvimento e a saúde? Será mais uma caricatura ou pose que adotamos na ilusão de ter alcançado a quietude? Estou imaginando tudo isso? Quando e como saberemos se vivemos ou não segundo essa atitude? Supondo que a realidade me mostre que vivo assim, o que acontece com a exposição que um fundo tão *aberto* me impõe?

Se a atitude foi alcançada, não há gasto de energia; o trabalho propicia sentimentos tais como a alegria, o bem-estar e o mérito por ser oferenda à humanidade. Seria possível fazer uma obra de dez volumes para descrever os aspectos que a sabedoria organísmica suscita no terapeuta e como este a utiliza em seu desenvolvimento pessoal e não no de seu paciente. Ou dizer que se trata de um ser suficientemente ousado para viver apoiado nessa conexão com tal sabedoria que sabe que nunca lhe é própria senão por sua liberdade de buscar a ligação com ela.

O conceitual se rende ao que é. O conceitual se autolimita em suas tentações expansionistas. O gestalt-terapeuta confia nessa sabedoria organísmica, no desenho de todas as coisas, e tenta viver a partir disso. Conecta-se com a impermanência de toda manifestação da realidade. Considerará que, por mais rigorosa que seja, a severa tarefa da transparência conceitual provém, no melhor dos sentidos, de aspectos que são eternos por sua existência natural dentro de nosso desenho.

O gestalt-terapeuta é espontâneo (como estamos acostumados a ouvir em congressos e ler em livros) uma vez que o que flui organismicamente se comporta dessa mesma forma: espontaneamente, por condição natural. O gestalt-terapeuta conquista sua espontaneidade por estar conectado a tal natureza e fonte.

É hora de encerrar este longo capítulo que começou com a pergunta: o que é Gestalt-terapia? É finalizado com uma metodologia que tenta encontrar em instantes de tempo presente a saúde e a realidade. Como se pode perceber, Gestalt-terapia é uma forma, entre várias, de viver a vida em conexão e intenção harmônica com e a partir da autorregulação e do autoconhecimento até chegar a uma sabedoria organísmica.

Certamente agora está mais claro que para isso é necessário revitalizar a atenção ao fenômeno que se presentifica em nós, o que faz que acompanhemos a energia estimulando a fluidez e não a cristalização; o autêntico e não o que surge do ego; o circular e não o linear. Sabe-se agora que toda interpretação da realidade é uma visão carregada de subjetividade que, longe de ser algo negativo, deve estar restrita a momentos em que seja clínica e absolutamente necessária.

Acima de tudo, neste momento, torna-se patente que o ardil de acreditar que podemos redesenhar ou interferir no *desenho intrínseco* é a grande insanidade coletiva. Podemos viver nele. E agradecer enquanto estamos com vida.

O próximo capítulo abordará tecnologias para a formação de terapeutas. O seguinte será dedicado a transmitir-lhe estratégias no agir clínico.

A autorregulação organísmica, sistema complexo e de funcionamento suprapessoal, é a representação em cada manifestação peculiar – entre elas, o humano – dessa fonte da natureza que responde ao desenho de todo o existente.

Para finalizar, poderíamos dizer que a conexão com a sabedoria organísmica levaria em consideração, pelo menos, as verdades que fundamentam nossa sociedade.

2
A GESTALT DE PORTAS ABERTAS

> O ato terapêutico – e pedagógico – é a manifestação presente e sincrônica da empatia sublime, integridade ética, disponibilidade amorosa, calma, firmeza, uma consciência ampliada e uma alusão a que todo o essencial que acontece ali é possível a partir de uma "mão" que não é a minha.
>
> F. De Lucca

A GESTALT DE PORTAS ABERTAS

CONQUISTANDO A ATITUDE

Há 25 anos venho criando, com muita dedicação e sem ter uma ideia clara de aonde poderia chegar, as condições necessárias para alcançar o movimento que a Gestalt-terapia tem hoje no Uruguai. Depois do meu primeiro contato com essa abordagem, em 1980, e de minha formação no Centro de Estudos de Gestalt de São Paulo, a partir de 1985, a atividade clínica e o ensino acadêmico se iniciaram praticamente ao mesmo tempo.

Criei os dois institutos mais importantes do Uruguai e foi assim que o Encontro – Centro de Estudos Gestálticos do Uruguai se tornou uma das 17 instituições que constituem a Federação Uruguaia de Psicoterapia, e a única que chegou a estabelecer um diálogo profundo e aberto com outras correntes psicológicas que inclusive têm mais do que o dobro do tempo de posicionamento em nosso meio. Oferecemos uma formação completa e somos considerados referência acadêmica dessa abordagem na Universidade Católica do Uruguai Dámaso Antonio Larrañaga desde 1986, e na Faculdade de Psicologia da Universidade da República Oriental do Uruguai desde 1989.

Nesses 23 anos ininterruptos – uma vez que o Encontro inaugurou seu primeiro currículo em 1988 – temos trabalhado como pesquisadores da abordagem clínica em Gestalt-terapia e formadores de profissionais da saúde de todas as especialidades da medicina, psicologia e ciências sociais.

É no âmbito da pedagogia e da educação que consideramos fundamentais a saúde e o autoconhecimento dos profissionais que são os agentes de transformação de uma sociedade. Temos sido dedicados e minuciosos e, ao mesmo tempo, autocríticos na atualização programática e metodológica dos sucessivos currículos, o que faz que hoje formemos gestalt-terapeutas no Uruguai e na região, sempre considerando que a finalidade de toda formação de futuros profissionais é a conquista da atitude.

Como se depreende da introdução deste livro, as convivências que chamamos de maratonas, ao longo dos anos influenciaram e diferenciaram a conquista da atitude em cada um de seus níveis.

Fritz Perls, criador da Gestalt-terapia, deu importância especial ao trabalho em grupo, tanto no sentido terapêutico como no pedagógico, baseado na consideração de que "aprender é descobrir". Descobrir implica necessariamente que haja outros por descobrir e esses outros me descubram. Esse é o processo sistemático de busca da atitude.

Nos últimos 15 anos de vida (de 1955 a 1970, aproximadamente), Fritz lecionou em grupo sua metodologia vivencial-didática, demonstrando como se fazia Gestalt-terapia e estimulando, assim, a criação de um movimento quase boca a boca, que foi expandindo a corrente surgida nos Estados Unidos para todo mundo. Meus alunos e assistentes me ouviram transmitir respeitosamente durante esses anos, parafraseando o próprio Fritz, que aprender é "descobrir-se". Tem sido esta a nossa maneira de aludir à forma e à transcendência que o trabalho pessoal assume sobre o aluno.

A formação do gestalt-terapeuta implica necessariamente um profundo trabalho sobre si mesmo como maneira de acompanhar o trajeto teórico-técnico, uma maneira de combinar seu crescimento ou, melhor ainda, seu autoconhecimento, com os aspectos que caracterizam essa abordagem. Podemos afirmar que não há conquista de atitude gestáltica sem autoconhecimento.

O que é atitude gestáltica? É autodescoberta, crescimento e compreensão de que a teoria e a vida que levo formam uma unidade experiencial. A atitude gestáltica é uma forma de se ver e de ver o mundo. É por isso que a Gestalt-terapia tanto é uma abordagem terapêutica como uma forma de viver, ou talvez seja melhor dizer que se trata de uma forma de viver que, por sua qualidade, favorece em si o crescimento e a saúde.

Consideramos que uma atitude saudável diante da existência pode ser treinada. Isso encerra o maior desafio sustentado no tempo: o viver em e a partir do presente. O presente conduz, em um plano mais cotidiano, a um "dar-se conta" contínuo da vida para assim obter-se a percepção honesta e sensível, no hoje, das situações passadas inacabadas que nos demandam seu encerramento como forma de gerar unidade interior e exterior. Traduzindo para a linguagem comum: é a revisão consciente de nossa vida como tentativa de satisfazer as necessidades que nos são apresentadas, de maneira criativa e ética.

O *continuum* do "dar-se conta" não é unicamente percepção consciente de como estou no aqui e agora; é também atender ao próprio funcionamento de nossa consciência na forma e conteúdo. Se exploramos de maneira sistemática o funcionamento de nossa mente, chegamos à compreensão consciente de seu desenho. Essa compreensão nos guia no sentido da saúde e da clareza de que saúde é uma atitude e não uma vitória solidificada. A saúde, como já mencionamos no capítulo anterior, não é um fóssil mas uma conquista sustentada no presente. Temos de aprender a cuidar dela como uma atualização, um "dar-se conta" do funcionamento de nossa mente, uma compreensão do todo não fragmentado em nossa relação indissociável de seres-no-mundo, na qual cada fenômeno que aparece diante de nós é o que nos dá direção.

Dupla atenção, termo cunhado em nossos programas como uma forma mais abrangente de conscientizar sobre as peculiaridades presentes do ser-no-mundo-a-todo-momento, é uma distinção pedagógica e um modo de fazer referência a tudo que vivenciamos em relação à atitude. Dupla atenção é uma leitura em espiral, uma maneira de expressar que tudo sempre se refere ao todo, que cada vez que entramos em contato com esse todo nos modificamos e transcendemos.

O "dar-se conta" ou tomada de consciência, como tradução do termo em inglês *awareness*, nos permite considerar (e, se for possível, de modo contínuo) que tudo aquilo que acontece em nossa vida pode não só ser levado em consideração e utilizado como forma de estar vivos e conscientes do interior-exterior em termos de funcionamento e ação, mas também ter valor de crescimento e desenvolvimento de nossas aptidões e potencialidades para viver.

Dupla atenção é a possibilidade que tenho de que a *awareness*, como primeira atenção, é e está dentro de um contexto cósmico ou global-universal, que conduz a uma segunda atenção, na qual o que ocorre – tudo que ocorre – é visto a partir e como emergente de tal contexto. Dupla atenção é compreender a *awareness* com base em um fundo universal, um campo contextual, uma inclusão de nossos atos e intenções no todo.

Dupla atenção é a inclusão e a contextualização do ser no âmbito cósmico-universal.

Na Gestalt-terapia, o todo é em si mesmo a referência e o contexto para o que ocorre interna e externamente. A compreensão do funcionamento de nossa mente nos desvia de uma sabedoria organísmica que não só nos autorregula, como também nos oferece a confiança intrínseca em nosso desenho biológico.

O que chamamos autorregulação organísmica, conceito que a Gestalt-terapia toma de Kurt Goldstein (1934) – médico neurologista que trabalhou, em Frankfurt, com problemas de percepção em lesionados cerebrais da Primeira Guerra Mundial, e a quem Perls ajudou durante um ano na qualidade de assistente, em 1927 –, transforma nossa capacidade de considerar o ser humano. Este é visto como um ser que, por natureza, é saudável e adoece como produto de uma anulação da escuta do fluir natural do organismo. O conceito de autorregulação organísmica nos leva a considerar que o organismo tem sua própria sabedoria para encontrar sua saúde em ótimas condições.

A ESTRUTURA DA TRANSFORMAÇÃO

O fazer da Gestalt-terapia é mais o de gerar no indivíduo uma unidade autoperceptiva após um contato constante com o meio e consigo mesmo, e não tanto o de trabalhar com a sintomatologia que nos descreve como estamos funcionando e vai desaparecendo sempre que nossa dedicação consciente nos leva a satisfazer as manifestações de necessidade que surgem e, assim, fluir com essa sabedoria natural proveniente do organísmico.

Podemos dizer que nosso desenho se manifesta pela e através da autorregulação organísmica e nossa autodescoberta é produto da conexão ou sabedoria organísmica. Podemos dizer, também, que os acontecimentos da vida, que por algum motivo demandam minha atenção, não são hierarquizados com base em considerações prévias que possamos ter, mas pela demanda energética que surge em nossa consciência e é conhecida como figura. Não há nada que, por sua condição, seja importante apenas em si mesmo. A importância se dá uma vez que uma figura se destaca de um fundo e nos conduz à unidade de nosso ser, a saber: saúde. A figura manifesta, por meio da necessidade, uma maneira transcendente de criar e manter nossa saúde. A figura é comandada por e em concordância com a autorregulação organísmica.

Bom ou ruim são categorias que não estimulam necessariamente o fluir organísmico. O valor primordial é o constante e contínuo fluir da *awareness* e uma vida vivida à luz dessa força inquestionável que em si é primordialmente ética. Sendo assim, a ética gestáltica não provém da consideração humana mas da obediência por força de nosso desenho interior: a autorregulação do fluir organísmico que contém todas as dimensões; soma sentimentos, inteligência e espírito em uma absoluta unidade harmônica que chamamos de ser.

É importante destacar, neste momento, que o fluir sobre o qual falamos (ao qual Perls se refere em sua expressão de "ir e vir") está em relação constante e ininterrupta com o meio. Esse contato vai se manifestando como um pulso entre a realidade externa e a interna, na qual os jogos emotivo-racionais que chamamos fantasias têm, por treinamento da atitude, cada vez menos espaço.

Os transbordamentos racionais na interpretação da realidade, que inúmeras vezes produzem deformações cognitivas e promovem uma emocionalidade aleatória, são considerados pela Gestalt-terapia uma evitação de contato e, mais ainda, uma estrutura defensiva de base que já sabemos chamar-se ego. Este transforma a realidade que o fenômeno-tal-como-se-apresenta provoca em nós, e, por ser uma estrutura defensivo-ativa, traduz essa realidade a modos usuais, estáveis e repetitivos. Os modos usuais, estáveis – no sentido de fixos – e repetitivos são nossa neurose. Doença é a cristalização do fluir da sabedoria organísmica, é a incapacidade de conhecer a natureza de nossa mente. É a forma que assume nossa mente ao fragmentar a unidade primordial que somos e na qual estamos em relação com o mundo. É considerar que a razão é a inteligência e as emoções são nossos sentimentos. A razão e as emoções são saudáveis como expressões do todo e nos adoecem quando as tomamos como o todo. Tomar as partes pelo todo é como tomar as migalhas pelo pão. As migalhas são referentes, mas nunca são a realidade da natureza da mente, não. Doença é a hierarquização que fazemos de partes desse todo.

Doença é fragmentação.

Falar de realidade em geral nos leva a considerar a subjetividade na construção das imagens com as quais podemos representá-la. Entretanto, é pelo caminho que nos leva a conquistar uma visão gestáltica do mundo que essa realidade revelada à nossa frente se torna *pura revelação*. É o revelado como experiência direta e presente, e não o interpretado como construção emotivo-racional, que nos contacta com a realidade. A realidade experimentada no presente absoluto não contém, se penetramos nesse instante indiscutível, valores, ideologia nem finalidade alguma; é o fenômeno que nos assalta e se imediatiza diante de nós, sem mais.

Podemos dizer também que a autorregulação organísmica é uma força irrefreável ainda que subordinável, em sua trajetória, por minha intenção. Em outros termos, a força da vida é canalizada por um sistema defensivo, que chamamos de ego e determina como essa força deve ser investida. As situações inconclusas que geramos pelo próprio fato de viver criam figuras que podemos definir como *disposições energéticas*, a partir de necessidades que clamam por sua satisfação ou fechamento. Essas figuras direcionam a energia da autorregulação organísmica.

O processo de adoecimento ou o de cura são dependentes de nossa intenção.

A forma como nos dispomos a encerrar situações atuais ou antigas que nos são apresentadas como figura em nossa consciência no presente é sempre uma prerrogativa nossa. A saúde é responsabilidade minha, já que posso interferir nela e sobre ela. Saúde é viver no presente e com base nele. O que, sob essa perspectiva, consiste em uma disposição a habitar um campo espaço-temporal no qual espontaneamente surge a confiança absoluta na existência vivida, como manifestação pessoal de uma realidade maior. A primeira fragmentação é a ruptura com a realidade maior e a demonstração cotidiana disso é nossa importância pessoal. Uma vez que agimos em benefício próprio, sem reparar no benefício de todos, fragmentamo-nos por não vermos essa realidade maior. Se nossa ação se concentra no benefício coletivo sem considerar o pessoal, logicamente isso também conduz à fragmentação.

Agir de modo racional sempre e confiar demais em nossa capacidade intelectual, sem levar em conta os sentimentos, é outra forma de nos fragmentar. Agir compulsivamente, sem considerar o que penso ou sinto, é fragmentação. Viver sem saber sequer que estamos-em--um-universo-que-nos-circunda, e, ao não levá-lo em conta, uma solidão nos acomete e a justificamos como individualismo, é a manifestação mais comum de nossa forma fragmentada de ser e estar.

Tanto na clínica como na pedagogia, propomo-nos a tentar levar o paciente ou o aluno a reconquistar a unidade. Esta é também conseguir viver a integração das unidades dentro e fora de si. No livro *Ego, fome e agressão*, escrito por Perls em 1942, em Durban, seis anos depois do afastamento de Freud no Congresso Internacional de Psicanálise, na Tchecoslováquia, em virtude da desaprovação do trabalho apresentado sobre resistências orais, cita-se o pensamento diferencial – conceito ou *método* criado pelo filósofo Solomon Friedlander (1947). Fritz conhece Friedlander em 1920, em ambientes boêmios que frequentava, devido ao seu interesse desde a adolescência pela arte e pelo teatro. Nesse mesmo ano se gradua como doutor em Medicina. Na página 45 do livro, Perls afirma:

> Em psicologia, mais do que em outra ciência, observador e fatos observados são inseparáveis. A orientação mais conclusiva deve ser obtida se pudermos encontrar um ponto a partir do qual o observador possa alcançar a visão mais abrangente e não distorcida. Acredito que tal ponto de vista tenha sido descoberto por S. Friedlander. [...] A indiferença criativa é plena de interesse, se estendendo na direção dos dois lados da diferenciação. (Perls, 1942, p. 23)

Esse conceito inspira todo o capítulo e, a meu ver, toda a Gestalt-terapia. Mudar é uma premissa usada constantemente para dar a entender que o que virá depois é melhor. É usado tanto em política como em psicoterapia. Quando o líder da vez faz promessas de um mundo melhor e de uma sociedade mais justa, em geral se resume sob o lema: "Vamos mudar!"

Um psicoterapeuta é consultado por um indivíduo que deseja mudar. O indivíduo não quer continuar vivendo como está e acredita que a mudança o conduzirá a uma melhora. Tem a intenção de melhorar sua vida e esta é uma energia que deve ser utilizada para esses fins; já sabemos que essa força provém de sua autorregulação e poderia ser alinhada com a sabedoria organísmica. Em ambos os casos, estejamos falando de política ou de psicoterapia, a mudança não pode vir do contraste com a situação vivida antes. O que costuma acontecer é que o que imaginamos como mudança é o oposto do anterior e do habitual. Quase nunca recorremos ao ponto zero citado por Friedlander. Ponto zero é o ato de recorrer a uma criatividade que emane do pensamento dual inspirado pela conhecida oposição e, ao mesmo tempo, ter a atitude de desapego não só ao oposto que considero salvador, mas à oposição em si mesma. Isso gera uma indiferença (que prefiro chamar de *desape-*

go) em face da polaridade e leva ao encontro de uma nova realidade, em geral imprevista.

Estamos falando de indiferença ou desapego, mas deveríamos apresentar algo que se pode tomar como uma atitude geral diante da existência: *a entrega*. Nunca sabemos como a rocha vai chegar ao vale quando a empurramos montanha abaixo. Sabemos, sim, que o vale e o cume da montanha inspiram uma oposição natural, ainda que o ponto zero nesse caso seja desconhecido.

Antes de continuar, me parece importante considerar, sobretudo levando em conta a experiência clínica de anos, que o ponto zero não é a integração de opostos mas algo absolutamente imprevisível, algo que nos impacta por sua novidade, que nos faz sentir que a vida sempre tem alternativas inimagináveis. Poderíamos dizer que no momento de viver o presente a partir do ponto zero sentimos no íntimo algo verdadeiramente novo. Talvez agora possamos falar de mudança.

A sabedoria organísmica se manifesta pela sensação de termos nos entregado a um fluir. Compreende-se que o estático ou fixo – unilateralidade provocadora de neurose – não responde a uma sabedoria comum a todos e ao todo. Perde-se o medo do vazio e confia-se na fertilidade que ele inspira. A atitude gestáltica é a entrega ao deslocamento da rocha rolando ladeira abaixo, é acompanhá-la em sua descida e entregar-se ao movimento. É um estar e não um saber. A atitude gestáltica é uma atitude que conquista o terapeuta para acompanhar.

Os alunos que começam nossos cursos perguntam o que fazer diante de um paciente que traz um sofrimento que não conseguiu resolver por anos. O aluno que está se formando em nossa escola começa a considerar a pretensão de saber antecipadamente aonde quer ir, como uma estreiteza na maneira de se dispor a entrar em contato com o paciente. O psicoterapeuta precisa se dispor a entregar-se a esse ponto zero no qual não há dicotomias. Se consideramos que o todo é diferente e mais do que a soma das partes, qualquer dualidade é hierarquização e incompletude. Recordemos que, se hierarquizamos um polo sobre o outro, toda dualidade poderá levar a uma fragmentação, a qual poderá ser definida como doença. Portanto, é o campo que paciente e terapeuta criam que nos impõe a entrega à possibilidade de chegar ao vazio fértil, e assim à sabedoria organísmica. Continuando com o exemplo da rocha que rola ladeira abaixo, é interessante notar que toda vez que se perguntar por ela estará em um ponto diferente de seu trajeto. Somos como as rochas rolando, como os mares que se transformam em ondas cada vez que chegam à costa dos continentes e ilhas, como as nuvens que vão mudando constantemente de forma.

Considerar nossa existência de modo gestáltico nos leva a viver fenomenologicamente. O que ensinamos é que somos impactados pelo que ocorre diante de nós. Sempre é a primeira vez.

Certa ocasião, perguntei a um lama tibetano como escrever sobre o estado de luz que nos chega em um instante e em seguida desaparece. Ele me respondeu que, a seu ver, isso era a poesia e a música. Ser gestalt-terapeuta é ser poeta e músico inspirado no corpo, na mente e no espírito, e por eles.

Talvez não tenhamos nos aprofundado o bastante no vazio fértil; por isso, quero destacar que a filosofia oriental nos fala do *satori*, um estado de iluminação que nos permite não só compreender a existência de um lugar novo, mas saber que a partir desse momento fugaz algo muda para sempre. O desafio é que não nos esqueçamos, sem que por isso caiamos em um apego ao momento que já passou e não é mais. Conquistar o *satori* não depende de um plano concreto. O *satori* nos leva a considerar que toda estratégia terapêutica é uma fantasia, se nos esquecemos da entrega ao presente. Minha ação é a concordância empática com o fenômeno que aparece e impacta tudo que está presente no campo em que esse fenômeno acontece. Para que o fenômeno me impacte como um todo, que irrompe de forma imediata no campo perceptivo presente, preciso estar habitando-esse--presente-com-todo-meu-ser.

Habitar o presente exige uma prática que demanda a reunião de muitas coisas. Podemos começar pela mais óbvia: hierarquizar os estímulos como forma de ordenar nosso campo perceptivo; ou seja, tomar a figura que emerge do fundo e sustentá-la em uma concordância entre minha vontade e a autorregulação organísmica, que é a matriz de onde surge e se cria tal figura.

Mais uma vez, voltamos ao tema da meditação, uma forma voluntária de habitar o presente. Meditação é prática e atitude. Há muitas formas de meditar, e certamente todas são muito valiosas em razão dos resultados e da concordância entre a prática e o caráter do meditador. A prática de meditar que adotei em minha vida emana dos ensinamentos do budismo tibetano. Começo com exercícios de *Kum Nye*. Coloco-me na posição chamada de sete gestos e entro em uma quietude absoluta que supõe uma sincronia entre a quietude do corpo e a da mente. Essa quietude, além de visualizações nas quais a compaixão e a reverência diante de todas as manifestações do universo se combinam com mantras que concentram e expandem nossa intenção de felicidade e amor, nos leva a habitar o presente. O tempo não é vivenciado como de hábito; o principiante geralmente se assombra ao vivenciar uma modificação entre o tempo cronológico e o espaço-tempo meditativo. As modificações espaço-temporais e a quietude corpo-mente absoluta da meditação, acompanhadas de uma intenção consciente de entrega e aceitação do que acontece – a presença de sabedoria organísmica –, abrem-nos as portas para o vazio fértil. Nesse estado peculiar, abre-se uma brecha nos acontecimentos previsíveis, costumeiros, conhecidos, que normalmente são orientados por um sistema defensivo, manifestação de nosso caráter. Essa brecha é um espaço agora ocupado por aspectos que conduzem à saúde, por ser fruto da autorregulação organísmica. É um espaço criado pelo indivíduo com o propósito de que a sabedoria presente em seu desenho ou matriz humana se expresse.

É hora de considerar que a experiência obtida ao estar dentro desse portal possibilita a mudança, e isso raramente é o esperado. O vazio fértil é fruto de um treinamento disciplinado. A disciplina é a sustentação de uma atitude diante da vida. A atitude gestáltica é a disciplina e a confiança absoluta na sabedoria organísmica. É o desapego do resultado esperado, a aceitação até de que não aconteça aparentemente nada, se esse aparentemente-nada for aquilo que devo receber no presente.

Por exemplo, uma psicóloga formada em Gestalt-terapia e com anos de experiência clínica sente um cheiro que identifica como enxofre, em um dos encontros semanais de meditação aos quais comparece há mais de dois anos. O odor chama sua atenção sobretudo porque ele a acompanha aos lugares em que vai, em casa, no carro, no trabalho e também ao ar livre.

Dias depois, comenta comigo sobre isso. Pergunta se posso lhe sugerir algo a esse respeito. Na hora digo que não tenho resposta para o problema, mas mesmo assim proponho que ela o aceite como algo que está aí pelo tempo que durar como fenômeno. Admito também ter feito algumas alusões humorísticas a ela estar se transformando em uma bruxinha sábia. Essa pessoa é, a meu ver, psiquicamente saudável, inclusive para se entregar sem mais ao fenômeno que lhe é apresentado. É difícil não cair na tentação de uma infinidade de interpretações possíveis sobre o tipo de cheiro, quando e onde começou a senti-lo, e todos os quadros psicopatológicos imagináveis.

Passam-se alguns dias e ela continua notando esse cheiro sulfuroso. Durante a semana, participa como de costume do grupo de prática de meditação que coordeno. Tudo permanece igual. Dois dias depois, encontro-me com ela em uma reunião. Comenta que na última meditação se deu conta de que, desde criança, sempre houve, em seus momentos de maior intimidade consigo mesma, uma parte de si que controlava quase tudo que acontecia com ela e à volta dela. A surpresa foi que nessa meditação parou de sentir essa atitude controladora no mesmo momento em que o cheiro de enxofre desapareceu e, pela primeira vez em sua vida, se abriu ao tempo-espaço como nunca tinha feito antes. Sentiu que o tempo cronológico que condicionava sua abertura – em meu entender, o tempo-espaço do vazio fértil – pode abrir caminho para uma sensação de fluidez e temporalidade incomum. Pela primeira vez lhe parece que tudo está contido em um segundo. O controle interno, introjeto de um controle externo, "se evapora" e a leva a habitar o vazio.

Toda interpretação, inclusive a mais inteligente, teria caricaturado a experiência que se imediatiza pela atitude de entrega propiciada por seu treinamento gestáltico. Talvez agora comecemos a vislumbrar o que é sabedoria organísmica.

Podemos considerar, levando em conta o que foi dito até aqui, a utilização do *como* e do *porquê* em Gestalt-terapia. O *como* estimula a descrição do fenômeno em sua presentificação. Coloca-nos em contato com totalidades, com modos de acontecer, com a maneira como uma estrutura se manifesta. O *como* nos permite compreender. Está no tempo; depende dele e varia com ele. O *porquê* inspira a dualidade valorativo-interpretativa. Conduz à causa e ao efeito de todas as coisas, sejam internas ou externas. O *porquê* nos leva ao entendimento. Em geral, é atemporal – está *fora* do tempo. A Gestalt-terapia estimula o uso do *como* dada a maneira como funciona, para onde aponta e do que se nutre.

A Gestalt leva ao *como* e o *como* leva à Gestalt.

Porém, neste momento em que se torna imprescindível para o mundo integrar e não dividir, não há motivo para excluir o *porquê*. Independentemente de o *porquê* estimular a dualidade, não nos faria bem eliminar um e viver apenas com o *como* de maneira constante; utilizaríamos demais um em detrimento do outro.

Algo parecido acontece quando, em Gestalt-terapia, falamos do sentir; pode-se potencializar a conscientização dos aspectos sensíveis no devir da experiência de viver, desde que equilibremos o pensar e o agir a todo momento. Sentimentos, pensamento, ação, viver com o *como* e o *porquê*, estar em constante ir e vir gerando uma conexão sustentada entre fora e dentro. Ser capaz de experimentar a vida habitando o presente, permitindo-nos ser surpreendidos pelo fenômeno em constante variação, é uma descrição possível da atitude gestáltica. Em Gestalt-terapia nada deve ficar de fora.

Quando dizemos *todo*, temos de aprender a não excluir nada de nós mesmos nem do mundo que nos rodeia, na busca da compreensão e do crescimento. De certa forma, toda polaridade é uma forma de fragmentar. Por mais unidos e imantados que estejam os opostos, e por mais que, quando estimulamos um dos polos do par, o outro se carrega de energia espontaneamente, é dispondo-se a viver com base em uma postura integradora que poderemos ver e estar em unidade.

Um exemplo é a relação conflituosa entre pais e filhos que constantemente aparece no trabalho clínico. A aprovação e o amor sadio nesse vínculo são visivelmente difíceis, por se tratar de uma relação complexa, multidimensional, na qual os defeitos são dolorosamente sofridos em função de sua magnitude e repetição. Em geral, pode-se chegar ao ponto de duvidar se se sente amor, ou esse amor pode até ser medido quanto à forma como o vínculo foi construído e como foram resolvidas as situações que se apresentaram durante a história. Mamãe ou papai são bons ou ruins? Raramente nos perguntamos qual o grau de saúde somatopsíquica de nossos pais, e é ainda mais raro que a pergunta recaia sobre nós mesmos. É como se essa pergunta não devesse ser feita entre as pessoas com vínculo amoroso e de muito tempo. Claro que esse exemplo pode ser estendido ao vínculo de casal, a outras relações de família ou a sistemas de múltiplos tipos.

Se considerarmos que o amor sadio é um sentimento que inspira e é inspirado por uma unidade interior-exterior, e produz unidade por sua presença, esse sentimento não admite ser fragmentado ou polarizado. Quando se estabelecem relações de amor, o imanente a esse sentimento-unidade é sua permanência inexorável durante a vida. O que pode acontecer na verdade é que, quando sua manifestação, contaminada pelo conflito, varia de tal forma e com tamanha magnitude que chega a ativar uma evitação defensiva, então passa a se apresentar como um sentimento distinto ou até inverso àquilo que se valoriza como amoroso. Isso poderia ser uma demonstração clara de como fragmentamos o que é essencialmente unificado.

Lembro-me de um aluno que, ao compreender esse conceito, expressou-se assim: "Se você me machuca, não posso deixar de amá-lo, o que posso fazer é deformar a manifestação do amor para que coincida com a maneira que mereço ser compensado". Isso parece aceitável, o que parece não ser aceitável é deixar de amar. Os sistemas íntimos se caracterizam por seu tramado amoroso. O amor é uma força que une, que promove unidade. Portanto, não há resposta para a questão sobre se nossos pais são bons ou ruins. Simplesmente são como são. As condições complexas que se criam na relação com nossos pais são fruto do atravessamento multidimensional das características de cada um deles quanto ao seu próprio sistema familiar; ao que foi criado por eles e aquele no qual nascemos; às condições sociais, culturais e econômicas nas quais a família está imersa; e aos acontecimentos esperados e inesperados que tivemos de atravessar todos juntos.

O amor é o fundo, e todas e cada uma das peculiaridades que o atravessam produzem figuras sobre esse fundo. Ante tanta complexidade, facilmente confundimos os sentimentos. Na busca da harmonia nessa multiplicidade fatorial, encontraremos o caminho com o verdadeiro. Mesmo assim, caímos na ilusão de dividir em partes que normalmente se polarizam, criando a dualidade que valorizamos como natural. Se cedemos diante da tentação de hierarquizar uma das partes ou dar a elas um valor positivo ou negativo, entramos na divisão clássica do mundo em bom ou ruim, lindo ou feio etc.

A sabedoria organísmica, matriz integradora e unificadora, promove e estimula a experiência de amor, acima das vivências deficitárias, em vínculos parentais e filiais de todo sistema íntimo. Não devemos nos esquecer de que estamos sempre trabalhando este tema: a conquista da atitude gestáltica. O que faz o terapeuta, então? Qual é sua função? Melhor ainda, qual é seu propósito? Tem algum? Qual é sua atitude diante da vida? A atitude do terapeuta é compartilhar com seu paciente a busca por formas de eliminar os pedregulhos que se interpõem à autorregulação organísmica.

Um sistema defensivo deformado e automatizado é a muralha de contenção de uma sabedoria interior fluida em relação constante com o exterior, e autor das mais ousadas fantasias para tirar a atenção do que é autêntico. O gestalt-terapeuta fica atento para não interferir na graciosidade do seu paciente. Contempla de maneira ativa e promove uma troca transparente com seu paciente os sentimentos, palpites, humores, dores, luzes, sombras, que sem dúvida ambos conhecem. Seu propósito é encontrar a luz como brilho da saúde que se encontra em toda ação. Não importa a qual estilo pertença, toda melodia traz saúde, desde que a ouçamos sem condicionamentos. Tudo tem um *como* e também está sujeito a uma cadeia de acontecimentos que predeterminam, o que nos leva a uma forma de estar no terreno do *porquê*.

O gestalt-terapeuta também tem outra função que raramente é levada em conta: a arte de usar o tempo. Como saber quando esperar? Como saber quanto esperar? Como codirigir uma obra na qual o ator principal é um conhecedor de si – paciente –, e o secundário – terapeuta – um aprendiz do tempo? Que um indivíduo, enquanto está em seu papel de paciente, nos mostre como é sua vida, é um privilégio que temos de honrar sendo e estando presentes. Sabemos que o que nos move é a *intenção* de deixar evidentes as defesas que condicionam a sabedoria organísmica. Temos de saber que essa sabedoria age sem nossa presença e é esta que pode impedir sua ação fluida.

É assim que agimos na sabedoria organísmica e ao mesmo tempo esta age sem nossa intencionalidade. Isso pode exemplificar uma vez mais o conceito de *koan*. Precisamos ter força o bastante para gerar confiança no outro, já que esta representa a própria criação do campo saudável no qual os acontecimentos ocorrem, e manter distância e clareza suficientes para nos transformarmos em deuses.

Cito outro exemplo. Vamo-nos sentar em posição de Buda. Busquemos a quietude por cinco minutos. Imaginemos que estamos em pé no centro de uma grande extensão de terra. Esta é coberta de relva; há poucas árvores ao nosso redor. Meus pais aparecem diante de mim, e muito lentamente vão aparecendo também os pais de meus pais, meus avós, atrás deles dois. Lenta e sucessivamente vão aparecendo meus bisavós e todos os meus ancestrais de pelo menos nove gerações atrás. Ocupamos grande parte do campo que está à nossa frente. Viro-me e me encontro com minha esposa. Imagino que adiante estão meus filhos com seus cônjuges e seus filhos, meus netos, com seus cônjuges, e assim sucessivamente por não menos do que nove gerações à frente. O campo agora está repleto no outro sentido.

Qual a sensação? Compreendemos que proviemos de uma origem e somos origem de outros, em uma roda temporoespacial desde há muito tempo. Com base nessa realidade é que podemos ver nossos progenitores e nossos filhos; sempre há uma realidade maior na qual se podem encontrar clareza e amor.

Já que estamos falando do amor, esta experiência simples normalmente produz uma abertura nos sentimentos, revelando o essencial e deixando qualquer dor no fundo. A figura é o amor subjacente a tudo. A complexidade é parte da realidade, sem dúvida, mesmo que não possamos permitir que se perca do primordial. Vemos também que tudo está rodeado de tempo e espaço.

Recordando a abordagem sobre a dupla atenção do capítulo anterior, apresento o tema de enxergar o sadio por trás do que se manifesta sintomaticamente – citarei um dos trabalhos que foi transcendente nos últimos tempos – por meio da técnica de viagem imaginária na qual descrevo um passeio que nos permite sair da Terra e observar nosso Sistema Solar para então nos perdermos no universo.

Lembro-me da resposta de uma paciente que participou durante um ano de um dos grupos terapêuticos que dirijo na abordagem gestáltica: "Ao ver a Terra e a Lua, o Sol e os planetas, percebi uma luz, na realidade é um brilho que ilumina mais do que a luz do próprio Sol. Esse brilho ilumina tenuemente todo o universo e ao vê-lo sinto que somos cuidados por algo. Somos cuidados por esse brilho, nada de ruim pode acontecer. É para todos e está em todos os lugares." Independentemente das imagens ou ideias que o leitor possa experimentar ao ler isso, o que parece evidente é que, em se tratando de alguém que tinha como figura a catástrofe em quase toda ação que fazia ou que os outros faziam, essa mulher foi capaz de sentir profundamente a confiança, o cuidado e a forma positiva que toda ação própria ou alheia pode assumir. Esse sentimento não é novo para essa pessoa, apenas estava parcialmente perdido na vida que levava.

Se considerarmos verdadeiramente a autorregulação organísmica como uma sabedoria conectada ao desenho biológico, teremos de confiar que tudo está ali; a psicoterapia é o ato de conquistar a limpidez dessa conexão. Levamos uma vida dominada por oposições e pela parcialidade na escolha unilateral de formas de ser e estar. Desconectamo-nos do todo, da pluralidade ou peculiaridade de cada acontecimento que nos é apresentado no aqui e agora. Valorizamos excessivamente o saber constatável, tomando a materialidade como prova da realidade. Nossa profissão faz um caminho que vai do material ao imaterial. Há um encontro de corpos – seja o encontro interpessoal ou grupal – e daí partimos em busca de símbolos, fantasias, histórias às quais vivenciamos e contamos a partir do presente, tendo em mente que é uma tentativa de nos individualizarmos para assim nos vermos em um futuro que depende da maneira como experimentamos nossa relação com nós mesmos e com o mundo que nos rodeia.

Se diante de cada manifestação de nossa realidade interna ou externa nos colocássemos sob uma perspectiva cósmica, ou seja, pudéssemos rodeá-la e observá-la de uma altura parecida com aquela do exemplo da visão da Terra a partir do universo circundante, obteríamos uma abertura no tempo. A visão global que essa perspectiva nos dá revela que qualquer compreensão ou ação em nossa vida poderia ser vivida como unificada, integrando de maneira sincrônica pensamento, sentimentos, corpo, símbolo, perspectiva pessoal e transpessoal.

Como abordamos no primeiro capítulo, qualquer pensamento, sentimento ou ação deve obedecer a três aspectos. O primeiro é a relação de intimidade saudável que esse ato possa ter em concordância comigo mesmo. O segundo é que, ao mesmo tempo, tenha uma relação de intimidade saudável com o próximo. O terceiro é que o ato tenha uma relação saudável que envolva mais de dois, ou seja, deve possuir uma correlação saudável com o mundo ou a sociedade.

Eu comigo mesmo, eu com o outro e eu com o resto do mundo não são coisas separadas no desenrolar da experiência, como tampouco o é quando falamos do corpo e do psíquico ou quando falamos de matéria ou de espírito.

Da mesma forma, devemos destacar que quando nos elevamos para ver o modo como se manifesta o todo, tentando alcançar essa unificação de visão, não nos transformamos em seres iluminados. Em todo caso, é subindo até um lugar onde possamos alcançar alguns raios da

luz que nos conectamos com essa sabedoria organísmica. Dependerá de nossa capacidade de manter a atitude, com tudo que agora sabemos que ela envolve, o quanto de tempo poderemos passar lá.
Confiamos nessa sabedoria por experimentação.
Experimentar nos preserva de dogmatismos. Elevar-nos é experimentar, nunca nada é para sempre. Tudo está em transformação constante e tudo é parte da mesma impermanência da qual somos parte. Isso também é sabedoria organísmica.

Voltando à concepção gestáltica de figura e fundo, poderíamos dar aqui uma contribuição à ideia de necessidade e de consciência. Para a história da psicologia, procurar modelos teóricos que gerassem entendimento sobre o funcionamento psíquico foi importante. O inconsciente como zona, parte ou dinamismo de uma totalidade psicológica funcional é conhecido por vias indiretas por meio de manifestações que emergem quando cessa momentaneamente o mecanismo que o mantém em seu estado de censura. É como se o inconsciente devesse permanecer nesse estado a menos que haja necessidade de entrar em contato com seus conteúdos, que são transcendentes em vários aspectos: compensação, autoconhecimento, polaridade e compreensão da temporoespacialidade psíquica.

Grosso modo, o inconsciente poderia ser assimilado ao fundo que a Gestalt-terapia se propõe, a não ser por algo que faça dele essencialmente diferente: sua oposição à consciência e sua cisão do campo da consciência pela repressão de alguns aspectos de nossa infância. O fundo é o contexto de toda figura e é compacto, totalizador e harmônico. Simplesmente se manifesta na figura, que é a expressão consciente no presente, de uma necessidade que ganha sentido por emanar da autorregulação organísmica. A fluidez entre figura e fundo é tal que não é perceptível nem imaginável como dois aspectos de um todo psicológico. A figura manifesta o que necessito satisfazer aqui e agora, a partir de um fundo que contém tudo. Esse fundo não apresenta lugares aos quais não se tenha acesso. No fundo não há impedimento para que surja como figura o que for necessário. Seja infantil ou atual, tudo é possível e factível de se manifestar como figura, desde que seja verdadeiramente necessário. A necessidade é a expressão da sabedoria organísmica.

A formação constante e sustentada de figuras nos devolve a um tema que nos resta tocar para a compreensão global da atitude gestáltica. A impermanência como forma de compreender a vida é nossa última figura na iniciação que este trabalho oferece sobre a conquista da atitude do gestalt-terapeuta e o sentido que a pedagogia assume nesse sentido.

Precisamos levar em consideração a temporalidade de nossa vida. A impermanência de todas as coisas é o fundamento de toda compreensão existencial, filosófica e espiritual. A figura de nossa própria impermanência é a finalidade da existência. Não falo de ter presente a morte como um recordatório esporádico e muito menos como tragédia, mas de uma realidade óbvia em si mesma e presente em toda manifestação plenamente consciente. Falo de sabedoria organísmica como expressão de nossa essência humana (e em geral de toda constituição biológica), por meio da qual o ritmo, o conteúdo e o sentido de nossos atos manifestam o fluido da impermanência.

A sabedoria organísmica é a essência de toda constituição biológica.

Nunca nos banhamos nas mesmas águas do rio que flui. Tive de correr o risco e tentar algo extremo, falar do que é pura experiência: a atitude gestáltica. Viver no presente, habitando-o na sabedoria organísmica, é a intenção. Acredito que seja possível e a partir daí haja mudança e saúde.

Vamos agora considerar da maneira como estimulamos isso em nossos alunos. Não é fácil tecer um único tapete com uma multiplicidade de fios de diferentes texturas e cores, sobretudo se desejamos harmonia e coerência. Ver esse tapete gestáltico, no qual cada parte se refere ao todo e o todo se manifesta em cada parte, é o fundamento de toda gestaltpedagogia, e esta, de toda Gestalt-terapia. A gestaltpedagogia é nosso desafio agora.

COMO SE ENSINA E COMO SE APRENDE GESTALT?

> *Aprender é descobrir.*
> F. Perls

O CAMINHO DA RELAÇÃO COM O TODO
Tentarei acrescentar a compreensão de uma metodologia que nos permita incorporar o que vimos e sentimos no capítulo anterior. Revisitaremos muito da parte conceitual do primeiro capítulo, só que agora com foco pedagógico com base no trabalho de meus colegas, no meu próprio e na história que o fundamenta.

A Gestalt é ensinada assim como é. Quando comecei minha formação em Gestalt-terapia no Instituto Sedes Sapientiae, em São Paulo, a primeira coisa que me chamou a atenção foi a atitude dos professores mais antigos nessa abordagem. Estava ali Therese A. Tellegen, uma iniciadora do movimento gestáltico no Brasil. Com Therese tive aulas no Instituto, sede da formação oferecida pelo Centro de Estudos de Gestalt de São Paulo, no ano de 1985. Voltou a ser minha professora em uma semana intensiva com formato de seminário itinerante dois anos depois. Calidez, foco e delicadeza diferenciavam seu trabalho, que era complementado com observações ocasionais que criavam um clima de profundidade e trabalho sobre si.

Na época eu tinha 27 anos e considerava a possibilidade de morar no Brasil, principalmente por encontrar ali o espaço e o aroma predominante do liberal. Quando comecei o curso de formação, sabia bem pouco da língua portuguesa; naquele tempo não havia muito intercâmbio de estudantes do Uruguai, logo eu era uma raridade que aparecia e voltava ao meu país para então aparecer de novo. Therese me disse, em certa ocasião em que tinha trabalhado algo vinculado ao amor e ao casal: "Não me lembro de ter visto em um homem a integração masculino-feminino que você tem". Foi muito importante saber que sensibilidade e ação podiam se integrar. Senti uma confirmação de meu caminho, assim como a apreciação de sua forma de fazer Gestalt.

Jean Clark Juliano, outra das professoras, era para mim a delicadeza em pessoa. Seu andar, suas palavras doces e calmas, seu sorriso ao dar aula eram tão transcendentes quanto o conteúdo que transmitia. Normalmente exemplificava seus ensinamentos com histórias ou metáforas, que encantavam seus alunos. Depois de muitos anos e encontros sucessivos em congressos e jornadas ao longo de mais de 25 anos, Jean me pediu que no Congresso Internacional da Argentina, em 2007, fosse o apresentador de sua bela conferência. Esse trabalho levado por Jean a Córdoba inspirou muitos dos espectadores sobre o que, a meu ver, é a Gestalt. Ela se colocou como objeto de seu trabalho, que versava sobre seu caminho e seu estado de saúde atual, sob uma perspectiva de limpidez, abertura e simplicidade. Gestalt em ação e atitude.

Lilian Frazão foi outra de minhas professoras no Instituto, com quem fiz vários *workshops* e participei de aulas e conferências ao longo desses anos. Lilian era uma gestaltista do estilo de Perls, ao menos pelo que observei dele em vídeos e leituras. Onde Lilian tocava algo se abria de uma forma inusitada para o grupo e fundamentalmente para aquele que trabalhava. Lembro-me do que me disse ao fim de um *workshop* de 12 horas no Instituto, em que tinha me pedido que trabalhasse com alguém: "Fernando, vou dizer uma coisa para você se lembrar pelos próximos 30 ou 40 anos: *'não seja um terapeuta tão bonzinho'*". Foi impactante e útil, como ela mesma disse, nesses últimos 30 anos. O que quis dizer foi que não se pede permissão para atuar clinicamente. O desenvolvimento ou crescimento de um indivíduo tem de ser o foco, e as abordagens sempre emanam da atitude conquistada e transmitida pelo terapeuta. Minha lembrança de Lilian é o de uma mulher vital, criativa e segura.

E agora é a vez de Abel Guedes. Foi professor, terapeuta eventualmente e meu mestre na arte da Gestalt-terapia. Abel é uma luva de seda no contato e um frustrador de semblante sorridente. Seu modo de trabalhar é quase felino, deixa que a neurose apareça com tudo que há de bizarro, o que inclui as tentativas egoicas de coerência. Dentro do relato louco, a pessoa começa a ficar enjoada e a se repetir, a explicar-se e projetar sem limites, a perder o foco e zangar-se. É aí que ele salta e intervém com precisão. Aquilo que parece um passe de mágica muda os fatos de base e faz que nos vejamos envoltos na trama da qual nos esforçamos para ficar de fora. Abel me disse uma vez, há mais de 30 anos: "É importante que você mude sua forma de pensar". Imagino que quis me propor deixar de avaliar os acontecimentos da vida e passar a vê-los como parte de um todo, uma forma de incluir e aproveitar as mensagens que estão nos espaços, nos recônditos de toda neurose. Abel é um artífice do concreto; sempre o vi fazendo arte com o concreto.

Com ele participei, em 1985, de uma maratona, uma convivência terapêutica de três dias para pacientes e colaboradores em Minas Gerais, em um hotel com chalés. Saímos de São Paulo rumo à divisa do estado de Minas Gerais e chegamos à noite ao hotel-fazenda na cidade de São Lourenço. Abel nos propôs que o trabalho começasse assim que subimos no ônibus. Ao chegar, dividimo-nos nos chalés para em seguida nos encontrarmos em um salão a fim de trabalhar. Foram dias nos quais construí a certeza do caminho por onde queria que minha vida seguisse. Entendi sobre ridículo, ternura, riso, ansiedade, sensualidade, intuição, rigidez etc. Esse trabalho me estimulou a realizar no Uruguai, em novembro de 1987, a primeira maratona na abordagem gestáltica que inaugurou esse tipo de trabalho no tímido movimento existente no país até o momento. Abel se tornou meu professor e terapeuta, com quem, apesar de minhas idas e vindas para o Uruguai, construí uma psicoterapia sem interrupções. Depois se tornou meu supervisor e agora amigo. Por intermédio dele conheci a Gestalt-terapia e comecei a pensar diferente. Meu mundo psicológico se tornou algo acessível. Não havia então uma psicologia que justificasse minhas incapacidades. O modo desconfiado de ver o mundo tinha começado a ruir e, precariamente, assumia seu lugar a quietude necessária para apreciar o fenômeno que o todo é, e o é por absoluta obviedade.

Dez anos se passaram, trabalhando no Uruguai e no Brasil. Cheguei então à conclusão de que me faltava algo. Apesar de meu modelo humano integrar o corporal, o psicológico, o social e o espiritual na tentativa de unidade circular, considerava que trabalhava a partir dos três primeiros. Guardava a espiritualidade em minha mais absoluta intimidade e em pouquíssimas ocasiões a compartilhava com os mais (muito) próximos. Não sabia como nem a partir de onde abordá-la em meu trabalho. Meu caminho precisava encontrar uma forma de integrar a espiritualidade ao trabalho com a saúde, sobretudo por compreender que a doença começa pela fragmentação e exclusão desta ou de qualquer outra dimensão do ser. Como disse anteriormente, basta que tenhamos uma necessidade forte o bastante para que apareça algo vinculado à sua satisfação.

Permita-me que relate a você uma história do saber popular. Era uma vez um homem que se dedicava a escalar montanhas. Era muito famoso por suas proezas e se sentia bastante orgulhoso delas. Ao mesmo tempo, o homem se achava muito próximo a Deus. Considerava que Ele o havia acompanhado e protegido em muitos momentos de grandes perigos em suas aventuras. Sempre dizia que entrava em contato com ele pelas mais imponentes e exuberantes belezas que encontrava nos caminhos durante a subida das montanhas, nos vales escondidos e cumes onde sentia a plenitude ao ter uma vista do mundo de tal altura.

Um belo dia lhe ocorreu escalar a montanha mais alta: o Everest. Outros já haviam realizado esse feito, mas seu desafio era escalar na época das maiores nevascas e tormentas. Acreditava que a visão seria fantástica nesses perigosos períodos. Claro que, apesar do que pudesse acontecer, seria admirado e se tornaria famoso por essa façanha. Partiu para o cume do Everest sob uma tormenta de neve tão forte que poucos tomaram coragem para ir se despedir dele. A televisão o entrevistou.

Começa a subir e vai esquivando-se das dificuldades do terreno, das rochas, do frio e das nevascas. Depois de alguns dias, começa a amar sua solidão. Na noite do sétimo dia, acampa em um local plano e arma uma vez mais sua barraca. Uma forte tormenta desaba inesperadamente, provocando avalanches de neve. O vento em furacão produz um aluvião que o arrasta para um precipício e leva muito de seu equipamento, inclusive a barraca com roupas secas, suas botas especiais, lanterna etc.

Quando se recupera, está sob uma camada de neve. Quase congelado, caminha até onde percebe que está a extremidade de uma corda, pega-a e a amarra a um gancho que tinha colocado no dia anterior em uma rocha. Prende seu corpo à corda e se engancha na rocha. Nesse momento, a tormenta volta, e agora o arrasta até um abismo, deixando-o precariamente suspenso pela corda. Fica pendurado no ar, diante de um abismo de centenas de metros, à noite e sem referência alguma. Está aflito e pressente a morte. Com o que lhe resta de alento, invoca a Deus de forma desesperada várias vezes. Só ouve o silvo ensurdecedor do vento. Continua gritando e implorando a Deus.

Em um momento se faz silêncio. Aproveita para pedir, com as forças já escassas. Ouve que alguém fala com ele. "Deus!", pensa. Fica imóvel e escuta. A voz lhe pede para soltar o gancho que o prende à corda e se deixe cair. Começa a duvidar de sua sanidade e continua pedindo a Deus que o salve. Volta a fazer silêncio. Então, a voz lhe pede que confie, diz que ao deixar-se cair vai encontrar o caminho para voltar para casa...

Passaram-se muitas horas e dias. Quando a tormenta amainou, um grupo de escaladores profissionais e um helicóptero começaram as buscas. Quando a tarde já chegava, o encontraram. Estava morto. Pendia congelado, agarrado a uma corda a ponto de desprender-se de um gancho em uma rocha distante, a uns dez centímetros do piso firme. O piso era parte de uma saliência que levava a uma caverna, antigo refúgio de escaladores usado em caso de tormentas ou para passar a noite.

Espero que a história ofereça luz e ilustre o que vamos abordar e descobrir. Na integração de todas as dimensões humanas, a espiritualidade é uma busca trabalhosa, na qual nunca sabemos por onde transitamos. O escalador era um homem espiritualizado; entretanto, morreu sem ouvir a voz de sua sabedoria organísmica.

Em minha necessidade de integrar o espiritual, me vi diante do desafio de viver a partir disso. A pedagogia do modelo gestáltico foi, durante toda minha formação no Brasil, uma mistura fluida de um experiencialismo facilitador da autodescoberta com a teoria que o acompanhava. A prática e a teoria formam uma unidade estimuladora da *awareness*.

Tornar inteligível o que acontece em nós é parte da unidade que gera uma modificação em nosso ser; também promove a prática do *continuum* do "dar-se conta". Especialmente nos grupos de formação, assim como em toda prática clínica, é importante, depois do trabalho vivenciado por algum aluno ou paciente, tentar que consigam falar sobre o que aconteceu.

Se consideramos que "aprender é descobrir" e pretendemos ser coerentes com esse aporte fundamental de Perls, torna-se necessário que a Gestalt-terapia tenha uma pedagogia coerente com sua própria concepção. Quando em 1986 e 1989 comecei a ensinar Gestalt-terapia na disciplina de Psicologia na Universidade Católica do Uruguai Dámaso Antonio Larrañaga e na Faculdade de Psicologia da Universidade da República, respectivamente, um primeiro problema se apresentou, nada fácil de solucionar: como avaliar o conhecimento adquirido pelos alunos?

Nos cursos, era relativamente simples fazer que os alunos se comprometessem com as práticas criadas para experimentar, em si mesmos, o que se desenvolvia na teoria. A teoria gestáltica, como qualquer outra, não parece influenciar o aluno se ele não a pode sentir primeiro em si. E para que o aluno possa *senti-la* deve haver uma maneira pedagógica – que precisa ser coerente com o modelo antropológico utilizado – que o estimule. Descobrir-se dentro do que se ensina, viver dentro do que se transmite, é uma condição irrenunciável da gestaltpedagogia. O ensinar e o avaliar precisam andar de mãos dadas.

O teatro se tornou a ferramenta de que eu necessitava para que os alunos integrassem os conceitos enquanto os viviam em si mesmos e interagiam com eles. O teatro oferece muitos recursos expressivos, estimulantes do contato e da sensibilidade, compreensão e ação, comédia e drama. O teatro fornece maneiras de se empatizar pelo evidente. Leva-nos a entrar na intimidade das vidas que a obra apresenta. O teatro descreve e define a vida. E o faz de forma contundente, em uma relação estreita com o que conhecemos de nós mesmos.

Em alguns momentos, *somos* os personagens que se apresentam diante de nós em suas peripécias de vida. Então, podemos concluir que os personagens, cuidadosamente sentidos e ensaiados pelos atores que no momento da apresentação da obra nos chegam como reais, se assemelham a como cada um de nós ensaiou alguns personagens favoritos que hoje consideramos próprios, e até nos definem diante de nós mesmos e da sociedade em que vivemos. O teatro pode ser arte, diversão, uma maneira de ensinar sobre a vida e, em se tratando de nós mesmos, uma criação tão ensaiada que nos leva a crer que os personagens são autênticos. Em certa medida o são, ainda que devamos levar em conta que o mais essencial em nossa existência nunca pode ser criação nossa.

Então qual é nossa prerrogativa? O que podemos criar? Podemos, sim, agir sobre a conexão, temos a liberdade de conseguir limpar o canal de relação com a sabedoria organísmica presente em nós e assim compreender o que significa a essência. O significado da essência é muito mais o que a essência produz como transformação pessoal. A essência comunica cada uma das coisas que povoam a Terra e o universo. Devemos saber que tocar a essência é profundamente transformador. Conectar com o essencial de nós mesmos talvez seja o sentido que tanto buscamos em nossa vida. Podemos fazê-lo com uma metodologia que leve em conta o que temos visto ou segundo uma forma natural de viver que conhecemos como o *quarto caminho*, sob a perspectiva de Gurdjieff (1912).

O teatro nos mostra como considerar nossa vida em relação ao uso de personagens ou de papéis que construímos e normalmente encobrem ou cercam nossa realidade externa e sua ligação com a interna. De certa forma, se examinamos o caráter sob a perspectiva dos personagens que ensaiamos, concluímos que vai minando o contato com a autorregulação organísmica. A Gestalt-terapia recorre, de forma hábil, aos recursos do teatro para valorizá-lo como arte cênica a serviço da expressividade do indivíduo, assim como para detectar as manifestações caracterológicas que avaliam a autenticidade. Para isso, a ideia de diferenciar nosso funcionamento neurótico e patológico em geral daquilo que realmente somos é fundamental. Toda teatralização é uma construção cuidadosamente realizada ao longo do tempo e na qual investimos muita energia. É também uma maneira de tomarmos consciência de como e onde estamos empacados ou cristalizados, já que é nesse lugar que a expressividade de corpo e palavra deixa de fluir. Se formos agudos em nossa percepção, notaremos que não é nada fácil determinar que ou qual é uma atitude autêntica. Assim, o ensaio sistemático do personagem que criamos e identificamos como genuíno poderia ser puro teatro.

Isso nos cria um problema: descrever o que seria uma manifestação genuína. Como identificar o que é genuíno? Daremos um exemplo (talvez esta seja a única maneira de tentar responder à pergunta). Um grupo tem como propósito trabalhar com o teatro para conseguir transformar conflitos em cenas que, por sua autenticidade, têm valor curativo. É um trabalho que realizo desde 2001 e integra Gestalt, teatro e Teoria de Campo. Dei a ele o nome de *cenas transformadoras*. Em um dos grupos formados para esse fim, uma mulher de meia-idade relata que deseja trabalhar uma cena na qual, aos 5 anos de idade, ouve, atrás de uma porta e pela enésima vez, uma briga pesada entre seus pais. Manifesta que seu pai, já falecido, era alcoólatra, e sua mãe, violenta. Sua irmã, muitos anos mais velha, geralmente a acalmava, mas naquela noite as coisas tinham chegado, segundo ela, ao ponto de se matarem. Peço à pessoa que monte sua cena com colegas de grupo, aos quais atribui os papéis de pai, mãe e irmã. A cena se desenrola, em tom claramente dramático e o mais parecido possível com o que ela se lembrava.

Ao dialogar com sua mãe, a paciente reclama de duas coisas. A primeira é que teve essa vida de dor e não fez outra coisa além de brigar sempre com o pai; a segunda, que deixou nas mãos de sua irmã o papel de mãe substituta e de protetora da família. Percebo que a paciente apresenta uma atitude arrogante para com a mãe. Vê-se que está cheia de rancor e sente muito orgulho de sua crítica severa.

Em determinado momento, cria-se espontaneamente um profundo silêncio que dura alguns minutos; ela começa a se emocionar. A paciente diz que precisa pedir perdão. Essa mudança súbita de rumo, *imprevisível* tanto para ela como para os personagens que representavam os três papéis e para os demais integrantes do grupo, fez que se criasse uma mudança no roteiro. Do orgulho passa a uma humildade que, por sua manifestação, é transformadora. Decide por conta própria ajoelhar-se e pedir à mãe que a desculpe, enquanto passa da emoção ao pranto. Essa atitude é claramente uma expressão de autenticidade proveniente do vazio fértil. Para não estender mais esta exposição (já que houve mais elementos), finalizou-se com uma cena que contém a expressão de amor familiar, fruto da saúde que organismicamente todo sistema porta de forma intrínseca.

O sistema sempre contém a solução. O sistema é continente e portador tanto da patologia como da cura. Uma vez que se trabalha com o campo-sistema, chega-se à saúde que está contida nele. Assim, podemos dizer pedagogicamente que o teatro pode não ser apenas uma forma de ensinar e avaliar conhecimentos, mas, se usado terapeuticamente, contém o saber como *know-how* da resolução.

INTENÇÃO E VONTADE

Encarreguei-me, no extenso primeiro capítulo, de aprofundar a teoria. Entretanto, é neste capítulo que desejo desenvolver mais a metodologia que utilizamos em nosso instituto, onde criamos um espaço para refletir e integrar, por meio de um registro escrito, o vivencial que está desenhado para a temática a tratar e a teoria que o acompanha. Algo continua faltando, porém. Trata-se da experiência pessoal sobre a vivência pedagogicamente criada para *encorajar a descoberta* de um tema específico. É que para assimilar o conteúdo de uma unidade temática o vivido a partir do pessoal é sempre contextualizado pelo próprio processo em grupo. O docente que faz que a teoria gestáltica seja referente teórico-técnico da experiência mostra que o sentido dessa pedagogia é o de aprender pelo ato de descobrir e descobrir-nos. A experiência pessoal sobre um tema se estabelece pela descoberta do que acontece com o aluno em relação ao tema. O aluno trabalha em cima de sua própria vida ao mesmo tempo que é estimulado pelo tema proposto. O intrapessoal, o interpessoal e o transpessoal como dimensões do ser, que normalmente estão desintegradas, tentam se unificar em pensamentos, atos e sentimentos.

Entremos no tema da intenção. Que diferença encontramos entre intenção e vontade? A vontade é gerada e motivada por necessidades pessoais. Tem duração e intensidade limitadas, já que exige energia para se sustentar. A energia não é ilimitada e surge do que resta de todas as funções organísmicas que estão em jogo em determinado momento. É também fundamental considerar que seu nível de alcance tem relação com o grau de compreensão que possuímos e a retroalimentação que ocorre durante sua presença.

A vontade é função da consciência, a intenção é função do desenho intrínseco. A intenção é confiança, a vontade é certeza de como se chega a um resultado pelo esforço. Da mesma forma que o *como*, a intenção é abrangente. Um exemplo: o terapeuta trabalha com o paciente para que este esteja em concordância com sua autorregulação organísmica; essa é sua intenção. Por ter treinado seu próprio contato com a sabedoria organísmica é que o terapeuta promove no paciente sua conexão com essa fonte de saúde e cura.

A intenção se desapega dos resultados, é a forma natural de conectar com o fluir.

A vontade é importante como veículo para a obtenção de fatores que precisam ser concretos quanto à sua finalidade, portanto exige disciplina. A intenção é pura leveza com a disciplina. A vontade necessita de disciplina, a intenção é a disciplina. O que me leva a dizer isso?

Como descrevi anteriormente, a disciplina é produto do propósito férreo e nos conduz à harmonia de estar e viver a partir dali. Nenhuma vontade humana pode ser sustentada de maneira sistemática para que se alcance esse fim, já que energeticamente nos vemos limitados. Podemos agir de forma voluntária por certo tempo, mas sempre sofreremos a limitação de estar sujeitos a múltiplas figuras que se nos apresentam ao longo do tempo e necessitam ser satisfeitas. Se essas figuras, por exemplo, satisfazem uma função biológica essencial, a vontade se subordina a essa atividade organísmica. A intenção não varia em intensidade energética por não estar sujeita à nossa energia biológica, sempre limitada. A intenção é conexão com o indiferente que colocamos em um horizonte possível e nunca certeiro.

A função que a pedagogia e fundamentalmente a clínica têm é a de agir a partir da intenção. Ensinar como curar ou ser aquele que colabora para que o indivíduo se cure passa por uma intenção que conduz a que o agente seja a sabedoria organísmica. Ambos, indivíduo e terapeuta, tentam viver a partir dali. É por isso que em Gestalt-terapia se fala que quem mais sabe de si mesmo é o próprio protagonista da aventura do processo curativo: o paciente. Sua sabedoria organísmica o conduzirá e o estimulará assertivamente à saúde. O terapeuta ajuda com sua atitude, intenção e saúde; o paciente é levado por sua própria autorregulação e nunca pela vontade do terapeuta. Para finalizar este tema, quero esclarecer ainda mais essa função do terapeuta.

A vontade de que o paciente se cure é natural em muitos terapeutas; entretanto, em geral se transforma em uma maneira de interferir. É a vontade de quem? A intenção é um desejo desapegado de resultados e fins específicos. Assegura que não caiamos na onipotência. É um augúrio que deixamos suspenso na brisa suave que o ser assume ao conectar-se com sua cura intrínseca. A vontade nos oferece uma ou mais possibilidades positivas de satisfazer necessidades. Gera alternativas que emanam de minhas capacidades pessoais. Se concordamos que nossas capacidades pessoais são limitadas – e, como vimos antes, são perpassadas ou sofrem interferência de um ego que nos adoece com predições estereotipadas –, a vontade, como ato criativo no sentido de enfrentar a vida, é limitada também.

A intenção é nos permitir a confiança de viver organismicamente nas dimensões do ser que não necessitam de planejamento nem têm vigência. Os prazos para os processos ou tarefas que nos damos ou nos são impostos precisam de vontade e consciência; o caminho no sentido do autoconhecimento não aceita esses tempos, é um pouco mais próximo da intenção.

Uma verdadeira gestaltpedagogia estaria fundamentada na intenção, para permitir a autodescoberta, e na vontade, para criar uma disciplina do contato. Uma nos conduz ao essencial enquanto a outra cria a metodologia sem se fixar a ela.

A CONSTRUÇÃO DE UMA PEDAGOGIA QUE CONDUZA À UNIDADE EXPERIENCIAL DE PRÁTICA E TEORIA

Os grupos de formação Puertas Abiertas em Gestalt-terapia se nutrem dessas premissas e da riqueza que oferece a pluralidade de origem de seus alunos. Busca-se a integração entre profissionais de saúde e educação – psicólogos, médicos, assistentes sociais, pedagogos, professores etc. – e indivíduos com desejo de crescer e conhecer os ensinamentos gestálticos para sua própria vida, família e trabalho.

Do meu ponto de vista, assim como daquilo que fui conhecendo da vida de Perls nesses anos, posso dizer que ele considerava que o psicoterapeuta podia ser formado para essa função ou espontaneamente surgir da vida levada em conexão. Perls criou uma metodologia inclusiva de todas as dimensões do ser.

Tudo isso nos faz considerar a riqueza da Gestalt-terapia em seu conjunto, como caminho de vida. Entendemos, assim como afirmaram Erving e Miriam Polster (1980), que esse enfoque da existência não pode ser reduzido a psicólogos e sim amplificado a toda pessoa que o considere um caminho de crescimento.

Em contrapartida, a formação com a atitude pedagógica que a acompanha não pode, como já vimos, ter uma metodologia clássica, seja esta de aprendizagem ou de avaliação. É importante, portanto, considerar as maratonas – recurso para o crescimento pessoal em grupo, nos quais fui pioneiro no Uruguai desde 1987 – como um formato transcendente na estrutura pedagógica da Gestalt-terapia.

Assim como Perls, nos últimos momentos de sua vida, tentou criar um espaço em Vancouver (Canadá) para que o gestalt-terapeuta vivenciasse o contato natural entre pares e aumentasse a sua *awareness* dos mecanismos evitativos no encontro cotidiano, aqui no Uruguai fomos integrando em nossa metodologia.

Em 1964, Perls, com quase 72 anos de idade, conhece Michael Murphy, que tinha um belo espaço, de frente para o litoral do oceano Pacífico, em Big Sur, Califórnia (Estados Unidos). Esse lugar ainda hoje é a sede do Instituto Esalen, um Centro de Potencial Humano, no qual, no ano citado, Perls começou a apresentar seus *workshops* e ensinamentos em Gestalt-terapia. Um ano depois não só suas aulas-oficinas são filmadas como ele também começa a ser reconhecido internacionalmente.

Como disse antes, Perls cria um *kibutz* gestáltico no qual, entre outras pessoas, Barry Stevens (1979), autora do lindo livro de conteúdo e atitude verdadeiramente gestálticos chamado *Não apresse o rio, ele corre sozinho*, é uma de seus primeiros 15 alunos.

Atualmente, a cerca de 14 quilômetros da cidade de Minas, no Estado de Lavalleja, Uruguai, existe um Esalen ao qual demos o nome de *tiyoweh*. Ali, desde 2006, tenho trabalhado com minha equipe de colegas uruguaios, brasileiros e argentinos em reuniões para conquistar um propósito comum: oferecer ao mundo um minúsculo grão de areia como aporte à saúde, lembrando que a sabedoria intrínseca organísmica é a maneira que conduz a alcançá-la. Essa aventura, propósito de nossas ações em relação à saúde – que é uma realidade intuída mais do que conhecida –, nos levou a que a consciência seja o veículo, a meta e o instrumento em si mesmo para compreender o modo como *tudo está desenhado*. Se o todo tem um desenho, para que possamos conhecê-lo temos de buscar o próprio desenho. O desenho biológico é a matriz da autorregulação organísmica. A expansão da consciência por práticas meditativas ou neoxamânicas nos leva ao fato de que a saúde é compreendida como realidade aceita e experimentada de forma concreta, em vez de sua interpretação subjetiva.

Nos ensinamentos que a formação de gestalt-terapeutas exige, a forma que assume a conscientização de "como sou" é por meio do experimentar-se – a vivência de contato consigo mesmo – em relação ao mundo – basicamente dois pares –, assim como propõe o quarto caminho de Gurdjieff (1912), que tem equivalências com Perls na noção de contato, e com a dupla atenção de minha autoria.

Nossa pedagogia é, então, uma proposta de autoconhecimento que complementa uma terapia de abordagem gestáltica. Esclarecer e conhecer-se são aspectos fundamentais na busca da saúde à qual toda psicoterapia se refere. A resolução de conflitos históricos e presentes é a razão da existência dela. Prevenir, a partir de saber quem a pessoa realmente é, já deixa de ser tão clássico.

O autoconhecimento é uma tarefa que implica todos os recursos íntimos que um indivíduo possui, e que põe em jogo durante décadas. É para nós, professores do Encontro, a principal tarefa na formação para alcançar a atitude como gestalt-terapeutas e a dedicação maior a que um indivíduo pode estar sujeito. A atenção ao corpo, à psicoterapia pessoal, à relação entre os integrantes do grupo e sua historicidade, o conhecimento de nosso caráter e das formas metodológicas de viver a partir da essência humana, que conseguimos em momentos isolados e que sempre nos fazem dar um salto no caminho, assim como a prática do silêncio interior em dupla atenção, são o caminho para formar gestalt-terapeutas.

Avancemos na metodologia. Uma vez formado um grupo, propomos, a cada reunião, uma roda na qual o intuito é de que cada um expresse como está no presente, levando em consideração pontos cegos, *impasses* e situações inacabadas. A disponibilidade, nesses momentos iniciais, nos permite abordar, em roda, temas que proporcionam ao aluno poder minimamente fechar algo dessa Gestalt inacabada e assim reunir toda a sua energia na experiência que lhe será proposta em breve. Com um grupo atento e aberto para descobrir-se em aspectos novos de seu contato, propomos diretamente a consigna de uma experiência que esteja vinculada à temática que pedagogicamente queremos alcançar.

O aluno, portanto, tem uma vivência íntima, pessoal e em grupo do tema para então fazer um registro de integração entre vivência e teoria, que lhe servirá para formar-se nessa metodologia. Com suas anotações, o aluno poderá perguntar quando tiver dúvidas sobre o tema, que sempre está vinculado circularmente com os outros que compõem o programa de formação de gestalt-terapeutas, e ao mesmo tempo tais temáticas podem ser trabalhadas.

A metodologia que usamos para a formação em Gestalt-terapia não é condição suficiente, ainda que necessária e fundamental, para que o aluno esteja apto para trabalhar na clínica ou na educação. Consideramos que o trabalho terapêutico, pessoal ou grupal, é de extrema importância.

Há alguns anos, um de meus alunos me perguntou de que se tratava nosso trabalho. De certa forma, estava me perguntando como fazer e o que fazer. Sua pergunta era verdadeiramente original, nova, atual, brilhante. O tipo de pergunta que já contém em seu seio parte da resposta. Começamos a dialogar. Propus a ele que repassasse seus pacientes e se conectasse com o que considerava que tinha lhes oferecido. Foi difícil para ele chegar a uma conclusão geral. Fomos refletindo sobre o que alguém vem buscar e o que oferecemos; chegamos à conclusão de que não se trata de tecnicismos nem de grandes explicações, de passados remotos ou predições venturosas. Trata-se de transmissão de energia, de transmissão de atitude.

Atitude e energia são manifestações que não podem ser disfarçadas em um encontro verdadeiro. De certa forma também são sinônimos. O que um paciente encontra em sua psicoterapia, seja esta em grupo ou interpessoal, é um encontro com alguém que lhe mostra que é possível viver com alegria e confiança em seus recursos internos em conexão com os externos. É um intercâmbio de "vibrações de determinada longitude de onda" que produzem a cura por contiguidade e boa forma (Koffka, 1984). É um contágio de saúde. É conexão. É uma maneira de ser na qual o terapeuta caminhou entre seu autoconhecimento e uma metodologia acorde; é assim que demonstra uma possibilidade.

É importante considerar que o paciente não tem por que seguir o caminho do terapeuta. Este simplesmente irradia o que encontrou como buscador que é, o que o levou a ser uma pessoa em via de estar em crescente conexão e que expandiu seu sentido do humano. Todo caminho é transcendente se conduz ao humano, à alegria e à compaixão. O paciente se cura uma vez que vive por e com base no amor.

Nenhuma metodologia é suficientemente boa para que sozinha estimule tal objetivo. Sempre será o contato e a humanidade contidos no que produz uma mudança, mostra uma espiral no crescimento e estimula o amor. Metodologia e atitude podem retroalimentar-se harmonicamente. Assim, o processo psicoterapêutico vai se produzindo, não por saber aonde chegar, mas pelo que vai manifestando em sua temporoespacialidade.

GRUPALIDADE E ENERGIA
Nos grupos que apresentam uma relação fusional, avaliam-se manifestações egoicas individuais ou do próprio grupo que podem entrar em conflito com os coordenadores. Estes são avaliados como quem pode tirá-los da "lua de mel" confluente. Por esse motivo, e por muitos outros, a condução de um grupo, seja de alcance psicoterapêutico ou pedagógico, é talvez o trabalho mais complexo e comprometido que um profissional dessa área pode ter. Pode-se considerar, se é que não tem experiência no trabalho com grupos, que o individual em si já é suficientemente desafiante para pensar que há algo ainda mais. Mas é assim.

Imagine, a título de exemplo, que esteja cocoordenando um grupo de 12 pessoas com um colega que tem experiência equivalente à sua e vocês se dispõem a trabalhar clinicamente. Precisarão fazer reuniões prévias para compartilhar, antes de tudo, como cada um descreve sua formação, seu agir teórico-técnico e sua ideia de saúde. Começa aqui a análise das diferenças de cada um, respeito, criatividade e competência. Como verão, é possível que este seja o primeiro ato de integração ou exatamente o contrário. Se seguirem em frente com a ideia de ser coterapeutas, terão de se ver trabalhando, agora sim, de maneira concreta dentro do grupo, e sentirão ou não coincidências. Podem então acontecer diferentes coisas. Sem dúvida, ficarei sempre aquém da variedade do que poderá ocorrer, já que o humano não tem limites fixos.

Uma possibilidade seria de um ficar acima do outro e, portanto, achar que deve intervir em quase tudo, o tempo todo. A alternativa é que aquele que sempre está disposto a ajudar se considere um grande benfeitor e rompa limites de tempo e espaço. Outra é que um se aborreça, se não for considerado de modo especial; esse tipo pode se dividir em dois subtipos: aquele que lutará insistentemente para conquistar aprovação a todo custo ou o que se desmotivará ausentando-se do trabalho.

Como ouvi dizer no Brasil: é preciso "namorar" por muito tempo para saber-fazer-juntos. Agora, imaginemos que somos os participantes do grupo, que percebemos e reagimos ao conflito daquele que coordena. As formas de se defender são múltiplas, ainda que em geral possam ser vistas de duas maneiras essenciais: mimetizar-se ou disputar o poder com a coordenação. Assim, podemos analisar como vão sendo criadas ideologias sobre o funcionamento do ser humano e, por extensão, o do universo.

Criamos ativações no sistema defensivo de quem nos rodeia porque fundamentalmente é à nossa atitude que o outro está reagindo. Na coterapia, podem acontecer situações como as que vimos anteriormente e muito mais. Uma vez que os coterapeutas não sejam do mesmo sexo, tenham idades e trajetórias diferentes, até mesmo que apresentem diferença na estrutura de caráter, conduzirão a divergentes modos de compreensão. As combinações possíveis são muitas. Entretanto, uma boa notícia é que já que o participante do grupo absorve com uma sensibilidade especial a atitude dos coordenadores assim como de seus pares, absorver é parte de algo aparentemente necessário que provém da sabedoria organísmica. Qualquer indivíduo, diante de uma grupalidade ou simplesmente diante do outro, sente que algo exuberante em termos de conteúdos e formas se revela ante seus olhos. Soa conhecido, não é?

A atitude do coordenador ou convocador do evento grupal é mostrar uma forma mais saudável de vincular-se ao mundo, ser-no-mundo. Para isso precisa estar, no mínimo, buscando uma forma de trabalho sistemático sobre a atitude gestáltica, na qual o *aqui* e o *agora* e o tentar fluir com a energia da autorregulação organísmica estejam notoriamente presentes. Veremos algo menos complicado e talvez curador.

Que tal se olharmos pelo lado do fluxo de energia? Em um grupo, a figura que aparece para os coordenadores é o grupo e sua vinculação interpessoal, enquanto a figura para os participantes é a presença de seus pares sobre o fundo da grupalidade convocada pelos coordenadores. Se conseguimos ver o fluir de energia, parece tudo em ordem. Contudo, pela dupla atenção vemos que o fluir energético deve ter uma segunda dimensão.

Começa fluindo dos coordenadores para o grupo. À medida que o grupo transita por seu processo evolutivo natural, vai conquistando identidade e pertencimento, retroalimentando-se, confiando e nutrindo-se integralmente de sua própria multiplicidade energética, e o fluir organísmico se potencializa. Todos se retroalimentam dessa energia grupal a que pertencem e os faz crescer. Talvez seja uma maneira possível de conduzir um grupo que tenta um modelo para que cada ser esteja incluído, ofereça o melhor de si e veja a si mesmo como uma criação peculiar no universo humano. Se colocamos a energia nessa ordem, ela será canalizada no sentido de um curar entre todos. Isso é o que tentamos ensinar experiencialmente, ao lado de um importante conhecimento de teoria de grupos e sua discussão natural.

Um tema que me parece transcendente dedicar à grupalidade, aspecto em si mesmo básico, para contextualizar a pedagogia gestáltica, é o *tempo* como arte. Uma arte conquistável e enriquecedora de todo momento terapêutico. Supervisionando outros colegas em geral e ainda os que simpatizam com a Gestalt-terapia, há a necessidade de um saber antecipado ao encontro existencial com aquele que consulta. Raramente os terapeutas, e em especial os jovens, estão abertos ao encontro aceitando que o importante é o contato eu-tu que Buber (1923) descreve com clareza. Esse contato não só é sadio, mas também cura. Quando se está tão ansioso por saber e se pretende antecipar, em um tipo de onipotência e onipresença do que seria estar presente diante do fenômeno, o tempo é usado ou nos usa de maneira deficitária. O tempo é uma ferramenta transcendente no ato do "dar-se conta", assim como na busca de autossuporte como finalidade primeira do processo psicoterapêutico e da capacidade expressiva do corpo quando saramos. Esperar que o outro tenha suas associações, identificações, relações, vínculos e demais aspectos que conduzem à *awareness* é uma arte pela qual toda intervenção está contida em uma temporalidade curadora. A sincronicidade do tempo-intervenção deixa de ser um luxo extraordinário para transformar-se no fruto mais ou menos regular de uma atitude conectada com a autorregulação organísmica e seu fluir natural, ao ouvir o que provém do vazio fértil. Lembre-se de que a quietude é uma forma de estar conectado a essa forma de ouvir-se.

O uso do tempo é importante para permitir ao outro entrar em contato com sua autorregulação organísmica. Há momentos em que temos de agir com rapidez e outros, com lentidão. Normalmente devemos atuar com agilidade quando o paciente está pronto para descobrir algo importante de si e notamos que se não aproveitarmos o momento seu sistema defensivo vai agir antes, redirecionando a atenção para a perpetuação do neurótico.

Como todos os gestalt-terapeutas sabemos, Perls não enfrentava as defesas evitadoras do contato, mas as utilizava em seu favor para conduzir à saúde. Buscava a explosão, uma camada evolutiva que não é outra coisa senão a atitude autêntica, genuína e autossustentada diante da existência. O tempo é uma forma concreta de permitir ao sistema defensivo liberar sua energia para investi-la em crescimento e autorreflexão.

A integração e o equilíbrio entre a inteligência, os sentimentos e a atitude, entre o feminino e o masculino como princípios regentes em toda manifestação da realidade e a perspectiva biopsicossocioespiritual do ser humano levam a que todo ato possa ser criativo e indiferente em seus antecedentes e consequências. Esse ato não estaria sujeito ao pensamento fragmentador e à dualidade opressora da unidade intrínseca que inspira todo o desenho biológico.

Quando uma parte é tomada pelo todo, apesar de já sabermos que o representa, o sistema é desequilibrado e as defesas tomam o lugar deixado pela figura que é evitada. Essa figura transluz como um ato compulsivo no sentido da repetição. A autorregulação organísmica age para fechar e assim retirar a energia de acontecimentos da vida sem resolver, para então continuar o caminho da vida e tudo que ainda vai nos acontecer antes de partirmos.

Portanto, enfatizo a dupla atenção, a partir da qual o masculino e o feminino são forças do desenho e intrínsecos a toda expressão deste. A unidade, como resultante da busca humana de saúde, é a união organísmica de tais princípios feminino-masculino de maneira constante. Unidade, imprevisibilidade e invulnerabilidade são manifestações de sabedoria. O feminino e o masculino, tecidos em uníssono, são uma das formas que o paradigma integrador da mudança pessoal assume e simbolizam a mudança de era na qual estamos imersos como iniciadores. A alteridade é o caminho de entrada, assim como o propósito final é a unidade. Só há sabedoria se o equilíbrio e a coerência estiverem presentes em todos os princípios constitutivos do ser humano.

Passemos agora ao equilíbrio instintivo. O conhecimento do eneagrama nos conecta aos instintos conservacional, social e sexual que determinam, segundo sua primazia, as peculiaridades que nosso atuar, a partir do caráter, assume. Esses instintos devem alinhar-se. Quando os instintos agem desequilibradamente – no sentido de que um prevalece sobre os outros dois –, aparecem situações nas quais a patologia se manifesta.

Se considerarmos que o instinto de preservação nos impõe um contato íntimo com nós mesmos, estimulando a sensação de que o que vem do mundo é perigoso, sem significado, imperfeito, manipulável ou insuficiente, nos retrairemos tentando viver acima dessa escassez externa. Claro que a pobreza também será sentida na caverna ou no castelo que construirmos para essas finalidades. Sempre será um cárcere interior. As fronteiras de contato estão tão voltadas para dentro que assumem os contornos do indivíduo e até podem chegar a estar dentro de si, anestesiando todo contato. Se já tivemos a oportunidade de ver crianças que sofreram maus-tratos físicos ou violência sexual, ou que vivem em sistemas disfuncionais, percebemos que elas criaram uma insensibilidade extrema dos receptores nervosos da pele. Porém, o instinto de preservação é fundamental na relação com nós mesmos como realidade interna e na percepção da realidade externa. Esse instinto torna necessária a ativação de nosso sistema defensivo como ato presente e natural do contato.

O instinto sexual nos leva à tomada de contato com o outro com o qual pretendemos ter uma intimidade, que em certa medida só se diferencia da expressada no instinto de preservação por haver dois indivíduos em jogo. Esse instinto sexual está relacionado com a sexualidade em todas as suas manifestações. Entretanto, leva-nos à compulsão de aderir, de nos apegar, de nos familiarizar, até o extremo, ao recôndito e reservado, com tudo aquilo que aparece no mundo. Cria ou extrai sua própria força dessa intimidade; a energia que esse tipo de disposição libera diante do mundo se dá fundamentalmente pelo trânsito energético entre a ação dedicada ao outro e o que pretendemos receber dele. As fronteiras de contato se expandem até esse outro com o qual gero intimidade no sentido de apego, criando uma simbiose sutil ou explícita e abandonando o mundo que contextualiza todo vínculo.

Devemos levar em conta que nem sempre o instinto sexual surge da pretensão de uma união baseada no amor. Como disse, sustenta-se no apego a qualidades do outro ou do mundo que julgo – às vezes de maneira errônea – necessárias para viver ou sobreviver. Por isso, vive-se um clima de carência interior compensada pela afeição a vínculos e coisas. É importante considerar que esse instinto, ao compensar-se com os outros dos que estão menos ativos ou desenvolvidos, nos conduz ao amor e à confiança.

Instinto social é o impulso irrefreável de entrar em contato com outros em seu conjunto, chegando assim a centrar-se na sociedade como totalidade sempre destacável acima de todo exclusivismo. É a maneira como a figura se torna compulsiva por necessitar do mundo. Instinto social é uma forma de conhecer o mundo, seduzi-lo, conquistá-lo, tornando-nos fanáticos por credos ou arquétipos que impactam a sociedade e produzem ou se acoplam a linhas de pensamento. Quem tem uma prevalência desse instinto acima dos outros pode ser altamente crítico e também afiliar-se a renúncias ou sacrifícios relacionados a tendências sociais ou até globais. Parecem hipnotizados pelas massas e tendem a conseguir uma inserção, aceitação, adaptação, imagem, ou, ao contrário, vingança, inadequação ou confronto.

A fronteira de contato torna-se excessivamente expandida para o mundo e pode até nem ser percebida como própria. Até o ponto de o indivíduo ter de reconstituir a fronteira a partir de uma fuga para a solidão forçada, em momentos nos quais é tomado por um tipo de euforia social.

O instinto social também nos conduz a uma sensibilidade por aquilo que grupos ou estruturas sociais necessitam alcançar, e é positivo uma vez que a energia seja investida no que se pode conseguir para criar vínculos e dar respostas criativas às demandas de muitos.

Se todo ato surgisse de uma integração e unificação entre a inteligência, sentimentos e uma assertividade no agir, esse ato naturalmente estimularia o crescimento e a consciência em nós. Se por sua vez estivesse equilibrado nas forças do feminino e masculino, seria um ato de profunda vitalidade e sabedoria. E sem esquecer o cessar da guerrilha entre os dois farsantes que compõem nosso diálogo interno: o dominador e o dominado.

Ao agregar a harmonização entre instintos, cada ação conteria saúde e compaixão, alegria e bem comum, evolução e mérito. A forma como se poderia ver a própria vida e a de nossos pares por meio dessa harmonia multidimensional seria luminosa e bondosa. Se o que tem importância para mim também é importante para os meus e para a comunidade da qual faço parte, então a vida e todo ato que emane dessa situação serão humanos. E se é humano estará em concordância com a sabedoria organísmica e a harmonia universal.

Não parece tão complicado estar dentro dessa harmonia universal, quando se leva em conta que a sabedoria organísmica, que se manifesta a todo momento presente e em todo lugar ao qual nos dirigimos, contém em si mesma todos esses aspectos integrados.

Para concluir essas ideias da pedagogia em Gestalt-terapia, é importante considerar o tema da satisfação de nossas necessidades ou o fechamento de *gestalten* inacabadas. O intuito de satisfazer a necessidade que atualiza uma figura por sobre o fundo não pode demorar muito tempo, e a resposta tem de estar de acordo com o tipo de necessidade. Pode ser que nosso foco esteja direcionado a algo que não nos leva a tomar contato com aquilo de que necessitamos, e assim se criam figuras que sistematicamente tentam nos encaminhar para a satisfação de tal necessidade, para assim retomar o fluir da energia que estava interrompida.

Assim chegamos ao que denominei *teoria do cardápio*. Imagine que tenhamos entrado em um restaurante para almoçar. É meio-dia, sabemos que já faz mais de quatro horas que tomamos o café da manhã e temos uma jornada de trabalho que vai nos consumir mais de seis horas ininterruptas à tarde. Os dados sensoriais de nossa autorregulação organísmica, assim como a homeostase dos sistemas que interagem em nosso corpo, nos indicam que a necessidade de comer é pouca. Vamos comer só porque há um período para isso. Pedimos o cardápio e levamos o tempo necessário para escolher. Inclusive, se não temos pressa para voltar ao trabalho, poderíamos pedir nosso prato preferido, mesmo que demore um pouco mais para ser preparado.

Agora imaginemos a mesma cena, mas com um apetite voraz. Pedir o cardápio é menos necessário que perguntar ao garçom qual dos pratos demora menos para ser servido. Sem dúvida, já não temos liberdade de escolher o prato que desejamos, pois nossa necessidade está focada na rapidez do preparo.

Em terceiro lugar, imaginemos a mesma cena com a peculiaridade de estarmos em tal estado de desnutrição que nossa necessidade de alimentação é praticamente um caso de vida ou morte. Nesse caso, não é qualquer alimento que podemos ingerir e, ainda, não poderia demorar sequer um minuto para ficar pronto. Isso não é apenas uma questão de escolha do que vou ingerir, mas talvez até uma situação de receber as substâncias essenciais por via intravenosa. Aqui, o cardápio claramente é fundo.

Poderíamos, então, fazer uma extensão dessa situação a tudo que a vida nos reclama como necessário para ser resolvido. Em minha experiência profissional, vi a maneira como grande número de pessoas apresenta uma conduta viciada em certa atividade, comportamento ou substância.

A compulsão em atender a uma necessidade de caráter premente promove uma atitude da qual já falamos: o imediatismo, um excesso de presentificação sem planejamento nem responsabilidade. Por sua apresentação, a figura deve ser resolvida instantaneamente, o que não permite que o contato com a situação ou objeto, que leva à retirada ou ao fechamento do ciclo energético, seja satisfatório por completo. Se a figura não obtém um fechamento que satisfaz ou se mantém durante muito tempo em nossa vida sem ser resolvida, é a conduta compulsivo--viciada que vai assumir o lugar, fazendo estragos no cardápio.

Em geral, tornamo-nos viciados na carreira ou no poder se não resolvemos as figuras de maneira precisa e da melhor forma, no sentido de contemplar os instintos, nosso diálogo interno, nossos aspectos prevalentes segundo a vida, a cultura na qual estamos imersos, os desejos e, sobretudo, a realidade que haveremos de tentar satisfazer.

Adicção é uma maneira patológica de tentar resolver a figura. Trata-se de uma necessidade tão básica, tão antiga e intensa que a compulsão de experimentar formas de resolvê-la nos leva à ilusão de uma satisfação mágica, no sentido de instantânea e absoluta. Sem dúvida, a insatisfação invade. A frustração pela resolução ilusória cria a necessidade de uma nova tentativa ainda mais global e absoluta. A cada vez, a periodicidade é menor e a necessidade mais intensa. Criou-se a conduta viciada. Só resta encontrar situações e condutas que suplantem com maiores fantasias e ilusões a dor do ciclo vicioso. Teremos à vista um ser desesperado e sedento de algo que prometa o absoluto. Não importa quanto tempo essa fantasia dure: um segundo de estar bem já vale por todo o resto. Claramente, o tempo começa a importar, e a necessidade de bem-estar aumenta e assim por diante.

O viciado mente a si mesmo e aos demais, já que a própria ilusão de satisfação é a primeira mentira.

Uma vez instaurada, a adicção, como tal, não se cura, já que é inspirada pelo instintivo. Porém, o indivíduo tem certa prerrogativa para mudar sua vida e o entorno. Satisfazer uma a uma as necessidades, sem absolutismo, e sim com aceitação de limites e alcances realistas, é uma ajuda possível.

Precisamos ter consciência de que em nosso processo de parentalização e socialização a resolução de figuras estimuladas pelas fases de nossa vida necessita ser satisfeita adequadamente. Amor e alegria, conexão e confiança são fatores geradores de saúde. De qualquer forma, o caminho de não ceder ao compulsivo é tarefa árdua e de resultados relativos.

A DIFERENÇA ENTRE ENTENDIMENTO E COMPREENSÃO

Em pedagogia, assim como em clínica, entender é importante. Já tivemos um século para nos recapacitar sobre a psicologia e deixar claro que nossa erudição sobre o suposto funcionamento do psíquico não conduz necessariamente à mudança. Inclusive é possível que, diante de um fato da vida que pode ficar integrado naturalmente na evolução temporoespacial de um indivíduo, a busca de significantes entorpeça a resolução.

Certas vezes, revolver é uma maneira de turvar o que pode ficar cristalino pela quietude.

Onde está a arte? Em primeiro lugar, ela está em saber quando uma intervenção é ou não necessária. Em segundo, está na capacidade de usar bem o tempo. Em terceiro, poderemos alcançar a compreensão por meio de perguntas que não nos fizemos antes, algo como um salto diferencial no repetitivo e inoperante. Em quarto, a quietude faz que as respostas surjam da integração de todas as nossas partes, manifestando unidade. O vazio fértil nos conecta à nossa sabedoria organísmica.

Temos de aceitar que quem não teve uma conexão mínima ou precária com a sabedoria organísmica não pode sequer aceitar sua existência, muito menos confiar nela. Gestalt-pedagogos e gestalt-terapeutas necessitam da confiança em seus recursos para se autossustentar energeticamente, para promover a conexão com o que chamamos de unidade. A fragmentação está tão estendida em nossa forma de vida que às vezes sequer se pode ter *awareness* a esse respeito.

Ter percorrido o caminho do encontro da atitude (presente desde o começo deste livro) e considerar que tal conquista implica uma ascensão circular para a sabedoria organísmica é um desafio sempre presente. É complexo, e nunca completo, o que se pode dizer ou até sentir sobre este tema – o autoconhecimento – que é em si mesmo o propósito de minha atividade profissional em todas as suas formas, e o de minha vida.

A evolução natural que o tempo-espaço gera em nossas vidas pode nos permitir saber que sempre tudo está incompleto, por definição e não por insanidade. Nesse sentido, precisamos agir mais do que saber. Precisamo-nos entregar às forças que nos modelaram, ao desenho biopsicossocioespiritual do qual recebemos o que somos e temos de cuidar. Necessitamos viver a partir dessa conexão e ir abandonando a concepção de que o que conhecemos é produto de nosso próprio entendimento ou criação.

Só podemos ser criativos na maneira de propiciar essa conexão.

Podemos estar inspirados e confiar que a alegria, a liberdade e a compaixão estejam unicamente na conexão com a sabedoria universal. Quando falamos, no budismo e em geral em toda tradição espiritual, sobre a *abundância*, fazemos referência ao que nos ocorre nessa conexão. Seremos capazes de estar neste lugar, onde se destila confiança em que tudo é como deve de ser?

Assim fui compreendendo que o sofrimento é desnecessário uma vez que a sabedoria organísmica encaminha à conquista da abundância. Dupla atenção é a possibilidade de fazer que a consciência se aperceba do universal. Toda escassez é a impossibilidade de ver. Se fôssemos indiferentes, talvez pudéssemos considerar que abundância e escassez são uma dualidade; criativamente, poderíamos acrescentar que só existe o que está determinado entre ambas: testemunho ou consciência de existir. A vida nos é oferecida para podermos compreendê-la e experimentá-la.

Agradecer essa oferenda é atitude.

3
A CLÍNICA

> Quem conhece os outros é inteligente.
> Quem conhece a si mesmo é sábio.
> Quem vence os outros tem força.
> Quem vence a si mesmo é forte.
> Quem tem vigor tem vontade.
> Quem se resigna é rico.
> Quem conserva seu lugar tem constância.
> Quem não sucumbe à morte vive.
>
> Lao Tsé

O CORPO NA GESTALT-TERAPIA
O corpo é a forma mais evidente de nossa conexão com o desenho.

Ao longo do caminho que temos percorrido com profundidade e circularidade, torna-se claro que o corpo é uma manifestação da unidade que somos. Quando dizemos que somos um corpo, estamo-nos referindo ao todo que somos. Intuitivamente consideramos que *unidade* é expressão do desenho de tudo que existe. Entretanto, muitas vezes, quando nos referimos ao corporal, o fazemos a partir do *ter* um corpo. As expressões e os sintomas que *meu* corpo me mostra por meio da consciência levam à ideia ilusória – fantasia – de que o corpo é algo que possuímos.

De qualquer maneira, o corpo é nossa experiência direta constante e cotidiana.

O corpo nos informa, nos contata, nos refere e nos contextualiza. Por isso, o consideramos não só como parte de um todo maior, mas como a mais evidente, explícita e visível expressão desse todo, dada sua materialidade exibida em todas e em cada uma das manifestações.

Enquanto a mente pode lançar-se ao infinito e estender-se sem fronteiras, o corpo nos leva a experimentar esses limites e fronteiras constantemente no contato com nossa realidade e a do ambiente.
O corpo mostra, declara, afirma os limites do ser.
Apesar do trabalho que fazemos especificamente com as fantasias na Gestalt-terapia – que como já sabemos são expressão de nossa neurose ou outras patologias –, a globalização cultural, a partir da década de 1990, estimula a introjeção de fórmulas que nos levam a crer e a buscar o tempo todo aquilo que não nos limita.

A mídia muitas vezes tende a transmitir mensagens do tipo "Não envelheça nunca", "Seja sempre um adolescente feliz", "O tempo não passa" etc. Ela reflete o que coletivamente desejamos a partir do ego e quase nunca a partir de nossa essência. Brinca-se de festejar o que carece de limites, assim como passa-se o tempo de maneira irrefletida e leviana, produzindo desconexão. A isso se dá o nome de diversão ou passatempo. Apela-se à opacificação da consciência e atenta-se contra a aceitação da impermanência. Falamos sobre o corpo ser o que oferece o testemunho mais elementar da passagem temporal pela vida. Como se fosse pouco, o ilimitado se combina a dois aspectos que põem em perigo toda tentativa de encontrar saúde: a indisciplina confundida com a liberação e a ideologia da estética como maneira de evitar o contato com os limites.

Isso não é encontrado apenas na mídia; na vida diária, a figura costuma ser a intenção de cativar a atenção por meio da estética. Às vezes, o estético conduz à disciplina – ginástica, dieta etc. –, mas o propósito é quase exclusivamente a necessidade de ser interessante para o outro. É óbvio que o resultado é confusão, sofrimento desnecessário e distanciamento do contato consigo mesmo.

O budismo fala de três venenos da alma: a aversão, a avidez e a ignorância. A dimensão corporal está presente em cada um desses venenos. A *aversão* se manifesta no corporal como medo de enfrentar o que é necessário para viver; de certa forma, é uma paralisia que nos fixa a um modo conhecido do qual não podemos ou não queremos sair. Em geral, o medo – fantasiado ou real – é o de ser agredido de formas variadas até chegar ao pânico de palco diante da existência; um modo de considerar nossa inserção no mundo com uma visão catastrófica, fruto da desconexão. Nosso corpo estremece diante da aversão.

A *avidez* se manifesta pelo apego a qualquer aspecto da vida material, psicológica ou espiritual. Manifesta-se no corporal pelos excessos; por exemplo, os transtornos de alimentação ou os prazeres corporais, evitadores do contato, são produto da dificuldade na satisfação que impede fechar os ciclos energéticos da vida. Aversão e avidez conduzem irremediavelmente à *ignorância* de quem somos na realidade.

A ignorância, em relação ao nosso autoconhecimento, retroalimenta a avidez e a aversão – apego e medo – ao considerar que a tranquilidade e a segurança são frutos dos excessos da posse material. O sentimento de plenitude nunca chega e reage-se a ele com medo de tudo que não se conhece, já que nada se relaciona com o que está em nosso interior e sim com o que está fora. Não há autossuporte, apenas suporte externo. Tornamo-nos viciados no que vem de fora de nós e vivemos com incerteza e ansiedade. Transformamos o mundo que nos rodeia em um lugar a ser depredado, usado brutalmente para escapar desses medos que quase não suportamos. Isso conduz a um inevitável círculo vicioso. Nossa corporeidade está presente em tudo isso e é a dimensão que pode nos levar a nos reconectar e a nos conhecer interiormente.

Falamos de disciplina e impermanência em capítulos anteriores, em relação ao corpo e aos limites, e isso se torna vigente de novo. Nossa corporeidade nos faz experimentar de forma evidente as fronteiras psicocorporais como contato, expressão e movimento. O corporal se revela como testemunho da dimensão biológica. Portanto, é determinado pelas qualidades físicas e químicas que regem o universo. Desde o ar que respiramos, o alimento que ingerimos e a atividade física que praticamos, o corporal está presente de modo constante e absoluto.

Sabemos, além disso, que a maior parte de nosso esforço, em relação ao trabalho, tem como prioridade nosso autossustento e o de outros que compõem nossa família ou comunidade. Somos um corpo que demanda cuidados, alimentação e contato. Desde que nascemos, a primeira coisa de que necessitamos para viver é alimentação, cuidados corporais como o calor e o contato amoroso.

O corpo é nosso referente biológico na relação com o universo.
A física, a química e a matemática, em ligação profunda com a observação da natureza, são a razão de ser do corpo – dadas as suas múltiplas e intrínsecas necessidades –, e por isso também a razão de ser, viver e conter esses aspectos em nossa relação com o mundo. O desenvolvimento tecnológico, no sentido de um conhecimento elaborado e criativo da realidade e fruto da investigação e descoberta de verdades universais, é parte da leitura por, para e através da natureza corpórea do humano. Entretanto, a patologia dessa incessante dedicação ao conhecimento é a corrida por tudo aquilo que vai tornar a nossa vida mais fácil. Já experimentamos como esse desenvolvimento pode tender a anular – pela fantasia da satisfação absoluta – a importância de sentir e viver o corpo.

Se tudo se encaminha para não haver necessidades fundamentais, não só nos colocaremos contra a própria sabedoria organísmica, como também cairemos no erro de acreditar que podemos simulá-la. Dificilmente há mal maior do que viver sob o equívoco de acreditar que as manifestações da sabedoria organísmica são fruto de nossa criação ou dedução. O erro está na pretensão de sermos deuses em vez de tentar nos conectar com nossa unidade intrínseca. O afastamento do organísmico traz como consequência o afastamento patológico da realidade, assim como uma depredação de recursos naturais-materiais. O corpo que somos naturalmente e o que nos apressamos em considerar como objeto a serviço exclusivo do prazer e da comodidade são aspectos a observar e aos quais a Gestalt-terapia pode oferecer muita clareza. A Gestalt-terapia tenta restabelecer a conexão com a autorregulação organísmica e a unidade de todas as nossas manifestações, a confiança no que é e o autossuporte na relação organismo-ambiente. O corpo que somos nos mostra e nos permite experimentar os limites na relação com o externo.

O corpo é matéria viva e é dessa forma que experimentamos a vida.

Reconhecemos a vida dentro e fora de nós. O corpo é uma dimensão que nos permite atualizar nossa consciência do mundo material. A vida é vivida como contato em todas as suas qualidades e funções. As qualidades do contato e as fronteiras do contato estão intimamente ligadas. Assim como podemos estar mais próximos ou mais distantes de algo ou de alguém, disponíveis ou reticentes, alegres ou tristes, fluindo ou fixos, confiantes ou temerosos, as fronteiras desse contato nos fazem considerar o fundamental de viver em um organismo, rodeados por um mundo a ser conhecido e diferenciado, assimilado e transformado.

Nosso corpo nos informa de nossas fronteiras, limites e consequências nas decisões que tomamos em *relação constante* a um *fora* – que é fora de meu corpo –, onde ocorre minha existência. Para Perls, é na fronteira que acontece a experiência, toda experiência de contato. A *fronteira do eu*, como os Polster (1980, p. 113) a chamam:

> Não está rigidamente prefixada nem sequer nos sujeitos mais inflexíveis, mas, na medida individual de sua expansividade ou contratilidade, é muito variável.

O intercâmbio com o mundo cria e mostra nossa forma peculiar de construir a fronteira, e vice-versa. Muitos fatores intervêm na construção da fronteira de contato, entre os quais destacamos a qualidade mais ou menos rígida, fixa, permeável etc. que está sempre em relação a nossas necessidades no presente e o mundo nos leva a experimentar para satisfazê-las. É na fronteira que ocorre toda mudança e toda resistência à mudança. Porém, pouco se tem falado sobre a fronteira ter uma relação transcendente com o corpo. Nossa corporeidade cria a fronteira, certamente em interação com o psicológico e o emocional. Assim, o corporal e o psíquico apresentam a caracterologia da fronteira de contato. A maneira e a intenção com que me relaciono são as formas como se apresenta e se comporta a fronteira em sua funcionalidade com respeito ao contato. Dessa maneira, consideramo-nos parte de um todo intra-interpessoal que tem sentido e unidade com todo o existente.

Entre muitas outras funções que emanam do corpo em relação, o sentar-se em roda – formação de um círculo no qual o centro é um vazio em que haja espaço para tudo que surgir – que propomos para os grupos, sejam de terapia ou formação, é a maneira de estar de frente e sem hierarquias nem resistências preestabelecidas e, então, entrar em contato.

Quando Perls fala de expressividade, gesticulação, movimentos, explicitação dos conteúdos verbais por meio do corporal, é a integração de sua magnífica capacidade clínica com seu talento teatral que está em jogo e define a Gestalt-terapia. A fronteira é, portanto, alterada pela psicoterapia, estimulando funções como aquelas que emanam dos cinco sentidos.

A busca de autenticidade, que é um propósito básico da Gestalt-terapia, faz que seja transcendente conseguir que o ver se transforme em olhar, o ouvir em escutar, o tocar em entrar em contato, o sentir o gosto em discernir e o cheirar em direcionar.

Especialmente estes dois últimos sentidos, o paladar e o olfato, são depositários de uma memória indelével e atemporal. Todas essas funções nos remetem ao desenvolvimento e cuidado para com a vida desde e para o corpo.

O corpo é fruto de cuidados e sede do expressivo.

Quando não conseguimos sequer verbalizar o que nos ocorre, por ser insólito, profundo ou irremediável, o corporal simplesmente produz um gesto que faz saber como vivemos isso interiormente.

O corpo sempre encontra uma saída ou um modo de resolver.

A Gestalt-terapia é especialmente fecunda quanto a estimular o expressivo e trabalhar o corporal como maneira de sentir-se vivo, criativo e consciente. Levantar os ombros quando algo não é compreendido parece ser universal. Quando se faz o pequeno gesto de abaixar a cabeça, pode-se dizer que é uma tentativa de demonstrar respeito ao outro. Quando se fixa o olhar no outro, dando um leve sorriso, e depois baixa-se o olhar sincronizando movimentos globais que convidam, promovendo um estreitamento das fronteiras de contato, pode-se interpretar como sedução, e assim por diante. Tudo isso, que parece cuidadosamente programado, poderíamos dizer que o é e não o é ao mesmo tempo. É verdade que o hábito gera uma naturalidade tal que até chega a confundir-se com autenticidade, mas isso é expressão da maleabilidade e da profusão de nosso corpo.

Modelado por hábitos e repetições, no corporal residem a história de nossa vida e, como dizíamos antes, o caráter. No corpo está nossa disposição para a memória de toda a existência; um movimento, uma postura, uma sensação, um odor podem remeter a uma lembrança tão antiga quanto o momento do parto ou a vida intrauterina. Mais uma vez, a autorregulação organísmica e o fluxo constante de figura e fundo desempenham um papel fundamental para que essa memória corporal desperte no momento preciso.

Certo homem de meia-idade conseguiu, por seu trabalho e trajetória profissional, um lugar de destaque em uma importante empresa que tem até relações com o governo. Formou também, com sua esposa, uma família harmônica, tem amigos verdadeiros e colegas que o apreciam e o respeitam. Porém, quando se vê diante de uma situação na qual há hierarquias profissionais ou políticas, sente que não tem nada para oferecer nem dizer; perde toda sua potencialidade e sente-se impotente. Trabalhando em terapia interpessoal, descobre que nesses momentos seu corpo vibra como se tivesse frio; espontaneamente recorda que, desde seus 6 anos até quase os 14 anos, essa vibração o acompanhava sempre que seu pai chegava em casa. Recorda também que tinha desenvolvido um tipo de adivinhação: começava a tremer alguns segundos antes de ouvir seu pai colocar a chave na porta de entrada. O pai, por sua vez, achava que todas as atitudes de seu filho eram para provocá-lo.

Meu paciente sente em seu corpo a mesma sensação em toda situação atual na qual enfrenta figuras de autoridade. Devido ao tipo de cargo que exerce, essas circunstâncias são constantes. É sua dimensão corporal que o conecta ao passado. Trabalhou durante mais de dois anos o vínculo com o pai e com a autoridade, transformando seu medo de ilusão de catástrofe em um alerta natural diante do mundo. Pôde descansar e considerar toda situação no presente e até reduzir aquela sensação de que tinha de lutar e superar todo adversário. Deu-se conta de que tinha transformado o medo de ser agredido em uma agressão contra o mundo sob a forma de submissão. A mudança chegou com a compreensão de que seu temor era ressentimento; em geral, uma agressão não expressada.

Outro exemplo, no qual me proponho a dar uma descrição mais concreta do trabalho corporal em si, é o de uma mulher que na infância sofreu abuso sexual no ambiente familiar. Ela se conecta com o passado. Ao pedir que represente sua cena, atemorizada diante desse familiar, suas pernas tremem, as mãos se movimentam e transpiram, a ansiedade aumenta, a respiração se agita etc. Aí começa todo o trabalho corporal.

Peço a ela que respire fundo e observo que isso a faz melhorar. Então trabalho com o apoio, já que suas pernas continuam tremendo. Peço a ela que sinta seus pés em contato com o chão, esclarecendo que pelo piso ela está se conectando com a Terra, mãe universal, e com toda sua história, com suas raízes, com todo o vivido até hoje, o que lhe dá a força para estar aqui e agora. Nesse momento a paciente fecha os olhos espontaneamente e aproveito esse gesto de introspecção para estimular o aprofundamento em sua própria força em contato com o chão. Consegue um bom apoio e a respiração vai ficando cada vez mais calma. Passa o tempo. Quando consegue uma postura firme, pode enfrentar seu agressor e dizer a ele o que sente. Termina o exercício com um grande sorriso de satisfação dizendo: agora consigo.

Em grupo, o benefício se multiplica, já que se pode armar uma cena colocando na frente o familiar enquanto surge uma nova dinâmica dialógica e corporal. Há muitos exemplos e relatos de trabalho possíveis nos quais a dimensão corporal é protagonista. Os problemas entre pais e filhos, assim como entre os integrantes da família ou casal, são trabalhados nessa abordagem sempre envolvendo o corpo. Uma expressão ou movimento costumam gerar mais *awareness* do que muitas palavras. Nosso corpo nos faz saber que grau de inclusão temos no problema.

O mecanismo de retroflexão é, como já vimos, uma das formas possíveis de evitar o contato e, basicamente, também o responsável por toda doença psicossomática. Compreendemos que tudo que não é resolvido, e portanto forma uma Gestalt inacabada, apresenta, devido à unidade que somos, uma manifestação corporal.

A autorregulação organísmica promove ou congela a fluidez energética, fixando-a a acontecimentos que residem na consciência corporal. Wilhelm Reich, membro da Sociedade Psicanalítica Internacional desde 1920 e falecido em 1957, considerava "como motor das neuroses a ausência de orgasmo" (Rodrigues, 1982, p. 15). Reich, criador da vegetoterapia, leva esse enfoque a um programa para "as crianças do futuro, no qual se propõe a prática de massagens desde a mais tenra idade" (*ibidem*, p. 17).

> [...] há mais de quarenta anos foi difícil para Reich romper com a ortodoxia freudiana e mostrar como os conflitos psíquicos se inscrevem nos músculos e como os sistemas vegetativos, o simpático e o parassimpático, determinam comportamentos psicofisiológicos complexos. [...] Como tentativa de abrir a couraça muscular e caracterológica, Reich vai desenvolver algumas ideias e exercícios que podem articular-se em torno da chamada orgonoterapia [...] Reich explica: "A orgonoterapia se distingue de todos os outros processos de ação sobre o organismo pelo fato de que o paciente é convidado a se expor biologicamente, enquanto a comunicação verbal fica limitada a um mínimo restrito". (Reich *apud* Rodrigues, 1982, p. 22)
> O Dr. Alexander Lowen (1977), que continua com os trabalhos de vegetoterapia sem a radicalidade de Reich, propõe a técnica de *Grounding*, procurando manter, graças à batida dos pés no chão, um contato energético com a terra. (Rodrigues, 1982, p. 22-3)

Perls e Reich se vinculam; o primeiro utiliza, no Instituto Esalen, algumas técnicas reichianas para então criar seu caminho psicoteatral de expressão e sobretudo de atitude. No corporal, e por meio dele, podemos observar o que nos acontece. É especialmente importante ter uma prova evidente, visível, palpável e de experiência direta como o que aparece no fenômeno corporal.

Nossa corporeidade não nos deixa dúvidas quando algo é absolutamente necessário.

Se evitamos a atenção a algumas manifestações do corporal, isso torna mais explícita a sintomatologia sobre a energia acumulada na necessidade de aquilo ser satisfeito e fechado.

A satisfação, desde que seja acompanhada e seja fator de crescimento, conduz à alegria.

A alegria está, como todo outro sentimento e atitude diante da vida, presente no corporal. Agora sim podemos considerar o prazer e, dentro dele, o orgasmo. Orgasmo é uma detenção espaço-temporal na qual a unidade de todo nosso ser-aí se expressa em prazer corporal. Se vemos o ser como uma unidade biopsicossocioespiritual, o orgasmo é uma expressão desse todo. O que provoca tal intensidade corporal é a prevalência que o prazer tem em relação à sua necessidade e sua transcendência na saúde organísmica.

As interrupções nessa direção energética e multidimensional criam de mal-estar a doença, de neurose a loucura, de mal viver a morte.

A Gestalt-terapia trabalha a partir do corporal e com ele. Faz isso exagerando, polarizando, minimizando, congelando etc. aquilo que espontaneamente ocorre ao paciente ou aluno de nossa formação. É claro que, se vivemos segundo um paradigma fenomenológico, o que é elaborado fora desse instante tem valor questionável. O corporal permite ver como os movimentos e as expressões irrompem; maneiras tão distintas em cada ser humano que poderiam ser comparadas às digitais, reconhecidamente diferentes.

Nosso corpo é fonte inesgotável de desenho e desenhos.

Se tínhamos dúvidas quanto a ser uma manifestação única da natureza, o corporal nos mostra que é assim mesmo.

Nossa dimensão corpórea nos faz igualmente diversos e parte de uma comunidade.

Por meio de nosso corpo podemos obter nosso conhecimento interior. Reunamos então disciplina, impermanência e mérito, assim como a unidade dos instintos, em cada ato. Todo ato é corpo, e vice-versa.

O corporal, como exemplo do material, é uma demonstração de impermanência. Se o aspecto mais certo de nossa existência é que vamos morrer, é no corporal, nessa dimensão do humano, que isso se torna evidente. A impermanência, consciente e gestora de nossa existência, leva a uma disciplina como maneira de implementar um percurso saudável. A disciplina, para que tenha sentido e seja desejável, tem de contemplar a unidade que somos com todo o existente, estimulando a criação inteligente, os sentimentos e as ações que levem a viver com saúde e alegria.

Disciplina é a atitude para alcançar a conexão com a sabedoria organísmica.

Mérito, sob a perspectiva budista, é viver para compartilhar com todos os seres possíveis as conquistas pessoais; por exemplo, os momentos em que temos conexão com a sabedoria organísmica e por isso sentimos abundância. Mérito é uma forma de criar saúde na própria vida e tentar transmiti-la entre os que nos rodeiam. Ao mesmo tempo, a concordância e o equilíbrio no corpo dos três instintos parciais – de preservação, sexual e social – suscitam a liberdade do instintivo, manifestam-se na dimensão corporal com fluidez e harmonia.

O instinto livre é harmonia nos instintos.

O corpo que somos vai se curando por meio do crescimento interior, assim como nossa relação com todas as nossas partes, que formam o todo. Fonte de inspiração, prazer, expressão, angústia, loucura, arte, relação etc., nossa dimensão corpórea pode ser vista como um raro presente do qual podemos tentar ser plenamente conscientes.

Falemos agora da meditação. Aquietar voluntariamente o corpo e tentar aquietar a mente é, como vimos, o caminho da meditação. O bombardeio implacável de pensamentos diminui aos poucos nessa quietude crescente. Assim como a respiração vincula o de fora com o de dentro, a meditação fusiona o externo e o interno. Respiramos em nosso corpo; essa é a energia fundamental para os gestalt-terapeutas. Essa energia não provém nem se origina exclusivamente da tensão entre opostos intrapsíquicos ou instintos de ordem sexual, mas brota de nossa ligação com um manancial de energia intervinculada entre todos os sistemas vivos interconectados do planeta e sua relação energética com o universo.

Podemos considerar que essa afirmação sobre a energia que nos sustenta na vida seja tanto de nós para o universo como dele para nós. Ao falar de energia, referimo-nos à que sempre é gerada por esse intercâmbio dentro-fora. Ao mesmo tempo, podemos dizer que o intercâmbio se realiza das maneiras mais variadas, mais ou menos saudáveis, ainda que sem nunca parar, enquanto somos corpo. Comer é outra peculiaridade do intercâmbio energético. Outra, ainda, é o amor e todas as suas manifestações, nas quais não há nenhuma exclusão corporal.

Há formas psicológicas de obter energia que não são saudáveis, como, por exemplo, quando duas ou mais pessoas discutem ou se agridem. Nessa situação, são liberadas quantidades significativas de energia que podem ser usurpadas de um e acumular-se em outro de maneira deliberada. Esse tipo de vampirismo, no qual há um benfeitor e um beneficiado, é um modo de trocar energia. Obtida de maneira parasitária, em geral a energia é consumida rapidamente pela própria autorregulação organísmica, que anuncia ao beneficiado que a depredação não é o caminho da abundância. Como se demonstra isso? Nosso corpo anuncia e evidencia sua descarga por meio de sentimentos-figura tais como tristeza, angústia, indolência, apatia, desalento, paralisia, enquanto o beneficiado se mostra vigoroso, dinâmico, ativo. Apesar desse estado momentaneamente potente do beneficiado, nunca responde à atitude integrativa que caracteriza a saúde a partir dessa abordagem.

Toda vez que não nos conectamos com a fonte energética que nos rodeia pela respiração, pela alimentação adequada e pelo amor, estamos devastando algo ou alguém pela patologia do imediatismo ou pelo autossocorro aditivo-compulsivo.

A forma como encontramos corporalmente nossa energia fará a diferença entre uma vida – e, se me permitem, um mundo – de abundância e uma vida de escassez.

A escassez traduz a necessidade insatisfeita e tudo que isso traz em relação à obscuridade ôntica. A abundância conduz à generosidade. Abundância é o fluir organísmico, enquanto a escassez é limitadora dela e por isso atualizadora do ego e de todas as suas condições.

A ESTRUTURA DA TRANSFORMAÇÃO

Gostaria de oferecer a você, leitor, um trecho do artigo que apresentei à revista *Sampa* (2005), editada pelo Instituto Gestalt de São Paulo:

[...] a dimensão corporal oferece uma maneira de autopercepção e, acima de todas as coisas, um respeito profundo pela unidade interna que se é, e pela realidade interna de outro ser que se manifesta diferentemente e que sempre nos ensina quando o descobrimos tal como é.

O corpo mostra que é experimentando-o (como fenômeno presente) que se chega à teorização que se pode fazer dele (que sempre é secundária), assim como de todas as demais dimensões do indivíduo [...].

Concluo trazendo ao presente de minha vida o que há 20 anos escrevi como poema, em um momento de contato com essa unidade:

O corpo como manifestação da unidade

É no corpo que tudo se manifesta.
É por isso que o corpo é uma manifestação do todo.
É então a manifestação do todo o primeiro, e é assim que surge a possibilidade, se necessário, de dirigir a atenção a suas partes.
O corpo torna visíveis modos, formas, gestos que expressam o vivido e nos permitem considerar o que chamamos subjetiva e metaforicamente de interior.
É o nosso quadro amplo para satisfazer nossos desejos.
Ou nossa cela estreita cheia de temor.
É nossa forma de viver esta dimensão da existência, nosso espelho junto a outros espelhos que nos refletem.
É uma vivência que contém e é contida por todas as partes que formam minha totalidade.
O corpo cria uma conexão intrínseca entre fora e dentro.
Se suja, se limpa; me suja e me limpa, várias vezes.
É o mais elevado mestre de temporalidade e permanência.
É o símbolo da avidez do ego humano, prazeres e pecados, santidade e luz.
O corpo demonstra a loucura, a doçura e a dor.
É contato.

O corpo chora, ri, copia a si mesmo no maior dos atos de amor.
Visão de saúde como experiência de sua unidade, e organização da unidade de que necessitamos para descobrir a forma da saúde.
É a loucura da fragmentação, se assim nos tratamos.
O corpo é ira, alegria, prazer e calor.
O corpo determina se o prazer é eterno ou fruto de um instante. Sou meu corpo.

OS SONHOS COMO MENSAGEIROS DE SABEDORIA

UM APORTE DA GESTALT-TERAPIA AO TRABALHO TERAPÊUTICO COM SONHOS

Cada manifestação de nossa vida leva em si uma mensagem necessária e potencialmente unificadora. Podemos dizer também que o que é revelado como sintoma é um caminho para nosso autoconhecimento já que podemos ouvi-lo, enfrentá-lo e ultrapassá-lo. Sob essa perspectiva, sintoma é um fenômeno biopsicossocioespiritual que apresenta alternativas e contribuições para a realização da própria existência.

Quando propomos que o sintoma – que sempre tem um sentido – precisa ser considerado e ultrapassado, estamo-nos referindo a uma intencionalidade inspirada na necessidade de obter o fluir organísmico. Ao mesmo tempo, como em toda manifestação psíquica, a polaridade está presente. Assim, a intenção de entrar em contato com o sintoma sempre está unida à intenção de evitá-lo. Entrar em contato com o sintoma, em geral, nos leva a descobrir o que necessitamos e até o que somos; entretanto, evitar o sofrimento que acompanha toda manifestação sintomática também pode ser uma opção.

A autorregulação organísmica, aspecto central e essencial de nosso ser, e determinante de nossa saúde ou doença, precisa encontrar seu propósito: a capacidade de livre fluir energético determinada pela intenção que possamos ter, no contato com nós mesmos e com o ambiente. Viver é uma demonstração de coragem, valentia e aceitação que pode nos levar ao encontro de mensagens e possibilidades.

A mensagem se revela na situação e se incorpora na atitude.
Na abordagem gestáltica, a mensagem não pode ser considerada algo oculto; é visível e dependente da intenção. Sob essa perspectiva, os sonhos são manifestações espontâneas de onde podemos ver e aplicar o que temos observado. Já falamos sobre os sonhos no primeiro capítulo, e a transcendência que têm para a Gestalt-terapia. Depois de discorrer sobre atitude e metodologia, neste subcapítulo quero detalhar algumas coisas.

O que a Gestalt-terapia propõe diante desse fenômeno que surge enquanto dormimos e é recordado pela manhã?

O sonho se revela como uma metáfora, símbolo, figura. Sua condição natural de ser algo que aconteceu há algum tempo – minutos, horas ou anos – faz que, ao comunicar seu conteúdo – a outra pessoa ou a si próprio –, espontaneamente o façamos em tempo passado. Sonho é um fenômeno geralmente vivido como algo que nos aconteceu. Para trabalhar com ele é necessária sua reapropriação temporal. Por esse motivo é que pedimos ao paciente que narre no presente o conteúdo de que se lembra do sonho e é aí que acontece algo peculiar quanto à emoção: a própria narração no presente impacta quem fala de maneira inesperada. Em trabalhos terapêuticos com meus próprios sonhos, assim como quando o faço com meus pacientes, essa passagem do sonho para o presente não só impacta como também gera sentimentos e conceitos novos e necessários que ajudam o fechamento de *gestalten* inacabadas. Esse conteúdo presentificado dá sentido à vida. São também de grande importância os sentimentos que envolvem o sonho no momento em que o paciente desperta. Pergunto-lhe sobre as emoções e sentimentos que envolvem o sonho, para assim torná-los conscientes e fazê-los colaborar com o trabalho geral. Essa também é uma postura fenomenológica, já que o que o paciente pode descrever de seus sentimentos é fundamentalmente o que é vivido em tempo presente. No sonho são geradas situações, emoções e compreensão sobre aspectos que têm um interesse especial – figura. Às vezes, a temática pode até se repetir dada a transcendência que a mensagem tem a ser integrada. O trabalho com o relato e o contexto geral do sonho nos leva a utilizar os recursos teórico-técnicos da Gestalt-terapia.

Um deles é trabalhar com o que nessa abordagem chamamos *cadeira vazia*. Esse recurso, que aprofundaremos mais adiante quando falarmos de técnicas, provém do teatro e foi adaptado por Fritz Perls à clínica gestáltica. Logo em seguida de o paciente ter relatado o sonho em tempo presente, pedimos que coloque em uma cadeira, à sua frente, o aspecto que por motivos organísmicos considera como figura. Esse aspecto pode ser uma pessoa, uma situação, um objeto de sua fantasia ou um elemento da natureza. Propomos então um diálogo com essa parte importante que o paciente coloca na cadeira.

O paciente está em relação dialógica com o aspecto-figura do sonho.

Por meio do diálogo com o aspecto-figura, ativam-se uma pergunta, uma reflexão, uma resposta ou alguma outra coisa do interesse do paciente. Convém lembrar que ele vai se colocando alternadamente em um ou outro lugar, deixando a cada vez uma cadeira vazia na qual depositará os aspectos prevalentes que escolheu para o diálogo.

Suponhamos que no sonho surja um cômodo do qual o paciente se lembra como parte de sua primeira casa quando criança. Ele diz, por exemplo: "Por que você está aí?" Então, o terapeuta pede: "Dialogue com isso" ou "Crie um tipo de vínculo, de contato com isso". A pessoa entra em contato com esse aspecto do sonho que considerou importante e pergunta a ele, por exemplo: "Por que suas paredes são dessa cor?" Ao responder, o paciente se coloca como o cômodo – a outra cadeira – e diz: "Minha cor é essa porque eu o esperava desde que você era bebê; me pintaram assim para esperá-lo", ou: "Essa cor representa a tristeza de sua família", ou ainda: "Essa cor é a do estado de ânimo que você tinha naquele momento de sua vida e que se repete na atualidade". Geralmente isso produz, ao mesmo tempo, uma nova proposta para quem fala. A pessoa diz: "Como é a tristeza de minha família?", "O que provoca tanta dor?" etc. Vamos trabalhando esse tema até que aparece alguma coisa que, pelo impacto que gera na pessoa, pelo estado emocional em que se encontra, pela expressão de seu corpo e outros dados, consideramos ter tocado algo fundamental.

A ESTRUTURA DA TRANSFORMAÇÃO

Nesse momento de encontro existencial entre terapeuta e paciente, e paciente e sonho, provavelmente está a mensagem do sonho.
Isto é, *grosso modo*, uma descrição da técnica da cadeira vazia. Mas não é a única maneira de trabalhar um sonho. Há outras formas que desejo mostrar considerando exemplos da clínica.

Um homem de cerca de 30 anos diz que quer trabalhar comigo um sonho que se repete. Esse sonho, como relata, soou praticamente durante toda a sua adolescência. Entre os 13 e os 17 anos, o sonho persiste de uma ou outra forma, ainda que a temática seja a mesma. O paciente afirma que o sonho tinha sido trabalhado em outras oportunidades. Acrescenta que, por ter reaparecido durante o curso da terapia, ainda não está totalmente resolvido. Em seguida, esclareço que um sonho nunca se esgota em todas as suas manifestações; normalmente se trabalha a parte que se revela emergente: a figura. Recordemos que a figura emana de uma necessidade presente; por isso, cada figura que aparece no relato e estado emocional do sonho se correlaciona com o que no *aqui* e *agora* é importante trabalhar. Como terapeuta, tenho a convicção – ao considerar a situação como um todo – de que se o sonho para essa pessoa está no presente há uma mensagem existencial que necessita surgir do conteúdo. Disponho-me a trabalhar com ele.

O conteúdo do sonho começa assim: o paciente vai se arrastando por um lugar onde há areia; parece um deserto. Descreve uma extensão muito árida que se estende também atrás dele. Enquanto vai se arrastando sob um sol forte, vê que há uma cerca. Do outro lado, há algo que ele diz querer alcançar. Quer chegar até a cerca porque seu desejo é passar para o outro lado. Com muitíssimo esforço a alcança e consegue finalmente passar para o outro lado, quando se dá conta de que, na realidade, o deserto de areia continua, mas com uma diferença: a areia logo depois da cerca é mais grossa e, pior, as ventanias o impedem de enxergar. Retorna, então, porque sente que ali não é onde quer estar. Começa a ir de um lugar para outro sistematicamente. E assim continua.

Pergunto, nesse momento (o paciente está em estado de quietude corporal, em uma posição bastante confortável e com os olhos fechados): "Vê algo mais?" Ele responde: "Sim, há uma árvore seca no meio, exatamente onde está a cerca". Descreve a árvore e me diz que está seca. Mesmo que ainda lhe reste uma única folha, ela está morrendo. Peço que ele vá até ali. Vai deslizando até chegar perto da árvore. Descreve-a com um tronco mais ou menos grosso, os galhos quebrados devido à secura e essa única folha. Nesse momento, pergunto a ele: "O que você acha de tudo isso?" Responde: "Não sei o que acho; estou muito desorientado, vou para cá, vou para lá, e não encontro nada. Pensei que encontraria algo do outro lado e não encontro. Ao mesmo tempo, quando regresso, quero voltar. Fico frustrado e não tenho como não ter esse desejo quase compulsivo de ir de um lado para outro". Digo-lhe: "Que semelhança isso tem com sua vida?" É uma pergunta que faço quando algo parece ser significativo. Ele me diz: "Não. Isso é muito diferente da minha vida... Ou não?... Ou se parece bastante?... Ah, pode ser que seja muito parecido". Pergunto: "De que você precisa? O que quer da vida hoje?" Diz: "Não, não, minha vida vai bem, sou um profissional realizado, quero trocar de casa, de carro; também quero ter uma casa no campo". Digo a ele: "E isso é tudo?" Ele repete: "Sim, está tudo bem. Acho que vou conseguir isso em pouco tempo, dois ou três anos; posso prever que nesse tempo vou conseguir tudo isso". Proponho a ele: "Muito bem. Agora, imagine que já se passaram três anos, depois de conseguir tudo isso".

Estou criando um paralelo entre sonho e vida atual do paciente.

Pergunto a ele: "E como você se sente agora?" Responde: "Bem, mas não parece que esteja me sentindo tão bem como acreditei que estaria". Acrescenta: "Estou contente de ter realizado tudo isso, mas não tenho nenhuma emoção que me impacte; na verdade, estou quase igual". Digo: "Certo, com que aspecto do sonho você se parece?" Responde: "Na verdade, me pareço com a árvore". Proponho a ele que feche os olhos. Então lhe dou uma missão: "Vá até a árvore e me diga quando chegar". Esse é um trabalho de imaginação. Quando chega, digo: "Agora seja a árvore, incorpore-a, imagine-se a árvore, descreva-a". Isso me permite voltar ao sonho. Demora um tempo, mas consegue sentir-se como a árvore e começa a descrevê-la: "Rígida, cinza, sem vida; com uma pequena manifestação de vida quase se apagando". Começa a se dar conta de que o programa de vida que tem é similar ao conteúdo do sonho e à descrição que faz dessa árvore distante. Percebe que é assim que vive. Que mesmo alcançando as coisas que quis, sente-se como antes. Pergunto: "Agora, nesse lugar, que vida você quer? O que você está querendo?" Passa um tempo, uns dois ou três minutos. Fico olhando para ele. Ele está com os olhos fechados e muda a postura do corpo muito sutilmente. Diz: "Gostaria de alguém, de uma companheira para compartilhar minha vida". "Muito bem, imagine-se com uma companheira", comento. Ele descreve que a companheira surge do deserto em frente, do lugar onde havia vento e areia mais grossa. Ambos se reúnem na árvore e ele percebe que a árvore começa a ter vida. Descreve – e eu o estimulo a isso – como o tronco muda de textura, como os galhos se alargam, como aparecem outras folhas ao lado daquela que estava por cair. E sente que as raízes se aprofundam mais na terra. "Aparecem algumas flores, um ninho com ovinhos de um casal de pássaros", diz.

Vejo que novamente se assombra e se emociona. Começam a correr lágrimas de seus olhos. Diz que o deserto aos pés da árvore se cobre de grama. Vê toda aquela extensão de areia cobrindo-se rapidamente de um manto de relva e outras plantas, de flores e outras árvores. Pergunto a ele sobre a cerca. Responde que já não está aí. Tudo se torna uma coisa só. Agora tudo tem vida. Explode de emoção e compreende. Expressa: "Nenhuma das conquistas que alcancei até agora em minha vida tem sentido se não há amor". O amor de uma mulher faz a árvore florescer. Toma consciência de que deseja o amor muito mais do que imagina. Havia-se negado a sentir amor durante os dez anos anteriores. Vi-me emocionado com ele. O encontro existencial se produziu. Percebi a sincronicidade de estar sentindo e vivendo, enquanto meu paciente tinha seus "dar-se conta". Quando me contou que a grama estava cobrindo o deserto, eu já tinha visto antes.

Essa é outra forma de trabalhar o sonho, não colocando o objeto diante de si, mas gerando um diálogo. Na verdade, o diálogo é interno. Vai-se encontrando o que está faltando, aquilo que necessita ser reencontrado para fechar as *gestalten* inacabadas. Aqui está a mensagem.

Os sonhos são transcendentes. Geram uma mudança na direção que estamos caminhando na vida, uma modificação importante do que vivemos, de como estamos vivendo e do que necessitamos para viver melhor. **Todo sonho traz em si mesmo algo valioso que provém de outro lugar de nós mesmos.**

Um sonho que se repete sistematicamente é uma figura que precisa ser resolvida, um ciclo energético que precisa ser fechado. Os sonhos, fundamentalmente, proporcionam o contato com aquilo que nos é necessário para fechar as *gestalten* inacabadas. São manifestações da sabedoria organísmica – acessível e sem restrições do fundo – que viabilizam o caminho para a unidade. Os sonhos ajudam a reconstituir o fluir no que há de cristalizado e fixo em nossa existência. Por isso é que são portadores de uma *mensagem existencial* e assim se repetem e se revelam em múltiplas possibilidades. Por outro lado, a maioria das situações pelas quais passamos tem um motivo. Quando imagens e emoções são revividas à luz de uma necessidade imperiosa, transforma-se o contexto de maneira sistemática – fundo – com o objetivo de dar a ele respostas à necessidade que temos.

Sonhos são manifestações psíquicas que contêm aspectos que devemos enfrentar. É a autorregulação organísmica que nos leva a mostrar o que é necessário a cada vez, o que importa encontrar. É uma via de múltiplas direções. Uma espécie de *pool* de imagens no qual entramos e encontramos aquilo de que necessitamos para nosso crescimento. Vejamos outro exemplo.

Uma paciente está finalizando seu processo terapêutico e começa a contar situações que lhe aconteceram recentemente. Diz: "Tive um sonho muito forte". No início de sua terapia, sempre sonhava com casas sujas, banheiros sujos, e nos últimos tempos tinha começado a sonhar com casas limpas e organizadas. Fala: "Reparou que eu vinha sonhando com casas limpas? Dessa vez, nada disso. Estava em um lugar e tinha um objeto na mão, algo estranhíssimo, como um garfo gigante, e eu olhava através dele e via tudo mais claro, nítido, bem próximo. Olhava pra cá e pra lá quando de repente me dei conta de que não o tinha mais na mão e continuava vendo tudo igualmente claro, bem próximo, perfeito". Pedi a ela que repetisse no presente e a paciente teve a *awareness* de estar diante do final de seu processo, sentindo que o caminho poderia ser percorrido sem minha companhia. Essa foi sua última sessão.

Os sonhos nos levam a aprofundar no tema da saúde.

Parafraseando Freud, os sonhos são uma via real rumo à saúde. Para resumir, os sonhos incentivam a capacidade introspectiva do paciente por meio de um "dar-se conta", de uma autodescoberta, estimulando um diálogo com as partes que o sonhador alienou. Contribuem intrinsecamente para a autorregulação organísmica com base na suposição de que os conteúdos e imagens do sonho nos revelam partes alienadas, cindidas, que o paciente necessita integrar. Contêm uma mensagem existencial – ou várias – que levam a obter maior unidade dos aspectos internos do indivíduo. Experimentam-se crescimento e saúde. Mostra com clareza o que evitamos por meio das interrupções de contato.

A abordagem clínica é em si mesma uma maneira de trabalhar com base no paradigma fenomenológico. O terapeuta cria as condições para que o fenômeno revelado no sonho se transforme em capacidade de *awareness* e, assim, o paciente incorpore essa experiência à sua vida baseando-se na mensagem existencial que surge de modo imprevisível. A mensagem existencial colabora, dá indícios para o fechamento de ciclos energéticos. Sonhos são fenômenos que surgem diante do indivíduo e na clínica, diante do paciente e do terapeuta, gerando um campo que faz que as partes fragmentadas voltem a ser parte do todo.

O HUMOR NA GESTALT-TERAPIA

LEVEZA, IRONIA E IMPROVISO

Ter chegado até aqui nos dá direito de rir um pouco juntos. A questão está em fazê-lo sem desqualificar, ferir ou ridicularizar. Rir de algo que foi colocado com amor e bom propósito não é necessariamente falta de respeito. Pode ser uma forma leve de entrar em contato com a circularidade do aprendido. Como fazer isso na psicoterapia?

Rir de si mesmo é – desde que não se transforme em uma atitude evitadora, compulsiva ou estereotipada – uma maneira profunda e leve de entrar em contato. Fazer piada de si mesmo pode se tornar um passatempo ocasional enquanto fazer piada dos outros pode se tornar um perigo. É preciso saber muito bem como e quando se valer de um ato de humor.

Há momentos em que é extremamente necessário; por exemplo, criar um parêntesis engraçado em uma situação dolorosa que está desgastando a capacidade de *awareness* do indivíduo. Dar um respiro para só então seguir adiante com o trabalho sobre si mesmo é o indicado.

Foi o caso de uma aluna de nossos cursos de formação. Toda vez que alguém falava sobre mães, ela começava a chorar, mas tentava passar despercebida no grupo. A relação com a própria mãe a angustiava tanto quanto a sensação de ver e ser vista diante de tanta exposição emocional. Seus companheiros de curso deram um jeito de fazer chegar até ela os lencinhos que usava sem parar para secar as lágrimas. Sentava-se em um canto e cheguei a pensar que abandonaria o curso, o que lhe traria sofrimento adicional. Dizia sempre que o grupo e seus companheiros eram muito importantes para sua vida. Quando começou a isolar-se, propus a ela que narrasse os momentos dolorosos com sua mãe – coisa que já havia feito várias vezes – com humor. Sugeri até que nos fizesse rir. Tinha a intuição de que isso lhe faria muito bem, mesmo sem ter expectativas de que se animasse ao realizar essa tarefa.

Para assombro de todos, começou a nos fazer rir com o exagero de detalhes do comportamento de sua mãe. Chegou a parar no meio do salão e entabular um diálogo teatralizado entre ambas, fazendo espontaneamente um intercâmbio de papéis. Continuou por um bom tempo satirizando os dramas que sua mãe fazia quanto à sexualidade e uma série de alusões à moral que nos fez chorar de rir; agora era ela quem distribuía os lencinhos entre mim e os colegas. Foi curador.

O humor refresca, oxigena e amplia o olhar.
O humor inspira a ideia de que a gravidade de qualquer coisa que nos acontece é relativa e comum a todos os seres humanos. O que quero dizer com *relativo*? É a leitura peculiar – dadas as circunstâncias temporoespaciais – que faremos de tudo aquilo que nos acontecerá enquanto estivermos vivos. Dito de outra maneira, os aspectos programados na vida estão sistematicamente sujeitos a múltiplas variações ou correções em relação às circunstâncias presentes.

O humor nos conecta com a relatividade dos acontecimentos e alivia nossa vida por tornar evidente o excêntrico e incongruente de alguns aspectos do sofrimento. Em geral, o que provoca riso é o desmedido, desalinhado, censurável, desacertado, ilógico, absurdo expresso em termos de destino cruel. O humor transforma o rígido em uma improvisação "relaxada". É a resultante de ver o óbvio e transmiti-lo como algo tragicômico. Quando não há uma apresentação uniforme, douta ou polida, o engraçado entra em cena abruptamente e sem permissão. É a irrupção de sua entrada em cena o que faz que a situação seja cômica.

Na clínica, o humor programado deixa de ser humor.
Em momentos de tensão, em uma terapia interpessoal e especialmente no trabalho com casais e famílias, o humor de que o terapeuta pode lançar mão sobre o que está acontecendo nesse exato instante é de alta criatividade se atende a quatro requisitos:

Primeiro: que seja no *tempo-espaço exato* do fenômeno. Chamo isso de *instantaneidade*. Começamos a nos dar conta de que o que cria riso está no *presente puro.*
Segundo: que a maneira ou o *como* do humor faça alusão a aspectos do ser. É claro que o humor não tem apenas conteúdo verbal; o verbal e o gestual estão em uma sincronia desenvolta.
Terceiro: que *tenha valor terapêutico*; que produza saúde em qualquer de suas manifestações. Deve ser uma espontaneidade leve e com tal rapidez na elaboração do pensamento que quase não se perceba.

Quarto: que não seja uma piada sobre alguém. Rir com alguém e rir *de* alguém é diferente. Podemos fazer humor sem ridicularizar, insultar, menosprezar, ultrajar, injuriar ou ironizar.

O humor é assim uma vez que se apresenta como manifestação temporoespacial do presente absoluto. E ele é de boa qualidade quando suas expressões divertidas mesclam ingenuidade, assombro, certo toque infantil, e não ridicularizam ninguém em particular.
Deixar alguém em situação ridícula é uma agressão que se diferencia do humor curador que mencionamos.
O humor pode gerar momentos de leveza e ironia, e até de certa descontração. O bom humorista tem uma espécie de genialidade. Provocar riso é um ato inteligente que necessita de uma agudeza perceptiva geralmente associada a ter "vivido a vida". Assim, reúne-se um repertório de situações que identificamos e associamos com uma infinidade de experiências. Escolher como transmitir isso é uma arte; engenho, graça, expressão corporal e agilidade são o talento do humorista.

Se queremos usá-lo para curar, precisamos ter um propósito. O propósito, como já sabemos, emana da atitude. O propósito faz que o humor seja curador. Se aprofundarmos um pouco mais, veremos que a atitude que este livro pretende transmitir ou inspirar inclui essa descrição do humor. Para ser humor precisa ser autêntico, genuíno, espontâneo e popular. O riso verdadeiro é uma reação organísmica súbita. Dessa perspectiva poderíamos dizer, recordando as camadas citadas pela psicopatologia gestáltica, que essa expressão de humor autêntico é manifestação da camada explosiva por aproximar-se da alegria e da saúde unificadora. Promover o riso saudável é uma maneira de reagir organismicamente. O riso também é um encontro existencial entre duas ou mais pessoas. É um ato inesquecível, transformador e espontâneo.

O que você acha? Quem diria que o humor teria um lugar e agora um capítulo na área acadêmica... é o aspecto terapêutico que estamos considerando em relação ao humor. Vejamos três exemplos.

A ESTRUTURA DA TRANSFORMAÇÃO

O primeiro é o de uma paciente, profissional de meia-idade. Para simplificar direi que tem uma tendência acentuada a racionalizar. Sua vida foi dedicada quase inteiramente à pesquisa, ao estudo, a tudo que é vinculado ao acadêmico e à análise de informações pelas próprias informações. Até aqui parece que tudo vai bem no que diz respeito ao seu interesse pelo saber, salvo pelo fato de que veio me ver em estado depressivo. Os psicofármacos que inicialmente a fizeram sentir-se melhor não deram – como ela diz – o resultado esperado ao longo do tempo. A única coisa que lhe fazia bem era estar em bibliotecas e em seu quarto, lendo e trabalhando todos os dias, de domingo a domingo. Atendi-a durante dois anos e meio e tínhamos conquistado um bom vínculo. Não vou falar sobre a psicoterapia, que entendo ter lhe dado mais saúde, permitindo-lhe finalmente sentir alegria. Vou citar um momento de nosso processo.

Certo dia me pediu para trabalhar em grupo durante um tempo; alegava que em razão de sua patologia – sobre a qual já tinha muito conhecimento – era importante voltar a criar vínculos com os outros. Nesse período eu coordenava dois grupos com características diferentes e me pareceu uma boa ideia que ela participasse de um deles. Durante semanas se vinculou aos colegas tendo como assunto os livros e seus conhecimentos gerais. Em uma das sessões, pediu para se dirigir ao grupo e perguntar aos colegas como a viam. Todos responderam de uma ou outra forma que o contato com ela era dificultado por sua racionalidade exagerada. Olhou para mim. Parecia esperar que eu fizesse algo também exagerado com ela. Propus que cumprisse, durante um ano, a tarefa domiciliar de assistir à telenovela das cinco da tarde – que certamente lhe parecia fútil, superficial, trivial. Disse-me que estava disposta a tudo e faria isso enquanto tomava seu chá da tarde. Respondi que assistiria à televisão; comendo alguma *junk food* e tomando refrigerante. Quando estivesse no grupo, poderia nos contar de qual parte da telenovela tinha gostado mais e o que tinha comido a cada vez. Assim fez no encontro seguinte e todo mundo explodiu em gargalhadas, e ela também. A sensação de liberação foi visível. Vinha para o grupo e contava comicamente todas "as barbaridades que as pessoas sentiam e faziam por amor na telenovela", enquanto os companheiros do grupo riam e acompanhavam seus comentários. O grupo se revitalizou e pela primeira vez ela encontrou um lugar entre pares. É claro que, uma vez produzida a mudança, a tarefa de ver a telenovela e comer *junk food* já não tinha sentido.

O segundo exemplo é o de uma jovem mulher, profissional da área da saúde. Um de seus problemas era se apaixonar por homens que sistematicamente a rejeitavam. Em um grupo de formação em Gestalt-terapia comentou o que tinha acontecido em uma de suas caminhadas por um bosque.

Conta que lá se encontrou com árvores que significavam para ela seres com os quais podia se relacionar. Parava diante de uma e a abraçava e beijava, para então ir para outra e outra. Seu relato começou a ficar monótono e interminável. O grupo, que já a conhecia por seu romantismo compulsivo e suas longas descrições, começa a perder energia quando, então, um colega resolve dizer a ela que seu diagnóstico era de "promiscuidade ecológica". O grupo e ela se puseram a rir até chorar. Compreendeu pela primeira vez – assim o expressou – que deveria escolher com quem estar, e não ser monótona e pouco atraente. Sua expressão perante o grupo foi a de desejar escolher uma boa árvore – enquanto olhava sensualmente ao seu redor – e deixar de fantasias que só a haviam levado à paralisia de todo prazer.

O terceiro exemplo trata de um homem, paciente de meia-idade, com o qual fizemos uma terapia de três anos. Desde o início comentou que tinha um segredo terrível em sua vida, que nunca tinha contado a ninguém e dificilmente o faria, nem para mim. A terapia foi se desenvolvendo.

Quase no final, me faz lembrar que ainda tem aquele segredo. Pergunto se isso quer dizer que finalmente vai me contar. Faz uma série de rodeios e começa. Eu esperava, dada a coerência que o paciente tinha adquirido, tratar-se de um ato de índole criminal. Revelou-me que depois de ter-se drogado com os amigos, quando adolescente, pegaram o carro e foram buscar mulheres para uma festa íntima. A duras penas consegui conter o riso. Mesmo assim sorri e ergui as sobrancelhas, expressando um gesto ingênuo de compreensão popular. Ele riu comigo e ambos ficamos nos divertindo falando da experiência até o término da sessão. A cumplicidade e a expressão de descontração que se seguiram foram surpreendentes. O famoso fato foi colocado em seu verdadeiro lugar em relação à sua importância.

Recordemos que a alegria contém e compõe a saúde, gerando uma atitude positiva diante da vida. Quando falamos de esperança, estamos tentando dar um sentido e um rumo à dor: a ressignificamos até o otimismo. Quando falamos de otimismo, estamos falando de humor e alegria. O terapeuta gestáltico é um fenomenólogo da existência, assim como terá momentos em que optará – entre muitas possibilidades, devido ao aqui e agora de cada situação – por um otimismo sensível que cultiva o que há de diferente em cada indivíduo e favorece o frescor do saudável. Convém recordar que cada Gestalt aberta evidencia uma necessidade de satisfação inerente à sua qualidade e ao tempo-espaço que a contextualiza. Essa satisfação produz bem-estar, gozo, entusiasmo e senso de humor.

O humor é uma manifestação da sabedoria organísmica.

As pessoas que riem de coração estão em maior contato consigo mesmas e têm uma disposição maior ao encontro com a peculiaridade do outro.

No humor não se pretende nenhuma uniformidade, mas pura originalidade.

Um amigo que sempre encontro me relatou durante quase um ano uma série de injustiças que sofria dos integrantes da banda de música à qual pertencia. Comentou que não tinham por ele o reconhecimento que achava merecer por suas qualidades de compositor, e que seus companheiros desqualificavam todos os arranjos musicais que fazia. Como se não bastasse, não se animava a reclamar a autoria de suas canções. Certa vez perguntei a ele se ter uma banda de música o fazia sentir-se bem. Respondeu que sim. Perguntei em seguida se o problema eram as pessoas que a integravam. Respondeu-me que não. Então perguntei por que não deixava de bobagem. Rimos de suas "paranoias" e ele me lembrou de algumas de minhas "obsessões". Continuamos rindo. Algo mudou nele. Parou de falar do assunto e, tempo depois, me disse que já não se sentia como um concorrente dos integrantes do grupo musical. Comentou também que a banda estava mais criativa. Pretendiam até gravar um CD com suas canções. Mesmo sem intenção, uma simples frase que revela o que está acontecendo comigo é transformadora – se for baseada no amor e no humor.

Seriedade às vezes pode ser pedantismo, arrogância; o humor é um bom antídoto.

Porém, ainda não falei nada sobre o humor dirigido ao terapeuta. O que acontece se o paciente encontra algo engraçado para dizer do terapeuta? Certamente que o que considerei anteriormente é válido para todo indivíduo sem distinção de papéis. Se o paciente é uma pessoa com um senso de humor agudo, simplesmente tem de usá-lo. Não só é uma característica para gerar um bom vínculo, mas também permite e promove um diálogo fluido entre as partes.

É claro que há momentos de dor com a *awareness*, e há momentos de alegria por estar vivendo uma melhora de saúde e harmonia, que é também parte da *awareness*. As pessoas que conheci em meu caminho, e reconheci como guias ou mestres, mostraram um humor expansivo. Normalmente usam o humor para *festejar a mais profunda awareness*, assim como para rir de seus erros banais nas coisas mais simples da vida.

Não há como deixar de festejar a vida ao senti-la em nosso fluir organísmico. A alegria diante da experiência de fazer parte da sabedoria organísmica é consciência plena.

Sinto que ao percorrer este capítulo, que abre um espaço e aguça o senso de humor, algo se torna leve. Já não há tantas exigências, o contato se expande, respira-se com ritmo e calma. O erudito não tem por que ser sério, nem sequer por que ser erudito. O psicólogo ou o médico, e especialmente o educador, podem ser leves e engraçados sem perder profundidade e clareza. Uma boa piada sobre algo transcendente, em um momento transcendente, nunca é esquecida.

O bom humor cria um clima de paz e interesse.

Permita-me uma consideração sobre esse trabalho à luz das expressões humorísticas de Perls.

Todo livro de Gestalt-terapia contém um blá-blá-blá, e isso, segundo Perls, é essencialmente *elephant shit*; porém, é preciso se sujar com essa substância (fezes) em grandes quantidades (elefânticas) para fazer germinar uma atitude (a própria busca da saúde) e não dar muita importância a tudo isso. Se acreditarmos que por isso somos iluminados (puro ego), nos veremos diante de *mammoth shit* (imagine quanto pode defecar um mamute?).

Quando agradecemos um bom momento em nossa vida, e para que o analisemos desse modo, em geral necessitamos ter rido e aproveitado.

O ENQUADRE

DE QUE MODO SE FAZ O *COMO*?

Agora que já passamos pela educação, pela pedagogia e pela clínica no trabalho com os sonhos, o humor e o corpo, nos dirigiremos diretamente à maneira de fazer dessas manifestações da atitude gestáltica. O enquadre é o embasamento ético-material para que tudo o mais aconteça. Não vou me estender muito sobre preceitos e recomendações; não é um compromisso deste livro e há obras e autores que se especializaram no tema.

Todos, sejamos mais jovens ou mais adultos – e isso implica as vivências e o crescimento que tivemos –, sabemos que as prescrições não necessariamente são seguidas ao pé da letra. Por isso, definir a *boa intenção* e a *conduta correta* é uma tarefa tão interessante quanto complexa. Toda condição deve passar mais por uma compreensão do que por uma conformidade cega. Se a condição se transforma em atitude, é parte de nós e deixa de ser um introjeto a ser cumprido. Nesse sentido, podemos dizer que já falamos o suficiente de atitude e da ética que naturalmente a acompanha.

Citarei duas passagens do livro *Ética para amador* escrito por Fernando Savater:

Em resumo: diferentemente de outros seres, vivos ou inanimados, nós, homens, podemos *inventar e escolher* em parte nossa maneira de viver. Podemos optar pelo que nos parece bom, ou seja, conveniente para nós, diante do que nos parece ruim ou inconveniente. E como podemos inventar e escolher, podemos *nos equivocar*, que é algo que não costuma acontecer com os castores, abelhas e cupins. De modo que parece prudente prestar bastante atenção no que fazemos e procurar adquirir certo saber viver que nos permita acertar. A esse saber viver, ou *arte de viver*, se preferir, é o que se chama de *ética*. (Savater, 1991, p. 24-5)

Tanto a virtude como o vício estão em nosso poder. Com efeito, sempre que o fazer está em nosso poder, o não fazer também está, e sempre que está em nosso poder o não, está o sim, de modo que se está em nosso poder o agir quando é belo, estará também quando é vergonhoso, e se está em nosso poder o não agir quando é belo, o estará, igualmente, para não agir quando é vergonhoso. (Aristóteles citado por Savater, 1991, p. 36)

Cheguemos ao ponto. É fundamental que haja um lugar, um tempo e uma importância econômica em relação ao nosso trabalho, pautado previamente, assim como a clara explicitação do segredo que define nossa tarefa. O paciente tem o direito de ter algumas informações sobre nós, e para isso precisa ter espaço para nos perguntar ou elas precisam estar acessíveis de algum modo. O que o paciente precisa saber de nós é, em primeira instância, sobre nossa formação e experiência profissional. O que nós necessitamos saber do paciente é sua atitude em relação à terapia. Se for individual, que realmente tenha a intenção de aproveitá-la e não de aproveitar-se; se é grupal, o mesmo, com o possível agravante da multiplicação natural de leituras que geralmente ocorrem em um grupo, de forma explícita e não explícita. Fora do contexto, seja este individual ou grupal, educativo ou terapêutico, nada saberemos do que ocorre além do tempo-espaço do encontro e, se nos inteirarmos de algo, nada poderemos fazer nem dizer nesse momento. O segredo profissional é que domina toda situação clínica e, nesse caso peculiar, relatar a nosso paciente que nos inteiramos desse algo que aconteceu em outro contexto o qual não tivemos intenção alguma de que se produzisse.

Todo ato clínico deve estar circunscrito ao segredo profissional. Toda ação pedagógica, e muito especialmente a ação clínica, deve focar em seus objetivos de descobrir-se e curar, e em nenhum outro que não sejam esses. Portanto, depreende-se dos pontos anteriores que se trata daquilo e só daquilo que acontece dentro do consultório, lugar onde se cumprirá o que foi mencionado.

Se o paciente tem outra atividade na qual seja necessária a presença de seu terapeuta ou professor, que esta tenha relação direta com seu processo e se aja da mesma forma. Toda exceção a essas considerações precisará ser discutida com a pessoa que está em jogo e tratada ou supervisionada por outro profissional na mesma área em que estamos intervindo, e de comprovada ética. O que importa não é o que o paciente deseja, mas como nós respondemos a esse desejo. Tudo e nada mais do que o que ocorre entre paciente e terapeuta se circunscreve àquilo pelo qual o primeiro consulta.

E *tudo* que acontece em relação a isso é para facilitar o encontro com sua sabedoria organísmica, a *razão de existência* do processo terapêutico em Gestalt-terapia. Dito de outro modo, as manipulações afetivas e os jogos de todo tipo que provenham do paciente devem ser considerados *sempre* como parte do que tem de ser trabalhado pelo terapeuta, dentro do consultório e com base em atitudes que já consideramos. Toda exceção invalida o processo terapêutico ou até o educativo. Podemos dizer também que toda exceção, pontual ou com relativa frequência, sem que o processo tenha sido anulado, é imoral. Não poderá jamais haver exceção.

Em outra ordem de coisas, me parece importante destacar uma vez mais que é o contato – e neste livro se agrega à Gestalt um passo a mais em sua evolução, que é a conexão com a sabedoria organísmica – o que assume o centro dessa abordagem terapêutica do humano que chamamos Gestalt. Por isso, chamamos *contato* o conjunto de peculiaridades que ocorrem na relação terapeuta-paciente, uma relação com papéis muito específicos e regulados que expressa e intensifica a autenticidade e a saúde de ambos. E é assim que a relação terapeuta-paciente se desenvolve mediante seu intercâmbio natural de subjetividades que chamamos contato interpessoal e interpsíquico, e responde às mesmas condições que temos considerado.

A transferência, conceito das Psicologias de cunho analítico – que simplificando diremos que é a atualização, em e pela relação terapêutica, de vivências fixadas em fases primárias da vida –, se inclui na Gestalt-terapia. De qualquer maneira, um gestalt-terapeuta focalizará naquilo que fundamenta sua atitude perante a saúde: *encontrar-se mutuamente através do vínculo, no presente e no genuíno do que é e está sendo*.

A Gestalt-terapia estimula que sejamos o que realmente somos, sem os rodeios nem os papéis neuróticos que estão presentes em toda relação, por sua própria condição de repetitividade, automatismo e previsibilidade. As situações inacabadas do indivíduo clamam por sua resolução por meio das figuras emergentes. E qual é a solução? Já sabe a resposta: inspirar autenticidade. Em geral, sufocamos a voz de uma sabedoria que não está no terapeuta, mas em ambos; no interior de todo indivíduo. Ética é também a capacidade de favorecer o contato com a saúde que está dentro de nós.

É não pretender curar, desde e no círculo fechado do doente.

Essa atitude é a forma que assume o encontro terapêutico e a fonte de inspiração para a mudança no presente das vivências ímpares que sustentam uma maneira cristalizada de ver a vida.

O contexto é orientado, inspirado e determinado pela atitude – que inclui saúde – do terapeuta e pela focalização na tarefa.

TÉCNICAS

A TÉCNICA É TÃO OCASIONAL COMO A ATITUDE É CONSTANTE

É hora de falar sobre as técnicas na clínica gestáltica. Uma vez abordados os temas da atitude, da pedagogia, do corpo e o propósito que estabelecemos de como ir ao encontro da saúde, o *know-how* das técnicas é relativamente fácil de transmitir.

A esta altura, você já me conhece; vou fazer mais algumas considerações sobre a Gestalt-terapia que acredito serem importantes. Em algum momento, meus assistentes já me ouviram dizer que Gestalt-terapia é uma abordagem do humano que abre uma brecha, ou seja, um vazio fértil em toda teoria do funcionamento psíquico. Portanto, como corrente psicológica, a Gestalt admite duas leituras: uma poderia ser a de uma Psicologia em processo de evolução na qual falta uma infinidade de aspectos que complementem, demonstrem e fechem conhecimentos teórico-técnicos necessários para oferecer uma visão clara do aparato psíquico e demais manifestações. Sob essa perspectiva, *falta alguma coisa à* Gestalt, e nós que viemos depois teríamos de agregar algo que preenchesse esses espaços vazios deixados pelos primeiros.

A outra leitura é a de uma maneira de ser e estar, uma atitude diante da vida que permite uma abertura inusitada. Assim, experimentam-se a compreensão e o crescimento como fruto de estar em contato com nós mesmos, com o outro – paciente, grupo, mundo – e com o que ocorre no encontro de ambos. Trata-se de um *intercâmbio* e *contágio* de uma forma de ver o mundo, de uma maneira de pensar, de uma atitude diante da relação com o todo.

Podemos considerar que a primeira leitura nos leva a reparar uma Gestalt carente e a saída saudável seria a de investigar e integrar novos conhecimentos e tendências ao que já foi feito pelos velhos gestaltistas, como Fritz Perls, Laura Perls, Paul Goodman, Ralph Hefferline, Jim Simkin, Gideon Schwarz, Erving Polster, Miriam Polster, Joseph Zinker e Violet Oaklander, entre outros.

A saída patológica é a de negar a evolução de Perls e seu caminho até seus últimos dias, e pretender que os mais jovens sejam criados com o direito de fazer uma Gestalt mesmo antes de chegar à sua maioridade. Dessa forma, corrompem-se o mais genuíno de suas raízes e o sentido de ter sido um enfoque humanista, fenomenológico e existencial como contracultura diante de um paradigma interpretativo-intervencionista.

A segunda leitura conduz a utilizar o espaço fértil que a Gestalt nos oferece e que necessita de um treinamento muito mais árduo e constante do terapeuta na busca pessoal de saúde e confiança intrínsecas. O caminho difícil pelo qual Perls tentou guiar seus discípulos nos últimos anos de sua vida. Um sonho utópico. A saída patológica: que o sonho permaneça na utopia.

Algumas belas palavras de Therese A. Tellegen (1982, p. 81) são oportunas:

> E foi na Gestalt-terapia que encontrei espaço para tudo isso. Para mim ela foi e é um fio condutor e uma permissão. O fio condutor é feito de alguns pressupostos e linhas-mestras que não chegam a formar um sistema teórico completo e consistente. E a permissão consiste em um amplo espaço de liberdade e criatividade dado pela ausência de uma técnica específica. Parece paradoxal que uma terapia sem técnica específica tenha ficado conhecida justamente por suas chamadas "técnicas". É que, com tanto espaço, é fácil se perder.

Por tudo isso, as técnicas da Gestalt-terapia são variadas e devem ser usadas se a situação clínica exigir. Vamos percorrer cada uma delas.

A *cadeira vazia*, sobre a qual falamos ao abordar o trabalho com sonhos, é, como vimos, um recurso emprestado do teatro que exige do terapeuta certa habilidade e do paciente uma condição. O paciente precisa recorrer tanto à sua capacidade de abstração como à de focalizar o trabalho no diálogo entre o depositado na cadeira vazia e ele mesmo. Não poderá dialogar com o terapeuta, mesmo que ele esteja presente fundamentalmente para estimular esse diálogo. O terapeuta é guiado pelo paciente e tenta fazer que o diálogo entre as partes não seja interrompido até que possa chegar à mensagem existencial – se se trata de um sonho ou do fechamento de uma Gestalt inacabada ou fixa –, no caso de uma situação de *impasse*. A cadeira vazia tem uma função especial no caminho até a etapa implosiva, que esclarece a passagem do *impasse* para algo novo. Para isso, temos de derrubar o velho e enfrentar o nascimento do novo.

Se relembrarmos o conceito de dominador e dominado como as partes alienadas que fragmentam o todo que somos e criam um diálogo interno torturante, a cadeira vazia pode ser uma maneira teórico-técnica de vincular o que ambas as partes têm para dizer e tentar integrá-las ao todo. Quando uma parte se integra ao todo, esta perde sua força artificial e passa a ter a informação necessária dentro do contexto global.

Vemos como atitude e método estão em relação constante.

A *viagem imaginária* ou *viagem de fantasia* é uma técnica usada ocasionalmente para levar o paciente de um estado de relaxamento corporal e, portanto, mental a um percurso imaginário no sentido de resolver suas necessidades. Pode tratar-se de uma nova visão sobre figuras parentais, filhos, casamento, solução de problemas relacionados ao profissional ou espiritual.

Vamos a um exemplo. Façamos um relaxamento. Para isso, deitamo-nos de barriga para cima, respiramos naturalmente pelo nariz e percorremos o corpo dos pés à cabeça enquanto relaxamos e respiramos tendo em mente cada parte. Agora, comecemos a viajar em nossa imaginação.

Imaginemos que percorremos um caminho e então chegamos a uma caverna onde vive um ancião sábio. Imagino sua aparência, como está vestido e tudo o mais, enquanto surge em mim uma pergunta que preciso fazer a ele. Deve ser uma pergunta para a qual há tempos desejo encontrar resposta ou que tenha subitamente surgido diante da situação de ter o sábio à minha frente. Entro em um diálogo imaginário com o sábio e volto pelo mesmo caminho, mas agora um pouco mais esclarecido a respeito da minha vida. Levamos um tempo para voltar. Compartilhamos – se há outras pessoas – o que nos aconteceu e trabalhamos sobre isso. Obtemos, por esse caminho, uma forma nova e criativa de encarar uma problemática.

Outra técnica é a *exageração,* na qual se utiliza o corpo em todos os seus recursos. Propõe-se que diante de um movimento, da expressão geral do corpo ou de uma manifestação verbal o paciente exagere essa situação. Normalmente é usada para que o paciente obtenha a *awareness* do que acontece com ele por meio de um compromisso maior consciente. A visibilidade que acompanha a exageração possibilita chegar ao "dar-se conta" esperado, estimulando assim a autorregulação organísmica que leva naturalmente à saúde.

A *troca de papéis teatralizada* é outra técnica que oferece resultados significativos. Já vimos um exemplo ao falarmos do humor. Outro exemplo é o de mudar de lugar no processo terapêutico, no qual o paciente assume o papel do terapeuta para lhe dizer algo que deseja dizer a si mesmo estando nesse papel. Seu paciente – o terapeuta –, agora sentado no outro lugar e disposto a ouvir, é receptor de algo que talvez de outra forma fosse impedido de sair.

Outra técnica simples e precisa é a de *falar na primeira pessoa*, a qual a Gestalt-terapia enfatiza especialmente. Com isso, pretende-se levar o indivíduo a se responsabilizar por suas palavras, atos, sentimentos e tudo o mais.

Também citamos o tema do *como* e *por quê*. Fico feliz por tê-lo feito no momento em que falamos de atitude gestáltica, já que como técnica é fria e insubstancial. A transformação de qualquer pergunta de *por quê* a *como* tem sentido dentro de um contexto experiencial. No século XXI, período de integração da humanidade, a psicoterapia tem de ser integradora e integrativa. O hábito de viver mais a partir do *como* nunca foi tão necessário. Portanto, mais uma vez, Perls agiu como visionário ao colocar o *como* a serviço da organização interna e da integração com o mundo.

O dr. Claudio Naranjo sistematiza de forma precisa essas técnicas e dá a elas o nome de técnicas supressivas. Elas englobam o que Perls (1974) chamou de *sobreismo, deverismo* e *manipulação* (ou *serismo*). Naranjo considera que "sobreismo (*aboutism*) é o nome que Perls gosta de dar ao *jogo científico,* da mesma forma que considera o deverismo (*shouldism*) como a essência do *jogo religioso*". E acrescenta:

> Na situação terapêutica, as manifestações mais frequentes dessa atitude são a oferta de informação (diagnóstica), a busca de explicações causais, a discussão de assuntos filosóficos ou morais ou do significado das palavras. (Naranjo, 1990, p. 62)

Quanto à manipulação, Naranjo afirma:

> A manipulação de outros, que também podemos entender como uma automanipulação dirigida a manipular outros (como, por exemplo, na afirmação: "Sorria de modo que eu possa me sentir bem"), compromete toda a gama de condutas de *jogo*. Um *jogo* sempre envolve a esperança de um objetivo e pode ser mais bem-visto como uma manipulação para obter uma vantagem do que como um ato de expressão. (*Ibidem*, p. 76)

Gostaria de acrescentar neste capítulo, que cita e considera as técnicas utilizadas pela Gestalt-terapia, que ao integrar a dimensão espiritual podemos cair em algo que merece cuidado, que é confundir o místico com a mistificação da realidade. Trata-se daquilo que conduz sua vida e a de seus pacientes por meio de sentidos ocultos ou conteúdos divinos em todo ato. Perls, com seus escritos, e Naranjo, em minha convivência com ele, foram para mim mestres na arte da realidade.

O que é é, e o que se inventa é uma forma de evitar o contato.

Não só o paciente leva uma vida de invenções internas; o terapeuta pode fazê-lo também estimulando interpretações não apenas intrapsíquicas, mas mágicas. A magia, como evasão da realidade, normalmente complexa e pesada, é uma maneira distorcida de seduzir, sugestionar, encantar, enfeitiçar o mundo e os vínculos, tornando ainda mais distantes a realidade e a transcendência do conteúdo intrínseco da dimensão espiritual.

Confunde-se, desde sempre, o indivíduo integrado em suas dimensões e vivendo em conexão com aquilo que se considera atitude leviana e distorcida da experiência espiritual, enchendo-a de fórmulas e sinais. É necessário que o terapeuta abandone suas crenças místicas na hora de trabalhar com as dores do outro que o consulta para ser ele mesmo.

Passamos por várias técnicas conhecidas e utilizadas pela maioria dos gestalt-terapeutas; entretanto, não há técnica mais sofisticada do que aquela que nos permite experimentar a nós mesmos a partir do *vazio fértil*, ou seja, vivenciar a nós mesmos e ao *presente em* ação e em nosso interior. O ciclo de evitações de contato é talvez a maior causa de vazio saturado, abarrotado do mesmo, que nos leva ao sentir, pensar e agir compulsivos.

A parada e abertura de um espaço novo, desconhecido e presente exigem coragem e acima de tudo clareza. É quando nos damos conta de que vivemos sem saber para onde ir nem o porquê de nossas ações. Para isso, a técnica mais elevada é a abertura e a disposição à *quietude*, que já foi suficientemente tratada em capítulos anteriores.

Quietude é a prática mais sofisticada que podemos oferecer para obter o vazio fértil e a vivência presente.

Na realidade, é uma prática que podemos tomar como técnica, no entendimento de que é mais do que isso. É mais uma atitude conquistada. A atitude leva a outra forma possível de ser e agir: a *intenção*. Como dissemos, a intenção é diferente da vontade.

Quando alguém coloca sua dor diante de sua consciência e está disposto a transitar da melhor forma pelo que a vida irremediavelmente lhe mostre, coloca-se no fluxo da sabedoria organísmica. Esta é a intenção maior. É um ato voluntário e ao mesmo tempo, não é. De voluntário tem o desejo e de não voluntário tem a ausência de expectativas preestabelecidas. Intenção é aceitar que aquilo de que necessito e que parece impossível alcançar aqui e agora seja colocado em um espaço-tempo que conecta essa necessidade com a unidade. Não é fé no sentido clássico, é confiança no desenho universal.

Intenção é a entrega ao que é.

A intenção e a quietude são formas de viver. Nesse sentido, são métodos que levam à saúde de mãos dadas com o *desenho universal*. Como disse antes, a atitude dá sentido a toda metodologia, sem desqualificar o valor que todo bom método oferece.

Toda técnica deve conduzir ao desenvolvimento do autossuporte e ao paulatino abandono da manipulação do ambiente. Uma das coisas que advém da manipulação do ambiente é a euforia. Euforia – se estereotipada – é um vício compulsivo-manipulatório da realidade e do mundo. Alegria é o antídoto da euforia.

As técnicas devem propiciar o contato com a saúde. Na relação paciente e terapeuta, esse contato se traduz em sentir e viver com base na sabedoria organísmica. E quanto à intenção procura-se alcançar o crescimento de ambos pelo *encontro existencial*.

Por meio do encontro existencial, tanto paciente como terapeuta têm uma experiência superior no presente que transforma estruturalmente sua vida e sua relação.

Respiração é também uma das maneiras para entrar em contato consigo mesmo e com o mundo; é uma forma de inspiração e absorção em e desde a relação fluida interno-externo assim como a temporoespacial. Respiração tem um ritmo, pode assumir diferentes formas e sempre é conexão energética. Respirar é sinônimo de conectar-se energeticamente; porém, o que considero fundamental em atitude e prática é que a respiração nos remete à nossa impermanência. Um dia deixaremos de respirar e esse será o último momento da vida como a conhecemos. Respiração é uma lembrança de quão limitadas são todas as coisas. A maneira de respirar é também uma forma de acalmar o coração, seja real ou metaforicamente.

O xamanismo nos ensina que a *morte é nossa constante, permanente e tenaz companheira* e há de ser assim para valorizar a vida em sua expressão presente. *Impermanência* é uma atitude que, ao ser conquistada, faz parte de nosso cotidiano, sabendo que emana da sabedoria organísmica. É uma maneira de saber que a vida é um presente – *o* presente – que recebemos a cada respiração. Não é esta, por acaso, a alegria de ser-e-estar-no-mundo?

A atitude gestáltica valida toda técnica, que é na realidade um instrumento momentâneo para mostrar algo que seja útil no caminho para a autodescoberta, o autoapoio. Exige do terapeuta criatividade e dom da oportunidade a partir de seu papel solitário. O trabalho do gestalt-terapeuta é o de estar em contato consigo mesmo e em conexão com a intenção, como maneira de ser-em-relação-à-sabedoria--do-desenho-organísmico.

Para finalizar, outra resultante técnica de uma atitude de vida é a de valorizar e estimular todo aspecto que seja *genuíno* no campo terapêutico. Tudo que Perls chamava *elephant shit* é o que interrompe o processo de chegar ao autenticamente próprio.

A Gestalt-terapia é implacável na arte de desabilitar o jogo manipulativo do intelecto assim como emocional. O terapeuta gestáltico retoma seu contato baseado na inteligência e nos sentimentos com seus pares – já que é assim que considera-se e aos outros.

Se o teórico-técnico é fundamental, o amor é o continente de tudo que tratamos até aqui. Um amor que engloba tudo e acima de tudo tem a marca do não apego. O não apego é um caminho para conectar-se com o fluir organísmico, é a forma que a indiferença criativa assume; estar presente e inteiro. Toda técnica estimula, e não tem pretensão de fazer mais, a conexão com a saúde intrínseca, peculiar em sua manifestação a cada um de nós e compartilhável em relação ao que experimentamos ao vivê-la. Todo bom terapeuta conspira baseado no amor.

Toda técnica tem de visar ao vazio fértil.

4
PROPÓSITO

> O propósito é a tarefa sempre
> presente de encontrar a conexão.
>
> F. DE LUCCA

PARA ONDE, COMO E PARA QUÊ

Sobre o que nós, terapeutas, agimos? Agimos sobre a loucura? Sobre a saúde? Se imaginarmos – e apelarmos para a imaginação, já que não há uma opinião clara nem unificada a esse respeito – a história do homem desde a evolução da consciência até nossos dias, chegaremos à conclusão de que existe um funcionamento natural, habitual, geral que chamamos de normal. Quando esse funcionamento não coincide com a norma e, portanto, o consideramos um transtorno ou uma doença, entendemos o motivo pelo qual tanto a medicina como a Psicologia foram pelo caminho do sintomático.

Deixe-me esclarecer que "normal" é um critério estatístico que não é necessariamente sinônimo de saúde; tanto é que muitas vezes um indivíduo que conseguiu chegar a um autoconhecimento elevado não parece se comportar segundo a *norma*. Esclarecida essa obviedade, quando algo foge do frequente ou costumeiro, o critério geral é que se trataria de algo *anormal* e, portanto, avaliado como patológico. Este é um caminho possível que não estou considerando necessariamente errado. Apenas apresentarei uma direção alternativa que, sem dúvida, me parece mais recomendável do que a anterior, já que a experiência clínica – no sentido da busca de uma amplificação progressiva da consciência de si – assim me faz ver.

Desde os meus tempos de estudante do curso de Psicologia, uma ideia surgiu e nunca mais me abandonou. Depois de certo tempo –

anos – a ideia se transformou em convicção e a convicção em guia e caminho: *se trabalhamos no doente que se apresenta em um indivíduo, não sairemos jamais da doença, que não só sitia, encurrala, envolve, aperta o indivíduo, como também o faz com as verdadeiras intenções de mudança no sentido da saúde.*

Assim, terapeuta e paciente criarão um sistema dominado pela doença.

É claro que todos nós necessitamos identificar o que nos acontece, saber de que se trata aquilo que não nos permite ser normais. Uma vez identificado, pela descrição da conduta observável, o que acontece com o indivíduo que nos consulta, o que vem a seguir é trabalhar para conseguir curar.

Seguir uma abordagem teórico-técnica é o que normalmente inicia o processo depois do diagnóstico e, então – agora sim –, começa a terapia, seja esta alopática, homeopática e/ou psicológica em suas diversas modalidades. Como o propósito deste livro é a transformação psicoespiritual, falaremos de psicoterapia.

Com a intenção de promover a saúde, a psicoterapia assume várias formas, fórmulas e modelos. Em seu início, toda Psicologia estava relacionada ao paradigma da medicina alopática com seu consequente modelo antropológico-biológico-mecanicista. Depois de uma aceitável evolução, que transformou essas linguagens metodológicas do fim do século XIX e princípio do XX, foram aparecendo outras que partiam de novas formas de considerar o humano.

Surgiram abordagens inspiradoras de um homem que se autoconsidera único no universo, singular quanto à sua própria história, e constrói a si mesmo. Arte, criatividade, corpo, sentimento de grupo e ampliação da consciência são agora o foco da Psicologia Humanista. Se somarmos a isso a visão de homem como parte de um todo universal, que ao mesmo tempo o leva a considerar-se como a obra distintiva daquele, e cuja conexão pode ser restabelecida, talvez então cheguemos a algo verdadeiramente integrador. Para isso, torna-se fundamental desenvolvermos a ideia de que temos de trabalhar a partir de outro lugar. Um lugar em que se conseguiria *ver* a doença, segundo uma atitude compreensiva e repleta de sentido.

Faz-se necessário *estar em* um espaço-tempo diferente daquele e daquilo que circunda o doente e adere a ele. Usemos um pouco a imaginação. Vamos supor que sejamos muito pequenos, do tamanho de uma partícula atômica, e ao nosso redor vemos principalmente espaço intermolecular. Agora, imaginemos que algumas dessas moléculas que vemos sejam nocivas ao homem caso penetrem em seu corpo e fiquem alojadas lá em quantidades não elimináveis. A primeira questão a considerar é que não são necessariamente moléculas ruins ou boas, apenas produzem patologias se as acumulamos em nosso corpo. A segunda é que podemos agir de modo consciente na redução de tais moléculas, que até chegamos a ver com clareza por terem o nosso tamanho.

Várias coisas poderiam acontecer; uma delas seria interferir internamente na composição atômica da molécula e eliminar dela seu poder nocivo. Nesse caso, precisamos ter uma noção temporal de nossa batalha, já que enquanto lutamos o organismo pode continuar adoecendo. Toda batalha nos conduz naturalmente a investigar a origem e a composição daquilo que tentamos derrotar em nosso organismo. Se matarmos sem saber a quem, nunca saberemos nada sobre o morto. Seria melhor batalhar organismicamente. Entretanto, ainda resta saber com que armas, equipamentos ou instrumentos vamos fazer isso. Dessa forma, torna-se necessário dispor de uma metodologia.

Instrumento + Metodologia + Inteligência + Sentimentos + Ação = Atitude.

Para a cura é importante conhecer o instrumento que usaremos, bem como o método adequado. É o que chamo de trabalhar com base na saúde. A partícula atômica curadora deve ter essas qualidades, em um espaço saudável segundo o qual agir para poder gerar saúde. Terá de se colocar como aprendiz do paciente, conhecê-lo como parte de sua própria batalha individual e constante. Vejo algo parecido em minha própria ação de curar-me, de ser curado e de curar. E, para isso, faço duas observações. A primeira é que nos curamos sempre em relação a algo, nunca isolando-nos. A segunda é que necessitamos conhecer alguns aspectos de nós mesmos para nos conectar com o que acontece conosco ou com o outro. Nessa perspectiva, o caminho é o autoconhecimento.

De acordo com esse exercício de imaginação, vejamos agora dois exemplos.

O primeiro trata de um homem de 50 anos que relata em um grupo uma série de atrocidades e atos de violência aos quais foi submetido na infância e início da adolescência pelo pai. Mais ou menos nessa etapa da vida, sai de casa e vai morar sozinho. Vive pulando de trabalho em trabalho, até que se casa e constitui família. Decide nunca mais ter contato com o pai – pouco depois de seu afastamento, o pai se separa da mãe e vai viver com a amante. Meu paciente transmite às três filhas o ressentimento contra o avô, o que faz que elas nunca o conheçam.

A terapia desse homem se concentrou basicamente em como e quanto o conflito com seu pai interferia em seu processo de crescimento. O trabalho tentou identificar e estimular suas partes sãs e assim enfrentar suas *gestalten* inacabadas. Recuperou aos poucos aspectos perdidos e criou diferentes formas de encarar sua vida, para assim alcançar todo seu potencial. Um dia, depois de chegar a muita clareza e compreensão, decide encontrar o pai – já fazia mais de 35 anos que não o via. Uma de suas filhas, a do meio, já o fizera antes; apesar de meu paciente ter se zangado, no primeiro momento, por tomar isso como uma traição, aos poucos foi transformando seus sentimentos, que finalmente estimularam o reencontro. A terapia utilizou essa expressão de sentimentos criando um vazio fértil que conduziu a novas formas de agir. Conseguiu sua última vitória: o resgate do vínculo paterno. Tudo indicava que sua terapia tinha chegado ao fim, sobretudo por ter conseguido um importante autossuporte, a reformulação de seu próprio casamento e um vínculo sadio com as filhas, além de um interesse no espiritual que tinha abandonado há alguns anos. E assim foi; despedimo-nos com afeto.

Alguns meses se passaram e um colega de trabalho desse paciente me procurou, recomendado por ele, para começar um processo psicoterapêutico. Encontramo-nos e começamos a trabalhar. O colega de trabalho, outro homem maduro, trouxe seus próprios problemas que não são relevantes para este exemplo, exceto por sua preocupação com meu antigo paciente, pois este, já com alta, estava tendo uma atitude fanática pela religião, a ponto de fazer sacrifícios incomuns e violentos que poderiam afetar sua saúde física e mental, assim como seus vínculos mais íntimos. Seu colega de trabalho relatava que meu antigo paciente parecia se sentir muito feliz com essa maneira de viver. Que posso dizer a você a esse respeito? Na disciplina exagerada e abusiva em relação à sua religiosidade, ele se violentava assim como experimentara décadas antes com o pai. Sem dúvida, a sabedoria organísmica – invocada e relacionada aos recursos que tinha à mão – fez que a autoviolência e seu medo de agir violentamente com outros fossem canalizados, estimulando uma disciplina e uma prática altamente exigentes para com o credo. Dizendo de outro modo, a neurose é, nesse caso, um recurso organísmico. É melhor este paradoxo, ou *koan*, do que outras possíveis consequências? Diante do ressentimento, instala-se uma multiplicidade de aspectos que impedirão – em regra – todo possível ato de violência. É impulsionado, assim, a encontrar um ardil, algo que se implanta primária e antecipadamente em qualquer ato: a hegemonia e lealdade a um sistema de crenças que o transtorna, às vezes o salva de toda possível identificação com uma imagem perpetradora como a de seu pai. Encontra algo que está acima de tudo. Esse ressentimento, que, segundo Perls, é agressão não expressada, cria uma sustentação e às vezes uma interrupção em seu crescimento. O trabalho terapêutico foi correto e até exitoso, mas há sempre algo mais que devemos ver em relação ao todo. Se considerarmos o processo circular de crescimento, é indubitável que esse homem evoluiu e se aproximou da conexão biopsicossocioespiritual de que falamos. O problema indica que a violência às vezes é tal que a conexão se conforma como estrutura fanática e não como um fluir calmo, amoroso e alegre que libera nosso potencial. Sua exaltação excêntrica é confundida com o entusiasmo de servir a algo e retrofletir toda agressão, depositando-a em si mesmo para nunca atualizá-la em outros. O fervor é sempre um equívoco, uma cegueira que só a pacificação interior pode curar. Calma e quietude é o que este homem espera, alguém que foi capaz de reconciliar-se com seus pais – dadas as condições a que foi submetido – e suas filhas, mesmo não tendo ainda conseguido fazer isso consigo mesmo. Toda idolatria é uma forma de desconexão. Sua religiosidade é uma punição e uma "garantia" extrema de intimidação diante de qualquer expressão de violência. A conexão com a autorregulação organísmica é assim: nem sempre leva ao caminho do que consideramos belo e socialmente aceitável.

É uma transação organísmica que se faz entre a história pessoal e o sentido da vida.

Podemos perdoar e compreender com inteligência, sensibilidade e sabedoria. Esse exemplo, e também os outros, é especialmente valioso para mostrar que a metodologia pode ser útil e ao mesmo tempo enganosa, sobretudo se for tomada da maneira que o fez o homem de nosso exemplo: *fanaticamente*.

Outro exemplo é o de uma mulher também de meia-idade, casada e com dois filhos, que marca uma consulta para ela e seu marido. Vêm juntos. Ela manifesta sua dor por ter sido enganada. O marido tinha um vínculo sexual com outra mulher. Manifesta também que a descoberta desse fato ocorrera havia três anos e que nunca tinham tratado disso com profundidade. O marido parecia relativamente confortável com a situação, e tentava explicar a ela o que ocorrera anos atrás; a mulher estava paralisada pela dor. Ela entendia as explicações do marido, mas isso não produzia a menor mudança.

Depois de três sessões e trabalhando com fluidez, ela manifesta sua necessidade de que ele expresse seu arrependimento de maneira mais explícita e faça algo – uma declaração emocional visível – para demonstrar que tem consciência do sofrimento pelo qual ela passou. Isso nunca aconteceu. E mais: a amante, no momento em que sua existência foi descoberta, praticou uma série de atos desesperados que alteraram até o funcionamento familiar, como telefonemas grosseiros, provocações e ameaças. Diante disso, e com o desenvolvimento da terapia de casal, a mulher tem como figura dominante a ideia recorrente de que seu marido opta por terminar a relação com a amante mais para cuidar da família e da imagem social do que por amor a ela. Sente que seu marido não a escolhe por aquilo que sente, mas por conveniência. Acha que o marido tenta abrandar os resultados do acontecimento ao transformar o catastrófico em infeliz e indesejável. A terapia de casal chega ao fim em um tempo aceitável, permitindo melhorar sua convivência, sexualidade e relação com o sistema familiar.

Passa certo tempo. A mulher, depois de conversar com o marido, me procura para trabalhar o que tinha ficado sem resolver: sua figura inacabada quanto à necessidade de sentir-se amada, escolhida. Essa necessidade implica um verdadeiro trabalho de contato consigo mesma e de crescimento pessoal. Sua terapia agora se concentra na intenção de crescer e saber mais de si. Vai se dando conta de que à medida que se sente mais plena teme que seu marido não só não acompanhe suas mudanças como se afaste por se sentir diferente. Esse temor, já conhecido, não a impede de continuar buscando, então ela participa também de grupos de autoconhecimento e meditação. Pratica a meditação regularmente, e depois de um tempo ocorre algo inesperado. Em um dos momentos, "esses momentos" – e muitos de meus colegas veteranos de qualquer abordagem teórico-técnica me entenderiam bem –, a paciente consegue entrar em uma quietude e vê, sente, experimenta uma clareza que descreve como atípica. Nessa clareza cheia de sentido, dá-se conta – *awareness* – de que ela e seu marido estariam unidos por um amor que transcende tempo e espaço. Pela primeira vez me conta que se conheceram ainda quando crianças, pois suas famílias tinham uma relação de amizade, e depois se reencontraram na adolescência. Ela percebe que a união dos dois está cheia de momentos sincrônicos e situações que levaram ao encontro. Experimenta a sensação de que o amor que os une é forte e muito antigo. Um amor que ela qualifica de inabalável. Não vou fazer mais considerações, quero deixá-lo com a ideia de tentar ver além do que podemos alcançar com nossos olhos e nossa razão.

Descobriu, por meio da dupla atenção, que o amor não é sinônimo de exclusividade, tampouco uma escolha fácil.

A pessoa escolhida é quem é, e não necessariamente o que ambicionamos que seja. Ela descobriu que o amor é contato pleno e união atemporal. Considerou que, se é capaz de sentir isso, qualquer pessoa também pode. Isso inclui seu marido. Compreendeu que ele tem saúde suficiente para sentir amor e o espaço-tempo que escolhe compartilhar com ela não é casual, nem arriscado, nem fingido, nem calculado. Ninguém é capaz de premeditar ou simular amor por muito tempo. Tudo recobra sentido para o casal; e conseguem viver com o melhor de ambos. Hoje estão juntos, vivendo bem, sem dúvidas, e seus temores são aceitáveis. Ou seja, com tudo aquilo que não requer necessariamente uma intervenção terapêutica específica, já que a própria evolução no autoconhecimento da pessoa resolve a situação como parte do caminho. O central é a ideia de estar em um lugar de saúde e tentar mantê-lo para enfrentar o que for necessário.

É possível que o que nos impede de harmonizar e fluir com o mais autêntico de nós mesmos seja utilizado e beneficie o caminho para a busca da transformação.

Transformação não é outra coisa, nem tem outra forma, além da que podemos observar na beleza e no movimento da natureza que nos circunda.

Podemo-nos curar envoltos em compreensão, vitalidade e harmonia. Aspectos esses que emanam de nossa sabedoria intrínseca e a definem como tal. Considerar que "aquilo que não desejávamos que acontecesse em nossas vidas" assuma o lugar que a transformação teria de ocupar é como subestimar o real, que sempre nos oferece algo importante.

O que importa é viver com propósito. A chave da transformação é saber, acima de todas as coisas, que assim teve-irremediavelmente-que-
-ser-tudo-para-que-pudéssemos-nos-conectar-conosco-e-com-o-
-que-nos-rodeia. Se não podemos ampliar a visão de nossa consciência e enxergar os espaços vazios que estão cheios de luz, para assim aliviar nossas dores e transformá-las em esperança de que em alguma oportunidade nos conectaremos com a unidade de todas as coisas e seu consequente desenho fractal, não temos como fazer grande coisa em relação à saúde.

O CAMINHO DO MEIO É CLARAMENTE UM MÉTODO

Um pouco de história. Hoje, estamos diante de duas forças. Já faz muito tempo que não são o bem e o mal. Agora, trata-se de forças paradoxais, duais, contraditórias em si mesmas e nas quais não se podem encontrar facilmente os aspectos negativos ou positivos. São as forças da *virtualidade e seu culto tecnoegoico-manipulativo* em oposição às que *propõem um atalho para a espiritualidade, incluindo os cultos à tradição, à euforia e ao líder*. Algo como uma luta entre a fantasia implacável e a sedução da pseudossabedoria.

Qual é o caminho do meio? O caminho do meio nunca é o abordado do ponto de vista geométrico-matemático; é aquele que, sem estimular as polaridades da dualidade, tenta unir, centrar e incluir o *bem-estar* que emana da saúde geral. O caminho do meio nunca é um atalho. É a tentativa de alcançar a *unidade-realidade biopsicoespiritual*. É aquele que nos leva a compreender que o existente é uma emanação do desenho. É aquele que permite nossa liberdade mais elevada, nosso livre-arbítrio, nossa conexão organísmica. Como temos visto, o caminho é uma metodologia que ao mesmo tempo contempla a peculiaridade e a circularidade do humano.

O trabalho para conhecer o caráter é sem dúvida o primeiro que precisamos percorrer e compreender. Como todo caráter que se autogerou como sistema defensivo, não só foi necessário como é importante no momento de mostrar sua outra cara, que é, assim como temos visto, o sentido que tem a dor. Um bom caminho leva a encontrar a *virtude* que está presente em toda neurose. Virtude é aptidão, inteireza, probidade; é aquilo que também está contido nessa defesa, algo que igualmente acompanhou todo o meu agir na vida.

Uma vez que podemos identificar nosso caráter com consciência e intenção, beneficiamo-nos de nossa própria experiência para crescer, no sentido de que a vida é o grande mestre que permite o conhecimento de nossa essência. O que significa crescer? Citemos um fragmento do conto dos feijões mágicos de Hans Christian Andersen

(1843). O conto infantil ilustra o que pretendo transmitir sobre o crescimento segundo aquilo que a vida nos oferece.

João vivia com sua mãe, que era viúva, em uma cabana no bosque. Como com o tempo a situação financeira da família foi piorando, a mãe decidiu mandar João à cidade, para que ali tentasse vender a única vaca que possuíam.
O menino se pôs a caminho, levando o animal amarrado com uma corda. Encontrou um homem que levava um saquinho de feijões. "São mágicos", explicou o homem. "Se quiser, te dou em troca da vaca." Foi o que João fez, e voltou muito contente para casa. Mas a viúva, desgostosa de ver a estupidez do garoto, pegou os feijões e jogou-os fora. Depois se pôs a chorar.
Quando João se levantou no dia seguinte, foi grande sua surpresa ao ver que os feijões tinham crescido tanto durante a noite que os ramos se perdiam de vista. João se pôs a subir por seus galhos, e sobe que sobe, chegou a um país desconhecido [...]

A história continua, mas eu paro por aqui, que é o que me interessa, já que seu desenvolvimento e final me parecem polêmicos. O importante é dizer que de um erro aparente do menino, que foi simplesmente o de acreditar inocentemente no homem do saquinho de feijão, e que sua mãe avalia como estupidez, cresce uma árvore que o conduz ao céu onde há tesouros fantásticos que transformam sua vida para sempre. De todo esse desatino surge algo novo, diferente e renovado. Se vivermos conscientemente na intenção de entrar em contato com nossa sabedoria intrínseca, e em relação com nossos pares, teremos avançado em nossa saúde.

Produto e resultado de trabalhar na conexão com nossa essência, aos poucos compreendemos que o *ego é necessário apenas quando é necessário*. A metodologia presente neste livro é uma estrutura organizada que pode nos conduzir à transformação. Permite-nos identificar a aparição-irrupção de expressões egoicas desnecessárias que condicionam a autorregulação organísmica.

A metodologia é necessária para identificar, moderar e fundamentalmente utilizar as expressões do ego para alcançar a conexão com a sabedoria organísmica. Essa é a verdadeira mudança.

E a mudança nos leva a perguntar: como, até onde e para que finalidade? Quem diz o que e como fazer? A Gestalt-terapia enfatiza a saúde. Já sabemos que neurose é um modo de viver estereotipado, fixo, rígido e repetitivo. Neurose é viver de forma previsível. Para a Gestalt-terapia, assim como para as diversas tradições espirituais, a *imprevisibilidade da conduta humana* é expressão da autorregulação organísmica, é fluir saudável. Quem trabalha em psicoterapia deve contagiar saúde – não acredito que haja dúvida quanto a isso e sequer colocarei em questão. E chegamos assim ao mesmo lugar de onde partimos: a busca de saber quem somos nos leva à possibilidade de transmitir, ou melhor, mostrar algo sobre viver segundo a atitude. Para isso, teremos de caminhar por uma psicoterapia pessoal e didática na forma teórico-técnica que utilizaremos. Os terapeutas e professores têm muito a oferecer sobre seus erros, transtornos, dores e poder pessoal, alcançado ao se encontrar neles a sabedoria.

Porém, se considerarmos verdadeiramente que estamos diante de uma mudança profunda da humanidade – mesmo que nada oficial se faça notar –, poderemos ver, com base no fenomenológico, que sem dúvida muitas coisas já se alteraram. Sinto que quando escolhi minha profissão tudo me levou para a investigação da consciência e dali para sua expansão. Minha posição é que aqui se encontra a nova – desde sempre – maneira psicoespiritual de enfrentar as mudanças socioculturais e pessoais.

A Gestalt-terapia contém uma atitude preparatória para tudo que leva à unidade, ao "dar-se conta", à dupla atenção e à espontaneidade autêntica.

Ao mesmo tempo, o marco socioglobalcultural vigente confronta o aspecto contracultural que caracterizou o nascimento da Gestalt-terapia na década de 1950. Agora são imperdoáveis e urgentes a integridade e a integração do indivíduo intra, inter e transpessoalmente. Todo esse esforço de incluir o multidimensional em resposta ao paradigma atual remete a uma Gestalt sempre vigente.

É uma Gestalt-terapia que homenageia Fritz Perls e tenta continuar de onde ele parou, de seu final e não de antes. Fritz descobriu a

Gestalt, como toda mulher ou homem descobre aquilo que busca com muito esforço. Não podemos desconhecer o que vai se descobrindo até o último dia de nossas vidas, assim como não podemos partir da última coisa que inspirou Perls. Dali, e não de antes, teremos de partir para uma Gestalt-terapia que aporte para iluminar a iminente mudança que já está em curso. Poderá ser sem derramamento de sangue? Poderá ser uma mudança de consciência e não de poderes? Teremos como compreender que não devemos nos tratar como máquinas insensíveis?

Poderemos reformular a formação em Psicologia e enfatizar um pouco mais o interpsíquico, rompendo a tradição hegemônica do intrapsíquico? A expansão da consciência por meio de práticas meditativas e xamânicas, o trabalho com a dupla atenção como forma de compreensão da vida dentro do contexto universal, o *continuum* do "dar-se conta" como maneira de crescer aproveitando o que ocorre na vida, a visão de que o fenômeno é uma expressão do real e a consideração de que o contato nos faz crescer-em-relação, é Gestalt em sua expressão circular e ascendente.

Só resta recordar que a sabedoria organísmica é amor.

O amor é a expressão básica para estar no desenho do universo. É a mais sublime manifestação de conexão e saúde. É o contexto da transformação.

EPÍLOGO

COMO APÊNDICE... E FINAL

Comecei a pensar este livro há mais de dez anos. Nesse ínterim, muitas coisas aconteceram. Encontro, nome de batismo de nosso Instituto, cresceu em tamanho e se espalhou para outras localidades do Uruguai e região. Abrimos uma filial em Punta del Este (Uruguai), nas cidades de Brasília e Caxias do Sul, além de um núcleo em São Paulo (Brasil) e outro em Buenos Aires (Argentina).

Em cada um desses lugares difundimos a Gestalt-terapia segundo o sistema pedagógico que se desenvolve neste livro, e iniciamos o caminho focados na atitude gestáltica em conformidade com a visão integrativa biopsicossocioespiritual do ser humano.

Ao longo dos anos que experimentamos, investigamos e difundimos a Gestalt-terapia – que já somam 23 –, pudemos também incorporar em nosso Centro as tradições espirituais e de autoconhecimento, tais como o budismo tibetano, o eneagrama, o trabalho de movimento curador – que a professora e terapeuta corporal Danielle Dutrenit desenvolveu como forma de curar do corpo e para o corpo em relação com o todo – e as cenas transformadoras – de minha autoria – como maneira de restabelecer a harmonia em casais e famílias, enriquecendo o olhar gestáltico com enfoque sistêmico.

Tudo isso foi possível por pertencer a um grupo-comunidade--conselho de amigos e amigas – também colegas, claro – que escolhemos – ou melhor, *nos escolheu* – esta forma de viver. Não tem sido fácil irmanarmo-nos nessa busca, nem alcançar o sentir que nos une em um propósito comum: *tentar colocar um minúsculo grão de areia onde vemos luz*. Fomos todos compreendendo que a diversidade de nossas vidas só nos mostra quão parecidos somos e como a saúde é fruto da forma como purificamos e refinamos nossa relação com a sabedoria presente no desenho de todas as coisas. Para isso, tivemos de trabalhar com nosso ego e saber que este, como toda manifestação do humano, tem um sentido que necessita de constante dedicação. Descobrimos também que tudo que somos se comporta de maneira ideal se trabalhamos segundo o que surge fenomenologicamente quando há vacuidade suficiente. Assim, tentamos caminhar com base em um *como* e de um *onde experimentamos sabedoria organísmica*.

Sabemos que também é necessária a utilização de um sistema defensivo para agir na relação eu-mundo, mas não é preciso que esse sistema se cristalize e se afilie à escassez de criatividade e de espontaneidade. A circularidade de nossa passagem pela vida e o propósito encarnado são nosso guia para encontrar luz. É tão fácil se perder e ver fogos de artifício... é tão fácil confundir sombras com visões... é tão fácil e tão próxima a perda da integridade e tão difícil manter a coerência entre tanta sedução e abuso... Cada vez que entramos em uma consciência maior, sentimentos e inteligência mostram a banalidade da euforia e a limitação do intelecto. A consciência, o ser maior, nos faz ser segundo o que é maior.

Assim é que o amor, a compaixão, a alegria e a equanimidade são igualmente agentes viabilizadores, modos de configurar a vida, percepções e sentimentos. Essas propriedades fundamentais, que o budismo tibetano chama de "os quatro imensuráveis grandes catalisadores da existência" (Longchempa, 2007), enchem nossa vida de sentido. A transmissão dessas verdades encarnadas no viver cotidiano é o que o paciente encontra. A estrutura que favorece o caminho no sentido da transformação é a intenção honesta.

Nunca buscamos o sábio; sempre é a sabedoria organísmica natural e intrinsecamente contida em nós o que nos transforma essencialmente. O desânimo e a desesperança podem se transformar e nos conduzir a obter um pouco de paciência e confiança. O equilíbrio conservacional, interpessoal e social do instintivo – por nossa tentativa de alinhamento – nos oferece a ação justa. O presente transforma toda ação em real e potente. A generosidade faz florescer o caminho, enchendo-o de mérito e virtude.

Para isso, apreciamos a vida, a nossa e a dos outros, como primordial. Ao mesmo tempo, se tentarmos, podemo-nos deleitar com a gratuidade que se manifesta naturalmente na vida como tal. É transformador sentir em alguns momentos que estamos unidos por tempo, espaço e espírito. Também é transformador que confiemos em uma sabedoria intrínseca que está, esteve e estará sempre dentro de nós, o que quer que façamos.

A transformação se assemelha à água, pode assumir o estado de vapor, de gelo – etéreo ou denso –, mas em ambos o fluido transcurso de seu ponto líquido está ao alcance. Em cada estado podemos esquecer de onde viemos ou para onde vamos; porém, ao fluir lembramos de tudo.

Muitas vezes, quando inicio um grupo, me apresento como alguém que terão a oportunidade de conhecer ao longo do trabalho. Conheci e aprofundei alguns caminhos que considerei dotados de um coração sereno e fresco. A Gestalt tem sido o substrato de todos eles. A Gestalt é uma fenda no saber oficial, um tipo de abertura à fertilidade e uma integração espontânea entre Oriente e Ocidente, sem erudição. A autorregulação organísmica é o caminho a seguir por ser a manifestação pura e legítima de como as coisas se apresentam. Quando nos damos conta de como são as coisas, sentimo-nos envolvidos em uma graça cativante. Não a confundamos: nada é mais real.

Meu avô, a quem eu adorava acompanhar em suas caminhadas, me inspirou quanto ao autoconhecimento e à honestidade. Ele acreditou que poderia me transformar em um homem um dia. Meu pai e minha mãe me fizeram conhecer a moderação, a verdade e o trabalho. Minha companheira encheu de amor e claridade todos os rincões do lar, e meus filhos me mostraram *tudo*.

No momento de cruzar a fronteira que tenuemente separa o aqui do lá, recordaremos que o importante foi sempre o simples. Simplicidade: uma maneira de sentir-se com tudo e todos.

A estrutura da transformação é amor e simplicidade, nudez e simplicidade. Toda sombra e toda luz vão nos conduzir a esse lugar; entretanto, nesse momento seguiremos a luz.

BIBLIOGRAFIA

Andersen H. C. (1843). Las habichuelas mágicas. Disponível em: <http://dominiopublico.es/libros/Hans_Christian_Andersen/index.html>. Acesso em: 20 março de 2012.
BENNET, J. G. *Estudios sobre el eneagrama.* Málaga: Sirio, 1983.
BUBER, M. *Yo y tú.* Buenos Aires: Nueva Visión, 1969.
CARNAP, R. In: DORSCH, F. (ed.). *Diccionario de psicología.* Barcelona: Herder, 1978.
CASTANEDA, C. *Las enseñanzas de Don Juan.* México: Fondo de Cultura Económica, 1997.
CLARK, J. *A arte de restaurar histórias – O diálogo criativo no caminho pessoal.* São Paulo: Summus, 1999.
D'ACRI, G.; LIMA, P.; ORGLER, S. *Dicionário de Gestalt-terapia – Gestaltês.* São Paulo: Summus, 2007.
DHIRAVAMSA. *Meditación vipassana y eneagrama.* Barcelona: Los Libros de la Liebre de Marzo, 1998.
DORSCH, F. (ed.). *Diccionario de psicología.* Barcelona: Herder, 1978.
GURDJIEFF, G. *La vida es real cuando yo soy, del todo y de todo.* Caracas: Ganesha, 2000.
HORNEY, K. *La personalidad neurótica de nuestro tiempo.* Buenos Aires: Paidós, 1946.
JUNG C. G. *Recuerdos, sueños y pensamientos.* Barcelona: Seix Barral, 1964.
KOFFKA, K. *Princípios de psicologia da Gestalt.* São Paulo: Cultrix, 1984.
LAPLANCHE, J.; PONTALIS, J. B. *Diccionario de psicoanálisis.* Barcelona: Labor, 1968.

LONGCHEMPA. *Now that I come to die, Intimate guidance from one of Tibet's greatest masters.* Berkeley: Dharma Publishing, 2007.

LOWEN, A. *Bioenergética.* São Paulo: Summus, 1982.

MACHADO, A. *Poesías completas de Antonio Machado.* Buenos Aires: Losada, 1951.

MAITLAND, A. *Living without regret, growing old in the light of Tibetan buddhism.* Berkeley: Dharma Publishing, 2005.

METZGER, G. In: DORSCH, F. (ed.). *Diccionario de psicología.* Barcelona: Herder, 1978.

NARANJO, C. *La vieja y la novísima Gestalt.* Chile: Cuatro Vientos, 1990.

_____. *Gestalt sin fronteras. Testimonios sobre el legado de Fritz Perls.* Buenos Aires: Era Naciente, 1993.

_____. *Carácter y neurosis. Una visión integradora.* Vitoria (Espanha): La Llave, 1994.

_____. *Autoconocimiento transformador, los eneatipos en la vida, la literatura y la clínica.* Vitoria (Espanha): La Llave, 1997.

PEÑARRUBIA, F. *Terapia Gestalt. La vía del vacío fértil.* Madri: Alianza Fritz Perls; Buenos Aires: Era Naciente, 1998.

PERLS, F. *Sueños y existencia.* Chile: Cuatro Vientos, 1974.

_____. *Dentro y fuera del tarro de la basura.* Chile: Cuatro Vientos, 1975.

_____. *El enfoque gestáltico y testimonios de terapia.* Chile: Cuatro Vientos, 1976.

_____. *Ego, fome e agressão.* São Paulo: Summus, 2002.

PERLS, F.; HEFFERLINE, R.; GOODMAN, P. *Gestalt-terapia.* São Paulo: Summus, 1997.

POLSTER, E.; POLSTER, M. *Terapia gestáltica.* Buenos Aires: Amorrortu, 1980.

PORCHAT, I. *As psicoterapias hoje.* São Paulo: Summus, 1982.

REICH, W. *Análisis del carácter.* Barcelona: Paidós, 1980.

RISO, R.; HUDSON, R. *La sabiduría del eneagrama.* Barcelona: Urano, 2000.

RODRIGUES, A. *Viva Reich!* Porto: Afrontamento, 1982.

SAMPA G. T. *Revista de Psicologia do Instituto Gestalt de São Paulo*, ano 2, n. 2. São Paulo: Instituto Gestalt de São Paulo, 2005.

SAMS, J. *La medicina de la Tierra. Los caminos ancestrales de armonía para los nativos americanos.* Barcelona: Integral, 1998.

SAVATER, F. *Ética para amador.* Barcelona: Ariel, 1991.

SHRESTHA, R. *Galería celestial.* Alemanha: Taschen, 2006a.

_____. *Diosas de la galería celestial.* Alemanha: Taschen, 2006b.

STEVENS, B. *No empujes el río.* Chile: Cuatro Vientos, 1979.

TARTHANG Tulku, R. *Skilful means.* Berkeley: Dharma Publishing, 1991.

_____. *Relajación Kum Nye.* tomos 1 e 2. Buenos Aires: Errepar, 2000.

TELLEGEN, T. "Atualidades em Gestalt-terapia". In: PORCHAT, I. *As psicoterapias hoje.* São Paulo: Summus, 1982.

_____. *Gestalt e grupos.* São Paulo: Summus, 1984.

WATTS, A. *La sabiduría de la inseguridad.* Barcelona: Kairós-Troquel, 1991.

WEBER, G. *Felicidad dual.* Barcelona: Herder, 1999.

ZINKER, J. *El proceso creativo en la terapia gestáltica.* Buenos Aires: Paidós, 1979.

CARTA-RESPOSTA
NÃO É NECESSÁRIO SELAR

O SELO SERÁ PAGO POR

AC AVENIDA DUQUE DE CAXIAS
01214-999 São Paulo/SP

CADASTRO PARA MALA DIRETA

Recorte ou reproduza esta ficha de cadastro, envie completamente preenchida por correio ou fax, e receba informações atualizadas sobre nossos livros.

Nome: _____ Empresa: _____

Endereço: ☐ Res. ☐ Coml. _____ Bairro: _____

CEP: _____ - _____ Cidade: _____ Estado: _____ Tel.: ( ) _____

Fax: ( ) _____ E-mail: _____ Data de nascimento: _____

Profissão: _____ Professor? ☐ Sim ☐ Não Disciplina: _____

1. Você compra livros:
- ☐ Livrarias
- ☐ Feiras
- ☐ Telefone
- ☐ Correios
- ☐ Internet
- ☐ Outros. Especificar: _____

2. Onde você comprou este livro? _____

3. Você busca informações para adquirir livros:
- ☐ Jornais
- ☐ Amigos
- ☐ Revistas
- ☐ Internet
- ☐ Professores
- ☐ Outros. Especificar: _____

4. Áreas de interesse:
- ☐ Educação
- ☐ Administração, RH
- ☐ Psicologia
- ☐ Comunicação
- ☐ Corpo, Movimento, Saúde
- ☐ Jornalismo
- ☐ Comportamento
- ☐ Propaganda e marketing
- ☐ PNL
- ☐ Cinema

5. Nestas áreas, alguma sugestão para novos títulos? _____

6. Gostaria de receber o catálogo da editora? ☐ Sim ☐ Não

7. Gostaria de receber Informativo Summus? ☐ Sim ☐ Não

Indique um amigo que gostaria de receber a nossa mala direta

Nome: _____ Empresa: _____

Endereço: ☐ Res. ☐ Coml. _____ Bairro: _____

CEP: _____ - _____ Cidade: _____ Estado: _____ Tel.: ( ) _____

Fax: ( ) _____ E-mail: _____ Data de nascimento: _____

Profissão: _____ Professor? ☐ Sim ☐ Não Disciplina: _____

Summus editorial
Rua Itapicuru, 613 7º andar 05006-000 São Paulo - SP Brasil Tel.: (11) 3872-3322 Fax: (11) 3872-7476
Internet: http://www.summus.com.br e-mail: summus@summus.com.br